仁言刑辩

刑事辩护理念与方法

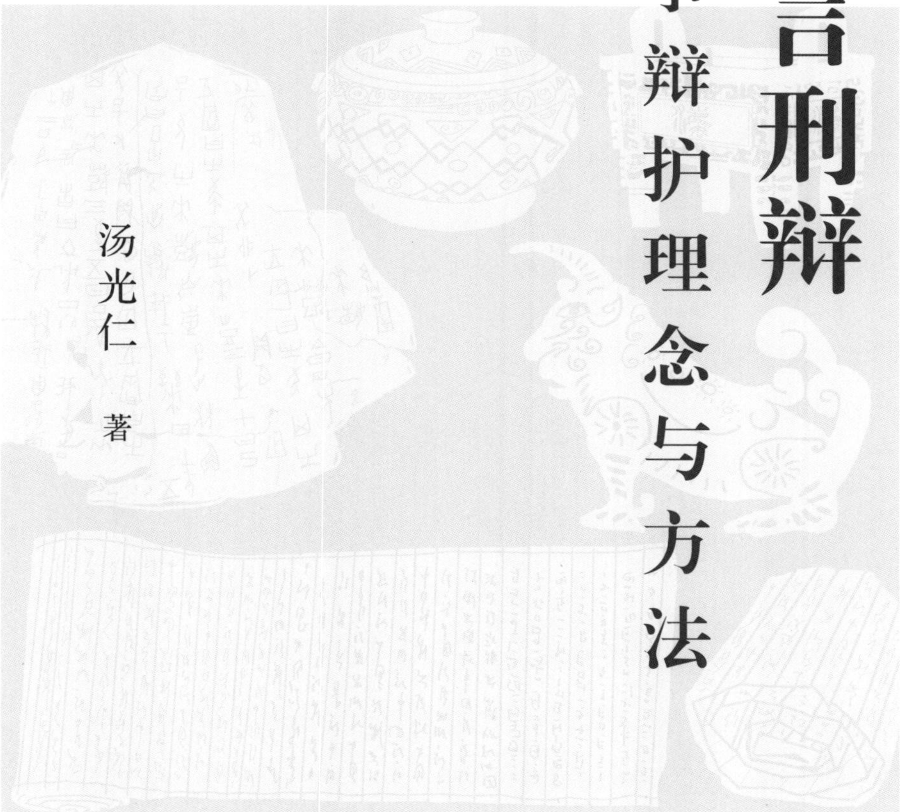

汤光仁 著

中国法制出版社
CHINA LEGAL PUBLISHING HOUSE

目录 Contents

·第一章·

刑事辩护理念

哪只眼看见了犯罪

——论刑事辩护理念之养成

妹妹："妈妈，哥哥又干坏事了！"

哥哥："你哪只眼看见我干了坏事？"

这或许会被认为是最无赖的辩解，调皮的哥哥可能照样免不了被妈妈打一顿。但是这样的辩解之词很可能我们小时候也用过。

幼时的我们不可能知道指控和辩护的程序，更不可能了解指控与辩护的逻辑与方法，甚至聘请一名专业的辩护律师，但是自我辩解与获得辩护帮助，却体现了人类趋利避害原始的本性。

作为一名刑事辩护律师，听见儿子这种平淡并且幼稚的辩解，我觉得他有些可爱，但同时也陷入了思考：在成人的社会，在正式的刑事辩护中，哪只眼睛看见了犯罪？

正义女神（泰美斯）诞生时就蒙住了眼睛。她为什么要蒙住眼睛？我相信她断然不是为了时尚。

她是因为非礼勿视不想看？

她是因为场面血腥不敢看？

非也，非也！

我肤浅地认为，女神之所以蒙眼不看，是为了避免受到既定思维与先入为主这种人性规律的影响，也因为多数情况下辩护惨不忍睹、不忍直视。

无数大家先哲在对犯罪及刑事诉讼系统研究后告诉我们，刑事犯罪的侦查通常是通过证据事后还原犯罪的过程。因此，刑事审判无法针对案件的客观真相，只能针对案件的法律真相。

不论如何先进的法律制度和体系，都无法确保所有法律真相与客观真相的完全重合，因为证据要遵守可能灭失的自然规律；法律只能看见证据拼接后重现的犯罪，所以那只是一个故事，按照法定程序建立的故事。

针对一个刑事案件，在警官、检察官、法官、辩护律师、被害人、被告人、证人等诉讼参与人眼里可能各有一个真相。不同的案件真相出现在不同人员的眼睛里，裁判最终要作出评价，其既可能在已有真相中选择一个，也可能根据自己的心证发现了不同的真相，但是无论如何裁判都将是众目睽睽之下的行为，这也正契合了那句法律先哲的名言："正义，应当以看得见的方式实现。"

"正义，应当以看得见的方式实现。"问题是谁看得见？

比如，在一个故意杀人的案件里，被害人看见的正义是将被告人千刀万剐，而被告人看见的正义是自己无罪释放。当然还会有很多参与人看见不同内容的正义，那是不是少数服从多数呢？

先贤认为看得见的正义，意味着程序的正义及程序的优先保障，由此引申出对于被告人及律师辩护权的保障。这种理解至少符合司法的现状。随之而来的问题是，刑辩律师要如何实现自己被保障的辩护权呢？办法是有的，那就是首先保障刑辩律师充分发表辩护意见及开展与辩护相关工作的权利。比如，正在推行的以审判为中心（庭审实质化）的司法改革，首先就注意到了这一诉求。

但，问题又来了，真让你说的时候，你有话说吗？知道该怎么说吗？

法律有一双抽象的眼睛，它总是通过审判的法官来查看真相。那么，"法律眼里所看见的犯罪"与"法官眼里所看到的犯罪"有区别吗？

有！虽然法律是通过裁判的法官来审查证据和意见并评价犯罪事实，但是法官眼里所看到的犯罪是基于法官个人的知识、经验和专业水平，甚至善恶取向的心证；而法律眼里所看见的犯罪是依据规则、体系、原则来演绎和判断。

就如同家喻户晓的"辛普森"案件，即或主审的法官内心极度确信凶手就是辛普森，但是法律仍然要宣告其无罪。

"法律是法官的唯一上司。"裁判的前提正是它（法律）所看到的犯罪。

法律所看见的犯罪并不神圣，它可能将犯罪看作犯罪；也可能将犯罪看作无罪；甚至也可能将无罪看作犯罪。

佘祥林案件、赵作海案件、杜培武案件、聂树斌案件、呼格吉勒图案件等业已平反的冤案，最初的裁判哪一个与客观的真相重合了呢？这些冤案在之前裁判时都有一个合情合理、有据可证的故事支撑，这个故事所代表的真相被控方认同、被法院认同，甚至有的还被辩护律师所认同。这是什么缘由？刑辩律师应该如何认识?

打一个比方，刑事诉讼就像重建并回购倒塌的木屋。规则很简单：如果木屋重建好了，结构合理、坚固耐用、货真价实，并且顺利通过验收，老板就得付款。法律术语表达为：事实清楚、证据确实充分、指控罪名成立、量刑建议适当，当事人就要依法被判处刑罚。

在这一过程中，刑事诉讼中的各类参与人员就如同扮演着以下角色：

警方：木工厂，负责收集材料重建木屋。

检方：生产方质检员加销售员，负责检验出厂产品质量，同时也负责销售。

法院：监理公司，不仅负责居间的质量监督，同时也有权代为决定收货与付款。

律师：收货方质检员，负责协助收货方检验木屋是否达标。

被告人：货主，成交后的实际付款人（付款方式包括：罚款、坐牢、死刑等）。

证人等其他诉讼参与人："吃瓜"群众，负责提供咨询性意见，好坏都有。

其中的交易规则如下：

1. 一旦验收通过，货主必须付款（包括被强制付款）。

2. 法定拒收理由：

（1）偷工减料或者结构明显不合理，并且不牢固（法律术语：事实不清，证据不足）；

（2）可能未恢复原样（法律术语：未能排除合理怀疑，疑罪从无）；

（3）赝品（法律术语：冤假错案，常见于"亡者归来""真凶再现"）。

3. 有明显瑕疵可减价（法律术语：从宽量刑）。

侦查机关收集的所有证据就像倒塌木屋的木头和铁钉（原材料）。房屋倒塌之前的样子谁都没有见过（案件发生的时候，办理案件的公、检、法、律师等具体人员一般都不在场），警方将木头和铁钉按照自己的构想拼接成一幢木屋，一般都有固定模式（依照法律规定），控方在正式起诉之前会反复检查房屋的结构是否合理、是否牢固、用材是否为原物，如果确有必要可以通过退回补充侦查、自行侦查的方式再加固和修饰，当然如果假得离谱也会拒绝出厂（法律术语：审查起诉）。在法庭之上他会对法官和律师说，这确定无疑就是倒塌房屋之前的样子，而且已经完美复原，如果各位都没意见，麻烦收货并把加工费结清（法律术语：本案事实清楚，证据确实充分，请求人民法院依法裁判）。如果监理公司和货主及买方质检员都没有异议，法官会验收成交并且代为决定付款，这对当事人意味着定罪与量刑。

购货方质检员常见验货情况及解决方式如下：

1. 产品有瑕疵，减价（术语：罪轻辩护）。

最有效方式：类似建筑技术要求及参数比照。

2. 偷工减料或者结构明显不合理，并且不牢固（术语：无罪辩护）。

最有效方式：直接拆散。

3. 可能未恢复原样（术语：无罪辩护）。

最有效方式：拆散后现场改装。

4. 赝品（术语：无罪辩护）。

最有效方式：出示正品或者检验报告。

简要分析：几乎每个人都一样，你所看到的现象影响甚至决定了你所想到的内容，这是人类思维的惯性和自然规律。如果想要通过辩护来改变指控在法官内心所形成的既定思维，就一定要塑造一个新的形象给法官，并讲述一个新的属于自己的故事给法官。

文字解释似乎有些复杂，下文将通过一项现场试验为君解疑：

请看图 1－1，墙上插有一支香烟，而且是直插入墙体的雪茄烟。之后，请你再看一下后面同样的图片。

图 1－1①

① 图片来源：http：//www. acla. org. cn/article/page/detailById/21056。

据统计，在图 1－1 中，90% 以上的人是看不到香烟的，只能看见砖砌的墙，最多看见墙体上有一个灰色的印记。下文第 9 页图 1－2 中用方框圈出了香烟的位置。接下来请你再移目回到图 1－1，看看你之前所看的图片中是否有香烟？相信你已经清楚地看到了香烟。

不急，请你留步，想办法将图 1－1 看回你之前看到的样子，就是没有香烟的样子，你是否还能够把这支香烟看回去呢？

这是对既定思维强大作用的直观解释。你可能是那 10% 的人，第一眼就看到香烟，不过没关系你可以找周围的朋友试试，然后统计一下结果。

为什么我要如此烦琐地解释既定思维对于人类的巨大影响呢？因为这才是辩护的核心与灵魂。

指控时，侦控方依据证据构建了一个非常完美的故事，指控所需要的犯罪构成要件、法律规定、犯罪的具体因素，如时间、地点、情节、目的、后果、手段等都非常巧妙地包含在其中，换作犯罪阶层的理论也是一样。那些包含在故事之中的证据与法律就如同木头和铁钉一样，有序而牢固地连接在一起，构成复原的木屋。法官及其他诉讼参与人首先看到了这幢小木屋，听到了这个故事，于是顺其自然地形成了既定的思维和结果。

如果律师辩护的过程仅仅是常见的“三板斧”——初犯、偶犯、认罪态度好，就如同一直在讨论侦控方恢复重建的木屋是否完美，侦控方的故事是否精彩一样，无异于谋财害命。

即或从证据三性、犯罪构成要件、程序违法、犯罪阶层等方面进行辩护，可能依据你的专业技能能够找出很多的问题和瑕疵，也能发挥一定的辩护功效，但是一个致命的问题是：千疮百孔的木屋还是木屋，它没有变成别的东西；侦控方的故事还是深入人心，仅仅可能让我们觉得不太精彩和完美而已。

因为法官依据自己所看到和听到的东西，并没有产生一种完全不同的感知，也很难产生一种完全不同的认识。虽然可能在一定程度上发挥着辩护功效，但在很多时候难免还是意犹未尽。这犹如一个精致却缺少灵气的少女，无疑是美丽的，但是为何不给她添加一个有趣的灵魂呢？所谓有趣的灵魂无疑就是一个属于辩方的案件故事。

所以，辩护真正要做的工作首先是构建一个自己的故事，一个辩方的故事。虽然这个故事的要素（证据）可能完全与控方一样，但是其结构和目的却从一开始就倾向并有利于被告人。

律师自己构建的故事，同样要将法律和证据包含在内，不论是罪轻辩护还是无罪辩护，都依托于故事本身推演而出。

如果法官采信了你的故事，则你的辩护顺其自然得以成立；如果法官在你的故事与侦控方的故事之间难以选择，则合理的怀疑已经出现，并且将影响法官的心证和最终的裁判结果；如果法官完全忽视了你的故事，则请你下次把故事构建得精彩合理一些。

其中一个狡猾又可怕的魔鬼就是：控方指控时出示的证据，都是恢复木屋时收集的原材料。但是在法庭上并不以原材料的形态出示，而是以木屋成品的方式出现，其最可怕的作用就在于，它给诉讼参与人一种既定思维的影响。所以律师要陈述自己的辩护，就必须重建自己的木屋、自己的故事。

这包含四层含义：

第一，首先要拆散侦控方已经复原的木屋，看到所有的材料本身（证据与法律）。律师需要的不是木屋，而是木屋恢复时所用的材料。只有当木屋拆散后，才有好的机会检查材料的真伪，寻找证据及法律适用本身的问题，辨析及排除虚假的材料（不可采信的证据及不合适的法律适用），发现控方是否偷工减料。

第二，在检查完拆散的材料后，律师需要按照侦控方的设计重新还原小木屋，通过这一过程，律师不仅了解了所有木屋材料的属性与特征，还充分明白了侦控方恢复木屋的设计理念与思路，对应地也掌握了侦控方所恢复木屋的承重墙、连接点。既能够避免自己漫无目的地辩护，也能够准确找到指控的承重墙，发起致命而有效的攻击。

第三，依据现有的材料，探索构建完全不同的建筑，当然还可以假定舍弃或者添加部分材料（法律术语：部分证据不可采信或者应当依法排除；侦控方遗漏了某些证据的收集；法律适用错误）。比如，运用拆散后的木屋材料，重建成一座木塔；重建成一座城堡；重建成一个仓库。这就像积木游戏，永远不要固守在一种图形之下，对于辩护而言那就是永远不要轻信侦控方的故事。

第四，虽然我们将其称为故事，但是这绝对不是你侬我侬的言情小说的篇章与结构，也绝对不可以无中生有伪造证据。辩护律师所重构的故事必须建立在证据的基础之上，必须建立在法律及程序的规范之下，他与侦控方所构建故事的核心区别，在于思路与方向的不同。在构建新建筑时辩护律师可以依法申请收集新的材料（收集新的证据；适用不同的法律规定），可以依法请求排除已有的材料（证据），但是不可以凭空胡编乱造。否则，轻可能被斥出法庭，重可以被依法问罪；更为痛心的是如果将辩护建立在一个毫无根据的新故事之上，可能就会浪费当事人弥足珍贵的辩护机会，无异于谋杀与陷害，其情甚悲！

因此，我们不能确保法官只听见对我们有利的故事，但至少应该让他听见一个对我们当事人有利的故事。

所以，如果想让法官在心里赞同我们的意见，在心里否定控方的故事，我们不仅仅要让法官看到那个代表控方指控故事的木屋千疮百孔、支离破碎的样子，还要让法官看到控方木屋轰然倒塌的过程，更需要让法官看到你就地重建的木塔或者城堡是如何的牢固、完美，否则辩护真的可能是镜花水月。

图 1－2[①]

辩护总是有话可说的，但是形式和结果却差别巨大；针对刑事案件的法律真相总是会存在争议，这种争议正是律师辩护展开的前提，结合对于案件证据与法律的审查，如何确定争论的层次也是刑事辩护的一个重要方面。单纯的文字阐述总觉得烦琐，请容我同样以图文形式道来：

① 图片来源：http：//www. acla. org. cn/article/page/detailById/21056。

图 1－3　搏命式辩护

图 1－3 比较直观地揭示了刑事辩护的某种状态，站在自己的角度，不论是甲还是乙都有充分的理由认为自己的观点是正确的，针对自己的主张都是事实清、楚证据确实充分的，双方都拒绝更换到对方的位置来评价事实，也不敢更换到对方的位置来评价事实。这种辩护与大专辩论赛的状态有些相似，只强调论辩的过程而不关注论辩的结果。这可能使行业外的人草率地认为辩护水平卓著，但是于被告人无分毫实利，因为争论的双方都忽略了一个重要的前提即“数字书写的规则”，这就如同刑事案件的证据规则或者犯罪行为的法律规定。事实上，图 1－3 一旦纳入规则之下争议根本就不复存在，所谓的辩护也就毫无意义。

这种所谓的争议是人为故意制造，而且不能得到规则的普遍认可，因为数字的书写并不会横向书写，只要将前述数字按照规则书写，则要么是“6”，要么是“9”，一旦书写完成争议就不再存在；而且对于数字的书写不仅可以是阿拉伯数字的书写方式，也可以是文字的书写方式，不论是这数字对应地变成“六”或者“九”，一旦书写完成，争议同样不复存在。虽然当事人可以故作坚持地守在自己的阵地，但是旁观者可以清楚地看到他们争论内容的无聊，因为他们争论的内容根本就不是数字的含义而是数字的书写方式。

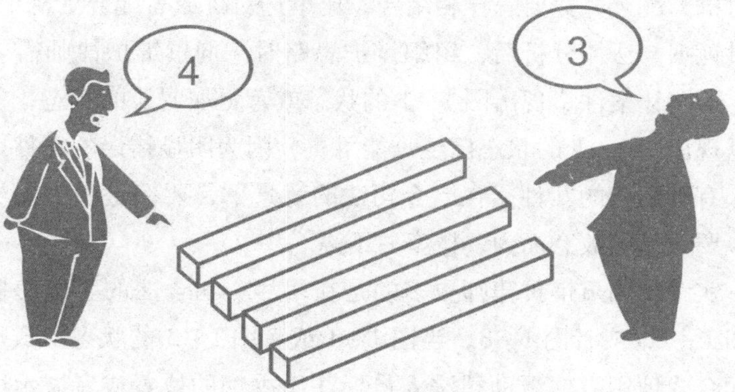

图 1－4 撼动法官心证式辩护

图 1－4 同样直观地反映了辩护的某种状态，这是一种艺术的构图，其争论的根源来源于图像的本身，用法律的术语可以将其表述为“合理怀疑”，即因为特殊的原因使法律事实呈现了不同的内容，而且这种不同并非观察者故意制造形成的，而是图像（案件法律事实）本身所承载，就如同前文所述的木屋原理，同样的材料，侦查机关将其建造成木屋，但是律师将其建成木塔，而且结构与用材都是合理的。

在这种辩护之中，辩护人一旦发现了法律事实所抽象出的这一图像，不仅自己可以去到对面，也可以邀请对方过来，不论将图像立放还是平放，都不足以消除观看者的疑虑。这种辩护虽然不足以直接让法官采信辩护人的观点，但是已经真实地撼动了法官先前的既定思维，结合法律的相关规定在定罪与量刑时，足以发挥直接的效益。当所有参与人对于图像本身的属性形成心证后，法律规则及原则的适用就已明确。

结合重建木屋的比喻，这样的辩护等于就地拆散侦控方指控时所依托的木屋，并且运用原先的材料就地重建了一栋其他的建筑，其直观地让法庭看到证据的背后并非只有公诉机关所称的那一个案件事实，还有其他的合理怀疑及可能存在，而且属于无法排除合理怀疑的情形。

上文图 1－1 与图 1－2 从更深层次反映了刑事辩护的某种状态。刑事辩护最大限度维护当事人合法权益的目的得到了业界的共识，但是具体的方式究竟是对抗还是配合一直存在争议，即或配合与对抗相结合也没能妥善解决这一问题，因为对抗与配合究竟要怎样相结合，比单选对抗或者配合更复杂。

在通过证据与法律分析后，组织辩护思路时，刑事辩护律师需要搏命式的对抗，以尽可能让案件呈现出图1－1的状态或者更加明显的状态，但是通常情况下能够呈现出图1－1的状态已经难能可贵，因为明显错误的案件或者明显忽略对当事人有利情节的案件，在当今司法的背景下，要么是相关人员专业水平极其低下，要么是其故意而为，概率并不高。

所以，实践中刑事辩护律师更多的是在竭尽一切合法的手段发掘案件背后所隐藏的图1－1，或者图1－3，当图1－1或者图1－3的状态形成后，辩护律师只需要配合式地用方框帮助司法人员标注出香烟的位置或者展示图纸，而香烟是否存在或者方木究竟是三根还是四根则正是案件争议的核心所在，也是辩护律师整个辩护意见的归宿。

刑事案件所存在的辩点因为个案的区别各具特性，图1－1、图1－3所代表的案件是刑事辩护中最需要律师存在的类型，因为案件的真相总是被无意或者有意地隐藏起来，并且足以使绝大多数人误读，律师专业水准及职业道德，首先需要破解的就是发掘香烟的存在，或者发掘那个抽象的方木图，当发掘香烟或者方木图后，辩护的技能与风度在于画上优美的方框。

所以在发掘图文真相时你需要对抗，需要坚持！需要完全不同于控方的思维和逻辑作为前提去假设和怀疑；在选定辩护方案的过程中，需要对自己的假设和怀疑近乎苛刻的论证与辩驳，只有你发现了真正不同的思路和问题，才能够撼动法官或者其他诉讼参与人的既定思维，也就是那支诡异的香烟或者诡异的方木图。

但是在画上方框时你可以配合、可以优美。如果你面对的司法人员在看见方框后仍然视而不见，这就不是辩护律师讨论和关心的问题了，而是刑法和你面对的司法人员关心和担心的问题。

结合重建木屋的比喻而言，这样的辩护等于就地拆散侦控方指控时所依托的木屋，并且运用原先的材料就地重建了一栋其他的建筑，同时还直观地向法庭展示，公诉机关之前的木屋明显是虚假的赝品，而重新构筑的建筑不仅用材规范、结构合理，而且坚固完美，辩护人就地重构的建筑所代表的案件事实才可能是案件本来的真相。

正如前文所述，当法官看见方框圈出的香烟后，不仅其既定思维受到了影响，而且其再也无法回到之前的思维，再也无法从内心里忽视香烟的存在。

所以，回到文章的前段，如果允许我开个玩笑。我会说：假如辩护总是没有效果，很可能是在辩护时律师忘了摘下女神的眼罩。

但是如何摘下女神的眼罩呢？智慧的刑辩律师总不至于粗鲁到一把扯下。就算不怕弄丢斯文，难道不怕被剑劈？

办法总是有的，摘下女神眼罩的最好方法是让女神自己摘下。但是如何让女神自己摘下眼罩呢？你需要一场真正精彩的辩护，让女神芳心颤动，不忍错过分毫，她才会自己摘下眼罩。

法律有一双无形的眼睛，只有这双眼睛所看见的犯罪，才是最终的犯罪！如果女神始终看不到你说的对当事人有利的故事，可能是你忘了摘下她的眼罩。如果你的构图足够经典，就如同图 1－1、图 1－2，你甚至可以说：女神请注意，魔术，变！

·第二章·

刑事辩护理论与技能

律师询问鉴定人的技巧（一）（案例讲解）

下文《律师询问鉴定人的技巧（二）（理论归纳）》，将结合大量庭审实务，探索并总结律师询问出庭鉴定人的询问技巧：一是揭开鉴定人作为专家的“神秘面纱”；二是设定“二难推理”，以最简单明了的方式揭示鉴定意见的问题与错误。揭开神秘面纱就是要破掉鉴定人专家身份的神秘感，要让专家所说的很多专业性强的东西都转化为普通老百姓都能听得懂的东西；设定二难推理，是因为逻辑是法律人的强项，一方面会给出庭鉴定人无法跳出、无法辩解的圈套，另一方面也能够使法庭上的其他参与人直接明了地看到鉴定意见的错误。

那么如何揭开鉴定人专家的神秘面纱？又如何设定二难推理呢？理论归纳总是难免枯燥，这里先以真实的案例来探讨。

案例一

△ 案情简介：

案例发生在云南省玉溪市某县。李某才身材高大，性格怪僻，是一个不受村民喜欢的五保户。他在当地只要看到不顺眼的人就打，看到喜欢的东西就拿。强行到别的村民家蹭吃蹭喝，如不给吃喝就要闹事。2007 年 1 月 6 日晚上，村民发现下午和李某才一起喝过酒的李某东躺在李某才家屋檐的台阶下（高约 1.5 米），起初人们以为他是喝醉了躺在那里睡觉，几个小时后发现李某东还没动弹，走近一看，见其头部受伤流血，已没有气息了。

起初，李某东的死亡并没有引起村民的重视，第二天村民就将死者抬到山上掩埋了事。一个多月后，适逢当地司法机关联合下乡检查工作，在这前几天李某才又因为琐事将同村的村民普老四打伤致残，村民基于对李某才的不满，就将其前几天打伤村民普老四的事情报告给检查组，检查组里有公安人员，经过初步判断决定对其控制并且立案调查。见此情形，村民认识到司法机关对李某才的行为是要严肃处理的，于是就又将其大约一个月前打死李某东的事情向检查组报告，因见事情重大，经过当场请示后决定一起立案侦查，随后由该县公安局组织现场勘查，并对被害人李某东“开棺验尸”。经鉴定确定“李某东系钝器（如棍棒类）打击头部致颅脑损失死亡”。

△ **公诉机关指控：**

玉溪市人民检察院以玉检审起字（2007）第51号起诉书提起公诉，指控：2007年1月6日17时许，被告人李某才在其家中与被害人李某东等人吃饭喝酒的过程中，因为琐事发生争吵，李某才用扁担打击李某东头部，又将李某东抬出家门，扔在石阶下，致李某东颅脑损伤死亡，依据《刑法》第二百三十二条之规定，指控被告人李某才犯故意杀人罪。

△ **证据：**

1. 被告人李某才供述（第四次系有罪供述，被告人向侦查、检察人员前后供述八次，仅此一次作有罪供述，供述取证时间：2007年2月24日）内容同起诉书指控事实。

2. 证人普某3（经云南省公安厅司法精神病鉴定，普某3系中度精神发育迟滞）证言。证实其在李某才家亲眼看见李某才用木棒打李某东，打了头部两下，背部一下。打架的原因是为争夺一件救济发放的军大衣。李某东被打倒在地，地上有一摊血，李某才让其帮忙把李某东拖出门外台阶处，李某才将李某东踢下石阶（同时又有陈述称：自己靠在门边看见李某才用木棒打李某东头部两下，打完李某东后李某才还要来打自己，自己因为害怕就跑掉了）。该木棒后被李某才劈开作柴火烧掉。当天晚上其跟李某东父亲李老四说过，李某东被李某才打死在他家门前了。

3. 证人普某2（女，18岁）证言，先后证明：（1）看见犯罪过程与指控基本相符；（2）仅听见争吵，未看见犯罪过程，但是看见了李某才将被害人李某东从房间拖出并从台阶上踢下；（3）称以前说错了，本人没有看见前两次所说的情况，仅仅看见被害人躺在李某才家门前的台阶下面，地上有一摊血。

4. 证人李某1（系死者李某东侄女，14岁）证言：（1）自己在案发时间与小伙伴一起玩，看见李某才将李某东从家里拖出来并踢下其家门口石台阶，之前的事情未看见。（2）案发时自己与奶奶一起煮饭，没有与别人玩过，前次怎么说，现在也说不清，说过哪些话也不记得了。

5. 证人普某1（15岁）证言。证实：案发时自己与李某1、李某2、普某2

一起玩，经过普某2指示看见了李某东睡在李某才家门前台阶下，看见李某东口鼻流血，怎么死的不知道，听普某3说是李某才打死的。

6. 李某2（18岁）证言。证实：听普某2说李某东被李某才打死了，看见李某东睡在阴沟里，没看见被打的过程。

7. 证人李老四（66岁，死者父亲）证言。证实：发现李某东死在李某才家门前，具体如何死的不知道，听普某3说是被李某才打死的；当晚质问李某才时其说是因为醉酒打了李某东。第二天让李某才与其他人一起将李某东抬去埋了，在抬埋李某东时，其他人问李某才当时为何打李某东，李某才不承认打死李某东的事。

8. 证人李某能（系李某东嫂子，39岁）证言。证实：李某东死亡当天下午，李某才来到其婆婆方某能家叫李某东陪他倒酒喝，李某才就把一件绿色军大衣给李某东穿，两人喝酒到下午4点多后与普某3一共三人去了李某才家，后来普某3逢人便说李某东被李某才用木棒打死了。

9. 证人方某能（67岁，系死者母亲）证言。证实：李某东死亡那天，李某才到其家中与李某东一起喝酒到下午4点左右。

10. 证人普老四证言。证实：第一次，李某才告诉普老四李某东死了，并指示死亡的地点，普老四看见李某东满脸是血，已经死亡，还看见李某才将李某东丢下台阶。第二次，又说未看见李某才打李某东，也未看见李某东是怎么到台阶下的，现在村民都议论是李某才打死了李某东。

11. 现场勘验笔录及照片：根据李某才的供述侦查机关对现场进行了勘验，但是未发现和提取到相关物证。

12. 某县公安局法医学鉴定书。（2007年2月21日13时检验，系开棺验尸，尸体已高度腐败）证实：死者左枕部耳后4.0cm×0.8cm创口一个；右顶部耳上9cm处有2.2cm×1.2cm创口一个，上述二创口创缘不整创腔内有组织间桥，皮内有出血，剖开头皮，左颞部有8.7cm ×5.2cm凹陷性骨折，骨折明显是前深后浅，该处骨折线向下通过颅中凹至垂体窝有一7.5cm横形线性骨折，脑组织液化。上述两处损伤推断系钝器打击形成。死者胃空虚，李某东在最后一餐6小时以上死亡。结论，李某东系钝器（棍棒类）打击头部至颅脑损伤死亡。

13. 玉溪市公安局法医学鉴定书。证实：（1）从尸体（李某东）提取肋骨及提取李老四血样一份，经检验，被埋尸体与李老四均有生物学遗传关系，即被埋尸体是李某东的可能性为99.9%。（2）从李某东胃及胃内容物、组织内，未检出农药、杀鼠剂、安眠镇静剂成分。

14. 云南省公安厅司法精神鉴定书。证实：李某才精神状态正常，作案时意识清晰，对作案具有完全责任能力。

15. 云南省公安厅司法精神鉴定书。证实：普某3中度精神发育迟滞，对李某才打李某东之事具有作证能力。

16. 被告人李某才户口证明，证实其身份情况。

△ 分析：

综合全案证据可见：要完成本案的指控，公诉机关的证据体系中，精神病人普某3的证言与尸体检验报告是核心证据，是证据体系的“承重墙”。为了充分保障承重墙发挥作用，控方对普某3的作证能力申请了司法鉴定，确认普某3对李某才打李某东之事具有作证能力；同时又对尸体检验报告申请由省公安厅补充鉴定，补充鉴定不仅肯定了以前的鉴定结论，还明确增加“排除醉酒后从高处跌落导致死亡的可能”。

△ 法医学鉴定书（尸体检验报告）：

……

八、检验：

死者李某东被埋在某县山上。在死者父亲的带领及指认下到达李某东被埋地点。通过挖掘，挖出尸体，死者被埋于土下70cm，头东脚西，呈仰卧状，尸体高度腐败。

1. 衣着情况：（此处略）

2. 死体检验：尸体长162cm，尸体高度腐败。

3. 头面部：发长7.0cm，黑色，左右外耳廓缺失。（1）左颞顶部，耳长7.0cm处有2.5cm×2.0cm的类圆形皮肤缺失；（2）左顶部有两处分别为1.0cm×1.0cm、2.0cm×0.8cm的类圆形皮肤缺失，以上皮肤缺失均未到帽状腱膜，皮内无出血；（3）左枕部，耳后4.0cm处有3.0cm×0.8cm的创口，创缘不齐，两创角较钝，创腔内有组织间桥，皮内有出血；（4）右顶部，耳上9.0cm处有2.2cm×1.2cm的创口，创缘不齐，创腔内有组织间桥，皮内有出血；（5）剖开头皮，左颞部有8.7cm×5.2cm的凹陷性骨折，骨折凹陷呈前深后浅形态，该处骨折线向下通过颅中凹至垂体窝有一7.5cm横形线性骨折，骨折缝内见黑色改变；该处骨折下硬脑膜外未见出血，脑硬膜未破裂，脑组织液化。其余未见异常。

颈部：皮肤无损伤，外观无异常；颈部皮下及深浅肌肉无出血，甲状软骨及舌骨无骨折，颈动脉无横裂。

躯干部：沿解剖位置剖开胸腹壁，左右肺萎缩，胃空虚。其余未见异常。

四肢：外形正常，无明显损伤出血。

肛门、外生殖器：外形正常，无明显损伤出血。

4. 提取以下检材送检：尸体部分肋软骨、全胃及部分肝组织，结果送检胃及肝中未检出常见农药、杀鼠剂及安眠镇静剂成分。

九、论证

……

5. 根据尸体检验，胃空虚，据此推断李某东在最后一餐6小时以上死亡。根据尸体高度腐败，结合当地气候，综合分析认为李某东死亡时间距解剖时间间隔1个月以上。

十、鉴定意见

李某东系钝器（如棍棒类）打击头部致颅脑损伤死亡。

注：云南省公安厅的补充鉴定，除增加了“排除醉酒后从高处跌落致死的可能”外，其他的与第一份尸体检验报告相同。

△ 司法精神病学鉴定书（作证能力鉴定书）

……

二、调查材料

据卷宗材料反映：被鉴定人普某3的父母智力皆有问题，其母亲的怀孕及分娩情况不详，普某3自幼与同龄人相比发育较差，走路和说话的年龄不详，反应迟钝，孤僻，少语，很少与同龄的人交往，与周围村民的交流能力差，理解能力也差，从未读过书，在他人带领下可做一些简单的农活，村民叫他做活他就做活，叫他吃饭他就吃饭，普某3独自一人生活，会自己到山上捡菌菇卖，会自己煮饭吃，但不会炒菜，不洗衣服，衣着脏乱，生活懒散，个人生活自理能力差，不能正常务农和生活。2007年1月6日16时许，李某才、普某3和李某东一起在李某东的家中吃饭喝酒，喝酒后到李某才家玩，在此过程中李某才和李某东因琐事发生争吵，争吵过后，趁李某东不备之机，李某才用木棒打李某东，当场将李某东打昏在地，随后，李某才和普某3一起将李某东从家里拖出门外，李某才和普某3各自回家，李某东于当天晚上死亡。2007年2月18日李某才在其家门前无故殴打普某3时，村民普老四前去劝阻，李某才又用木棒将普老四殴打致伤，将普老四扔到其家门前的台阶下。普某3在2007年2月25日的询问中问话能答，问话对答基本切题，但交流较困难，能简单叙述2007年1月6日李某才打李某东的经过。因当地村民反映普某3智力有问题，故委托我对普某3进行司法精神病学鉴定。

家族史：其父亲和母亲智力皆低下，已故，具体情况不详。

三、检查情况

精神检查：由警察陪同普某3进入检查室，其意识清晰，定向力完整，衣着肮脏，年龄与相貌尚相符，进入检查室后安静坐在凳子上，表情平淡，时常面带微笑，不能理解他自己所处的环境，接触被动，检查被动合作，反应迟钝，问话对答切题，语速缓慢，语言表达能力差，不会讲汉语，只会讲彝族语，能简单叙述李某才打李某东的经过，称那天他们三人在一起喝酒，喝酒后他们两人打起架来，李某才用木棒打李某东，他没有帮李某才打李某东，李某才也没有打他，后来他跑了，并能叙述扁担的形状；能辨认1元、1角等面值较小的人民币，能对钱进行简单的计算，但对数字理解能力差，把5个手指说成6个手指，不知道他的出生日期，也不知道他的岁数，其计算、判断、分析和推理能力差，检查中未引出幻觉、妄想等精神病性症状，无自知力，社会功能受损。

四、分析说明

2007年1月6日普某3在云南省某县李某才家玩，其间李某才用木棒将李某东打死。2007年1月18日，普某3在李某才家门前被李某才打伤。普某3在2007年2月25日的询问中问话对答基本切题，但交流较困难，能简单叙述2007年1月6日李某才打李某东的经过。

根据《疾病及有关健康问题的国际分类（第10版）》（ICD－10），普某3具有语言理解和使用能力发育的迟缓，不会很好地使用语言，不会读、写、计算的基本技能，生活自理能力的发展出现阻滞，能完成简单的实际操作，不能进行很好的交流，社会功能受损，符合中度精神发育迟滞的诊断标准，上诉说明普某3患有中度精神发育迟滞，但对李某才打李某东之事具有作证能力。

综上，被鉴定人普某3患有中度精神发育迟滞，对李某才打李某东之事具有作证能力。

五、鉴定结论

被鉴定人普某3患有中度精神发育迟滞，对李某才打李某东之事具有作证能力。

注：

1. 公安人员伸出五个手指问精神病人普某3，你会不会数数啊？你看我有几个手指啊？看得清楚吗？普某3回答：看得清楚，有6个。

2. 公安人员拿出20元钱给他并问：普某3，你认不认识这是多少钱呢？普某3回答：认识，是8块钱。

3. 公安人员又问，普某3你上没上过学呢？普某3回答道，我上过学，小学毕业（但是通过调查了解到，普某3从来没有上过学）。

4. 公安人员对他做笔录时，起初说他看到了李某才打人，还帮他把被害人扔到了台阶下；后来却说是看到了李某才打完被害人，转而又要打他，他就跑了。

综上，通过查阅卷宗可见：（1）对于精神病人作证能力的鉴定，看似专业，但其本质是经验判断，甚至是为了特殊需要的经验判断而已（通过鉴定文书的陈述，辩护人感到极度的憋屈，前文大篇幅叙述普某3的不正常，而结论180度翻转，直接就得出了对本案具有作证能力的鉴定。但是，鉴定人毕竟是专业人员，辩护人也不可能就靠这种自我的憋屈去说服法官不采信鉴定意见）；（2）省公安厅尸体检验报告，完全是依据某县公安局的尸体检验报告的记载，并增加一项排除醉酒后从高处跌落致死的鉴定结论，是为了特殊需要的经验判断（辩护人极度憋屈，叙事和说理都是一样的，怎么后一份鉴定意见就可以直接多出一个鉴定结论呢？但是同样，辩护人不可能因为憋屈就申请法院不予采信鉴定意见）。因此一切的憋屈都只能通过法庭上对出庭鉴定人的有效质证发问来解决。

△ 针对法医学鉴定书（尸体检验报告）鉴定人的询问

要旨：

辩护人的思路不是跟随公诉人、法官的思路走。所以，辩护人需要确定自己的思路，组织一个与公诉人截然不同的观点来为被告人辩护。本案通过公诉人申请补充鉴定，可见一般所定义的争议焦点是：是否能够排除被害人醉酒后从高处跌落致死的可能。但是，是否能排除？辩护人是门外汉，鉴定人才是专家，如果就此争论和发问，无异于自投罗网，结果不言自明。

结合对于鉴定人询问的技巧，本案尚有精妙的突破口：案卷材料记载被害人头部有五处伤，其中两处头皮裂伤有皮下出血，而鉴定意见中没有记载被害人左颞部皮下出血，只记载了骨缝变黑。从法医学的角度来说，这份鉴定意见存在重大漏洞。所谓的漏洞就是被害人的致命伤是没有皮下出血的，辩护人要进一步论证如果致命伤没有皮下出血，是不是就有可能不是生前伤？如果被害人不是在生前被人打死的，那么对被告人的犯罪指控就不存在了。

△ 庭审时询问出庭鉴定人情况实录：

一、针对尸检报告对出庭鉴定人的质证询问

出庭接受询问的鉴定人为省公安厅作出补充意见的鉴定人，以下提问方为辩护人，回答方为鉴定人。

问：要作出一份科学可信的司法鉴定除了要有专业的知识以外，是否还需要进行细致认真的现场勘查及检查以收集必要的检材？

答：这是当然的，除了专业的鉴定知识，还需要进行专业的现场勘查、检查，这是保证鉴定客观公正的前提。

问：根据两份鉴定书记载，2007 年 2 月 21 日 13 时检验，系开棺验尸；尸体已高度腐败；头面部：死者左枕部耳后 4.0cm × 0.8cm 创口一个；右顶部耳上 9cm 处有 2.2cm × 1.2cm 创口一个，上述二创口创缘不整创腔内有组织间桥，皮内有出血，剖开头皮，左颞部有 8.7cm × 5.2cm 凹陷性骨折，骨折明显是前深后浅，该处骨折线向下通过颅中凹至垂体窝有一 7.5cm 横形线性骨折，脑组织液化。上述损伤推断系钝器打击形成。死者胃空虚，李某东在最后一餐 6 小时以上死亡。结论，李某东系钝器（棍棒类）打击头部至颅脑损伤死亡。

本案中，我们看到的鉴定意见是有五处伤，请问哪些是生前伤？哪些是死后伤？哪些是致命伤？

答：生前伤有三处，包括两处头皮裂伤，一处是左颞部（太阳穴）骨折；死后伤有两处，是鼻子、左顶被虫子咬的部分；致命伤是左颞部（太阳穴）伤，因其伤及脑膜。

问：判断致命伤的依据是什么？

答：根据生物知识与规律，能够对生命产生毁灭性的损伤。

问：为什么你说的两处被虫子啃咬导致组织缺失的伤没有皮下出血？

答：这就是生前伤与死后伤的标志性区别，因为被虫子咬的伤是死后发生的。人死后，身体的血液循环已停止了，所以即或有组织和器官受到损害，也不会出现皮下出血了。

问：生前伤和死后伤怎么区别？依据是什么？

答：刚刚讲到的皮下出血就是区分生前伤与死后伤的典型标志。

问：会不会因为特殊的情况，如环境、温度、湿度、通风等影响，而导致死后伤出现皮下出血，生前伤反而不出现皮下出血的情形呢？

答：这种说法是没有基本常识的，因为血液循环是以生命存在为前提，血液循环不仅需要肌肉的配合还需要氧气的配合，人死亡后呼吸系统停止工作，肌肉也无法工作，血液的循环也就无从进行，所以无法再形成皮下出血。

问；尸斑是怎么形成的？

答：尸斑虽然也是因为血液形成的，但是因为人死后血液不再循环，在血管中的血液因为受到重力的作用而下坠形成的。

问：用简单的话说一下，皮下出血是怎么形成的？

答：皮下出血的形成过程，用简单的话来说就是人在生前受到外部的打击或者损害，破坏了器官或者组织，因为人体的血液循环系统是一个密闭的整体，并且遍布全身各处，在器官或者组织受到损害时，器官或者组织内的血管中的血液，从血管中溢出无法通过血管的正常循环流动，溢出的血液渗透到肌肉或者组织之中，因而形成皮下出血。

问：鉴定实务中，会不会因为疏忽大意而将尸斑误认为是皮下出血呢？

答：这肯定是不会的，因为皮下出血与尸斑的表现具有明显的区别，并且形成的原因也明显不同。

问：一个人生前同时遭受多处伤时，会不会因为较重的伤出血量太大而导致其他伤口无血可出呢？

答：这个问题也是缺乏基本常识的，人体的血管遍布全身各处，并且每条血管都有其对应的循环路径及血量，所以不可能出现你说的情形。

问：为什么皮下出血是判断生前伤的一个标志性依据呢？

答：因为人体是一个封闭的组织，当身体的组织受到破坏后，血液还在继续循环，在循环的过程中，血液就会渗透到肌肉组织里面，渗透出的血液无法直接回到新的血管里，所以渗透出来的血液就循环不了，从而血液就会残留在肌肉组织和皮下组织，形成皮下出血。

问：以是否有皮下出血判断是生前伤还是死后伤，是鉴定人你个人的经验？还是行业的标准或者行业的经验？

答：这当然不是我个人的经验，而是行业的规范或者说行业通行的经验。

问：会不会存在因为有可能伤到内脏而在腹腔内出现积血，就不会有皮下出血的情况？

答：因内脏受损积血导致死亡的，组织的皮下出血一般较难发现，但是如果是外力伤及内脏需要强大的冲击力，必然会导致肌肉组织的损伤，也是会大量出血的，因此也会出现皮下出血。

问：会不会因为尸体高度腐败就不会出现皮下出血的情况，或者看不出皮下出血的情况呢？

答：即或高度腐败的尸体也能通过细致的检查看到皮下出血的现象。

问：对于同一次受两处以上的伤，会不会有的伤会皮下出血，而有的伤则不会出现皮下出血呢？

答：这是不可能的，血管周围的组织都是固定的。这种说法违背基本的法医学常识。

问：相近的两处伤，由于血管是封闭的，会不会近心端伤口把血出完了，远心端就不出血了？

答：这同样是违背法医学常识的，和刚才说的是一个道理。

问：如果是人在死后受到打击，会不会出现皮下出血呢？

答：人死后当然不会出现皮下出血。因为人在死亡后，血液已停止循环，机体就处于静止状态了。这就是死者鼻子左顶被虫子咬伤就只会出现肢体缺失而不会出现皮下出血的原因。

（法官开始提示辩护人注意发问方式，有针对性地发问）

（这时，辩护人所有的铺垫都做好了，接下来就要提出致命的问题，并且设定二难推理。刚才经过询问鉴定人得到的结论是：人在生前遭受致命伤，肯定是有皮下出血的，而对于几乎所有的例外，鉴定人都亲口作出了明确的否定。简单地说，一个人如果在生前受了两处以上的伤，是不可能有的伤口出血，有的伤口不出血的。经鉴定人这么一说，普通的老百姓也能判断生前伤、死后伤的区别。因此，鉴定人神秘的面纱已被揭下了）

问：你所谓的致命伤在卷宗材料中没有记载皮下出血，这是什么原因？

答：这不可能，肯定有的。

问：辩护人仔细查看了卷宗材料中的鉴定报告，确实没有。为什么本案中所谓的被害人致命伤没有皮下出血还要判断为生前伤？还要判断为生前的致命伤呢？

答：这怎么可能？（鉴定人开始疑问。因为重新鉴定的鉴定人只是照抄了某县公安局的鉴定报告，仅仅在最终鉴定意见中，多加了一条排除被害人酒后坠落摔死的可能。这时他仔细看了看卷宗，针对所谓致命伤确实没有记载有皮下出血，只记载了骨缝变黑。但这一情况是原鉴定机关漏记还是确实没有皮下出血？我们后面再探讨）

问：你刚才说了，皮下出血是一个重要依据。在本案中的被害人因不是内脏受损所以难以发现皮下出血的情形。所谓的致命伤是头部颅脑受损，而且是典型的外力损害，但是却没有皮下出血。那么，请你解释一下，为什么没有？

答：……（沉默，翻看卷宗里的鉴定书；出庭鉴定人翻找一阵后就更加纠结，因为鉴定书里根本没有皮下出血的那句话。但鉴定人辩解："虽然鉴定书中没有记载，但是原始资料中有记载。"）

问：请鉴定人出示原始资料中的记载。

答：鉴定人请求出庭检察官翻看原始资料。（所谓的原始资料就是某县公安局的鉴定报告，里面的记载当然也没有该处伤皮下出血的记载）鉴定人继续辩解："档案中虽然没有记载有皮下出血，但记载了骨缝变黑。根据鉴定经验这也可以判断是生前伤。"

问：鉴定人以所谓的骨缝变黑解释致命生前伤是典型的偷换概念：所谓相同时间遭受的三处伤害，所谓的三处生前伤，两处轻微的伤害都有皮下出血，但是致命的重伤害反而没有皮下出血？难道鉴定人所称的血液有鼻子有眼睛吗？它们专挑轻微损害的肌体进入，却对严重的肌体损害害怕了不敢进入吗？

答：……（沉默）

问：以皮下出血来判断是否为生前伤是行业标准，这是你刚才向法庭说的，而你现在又要以你个人的经验来否定行业标准，这怎么可以呢？由于被害人死亡后被埋葬时没有棺木，在埋葬的过程中可能出现锄头或是石头等撞伤了被害人的头部并导致骨折的情形，又由于埋葬了近1个月，头部也腐败了，且腐败的程度很严重，受损部位的软组织会腐败形成液体，液体渗透到骨折的地方后，流动不了就会沉淀，沉淀一段时间后就会变黑。所以，骨缝变黑不足以作为判断被害人是生前受伤还是死后受伤的依据。

答：……（沉默）

问：此案中只有两种情况可能解释我们关注的这个皮下出血的问题。第一种情况：你们在做尸检时，被害人确实是存在皮下出血，但是没能收集到证据。这就是说你们鉴定人在做尸检时，是粗心大意的，连证据收集的基础工作都没有做好，鉴定的前提都不具备。你在回答第一个问题时就充分地说明，认真细致地勘验、检查并收集检材是作出客观可信的鉴定报告的前提。如果检材的收集都不客观全面，那么得出的鉴定意见怎么可能客观真实呢？本案的鉴定报告因为重大的不能补救的程序问题，无法作为有效的证据使用（到庭审时，尸体已经呈白骨化，鉴定人已不可能再重新提取检材进行鉴定。如果该份鉴定报告不能作为证据使用，就不能确定这是一个他杀案件，也就不能认定这是刑事案件）。第二种情况：你们鉴定人勘验收集检材时，非常认真和仔细，事实的真相就是所谓的致命伤确实没有皮下出血。既然没有皮下出血，按照你刚才的陈述来说，首先是不能够判断所谓的致命伤是被害人生前伤，也就是不能得出被害人是生前被他人伤害致死的结论，你所谓的骨缝变黑，完全有可能是尸体腐败后体液渗透到被破坏后的骨头所形成的结果。因此，本案中被害人确实不是生前被害致死的，死因至今不明，刑事案件也无从谈起。请问鉴定人，你认为当前到底是哪一种情况？或者是否存在第三种可能呢？

法官简单询问几个问题后宣布："我们已经了解了相关情况，请鉴定人退庭。"

注：本案中公诉人把重点放在了讨论是否可以排除被害人酒后自己摔死的可能上，由于辩护人全新的思路和公诉人根本不在一条道上，进而导致公诉人的思路几乎完全被打破。因此，公诉人为支持公诉意见而准备的反驳理由，在该项质证中无法发挥作用。

二、对司法精神病鉴定（作证能力）的鉴定人询问

要旨：精神病人能不能作证，可能有一些专业需要判断的手段，但是其本质还是靠鉴定人的经验作出判断。既然是靠经验，那它就有可能会出错，但如果辩护人直接说鉴定人的经验是错误的，法官是不会采信的。因此，辩护人也要用非常直观的方式来直接证明鉴定人的经验已经出错或者是他的经验会出错。

以下提问方为辩护人，回答方为鉴定人。

问：法律规定了证人要如实作证，有意作虚假证言要负法律责任。你应该告诉被鉴定人普某3他有如实作证的义务，如果虚假陈述要承担法律责任。而普某3对于自己在干什么都不知道，对周围环境都没有认知能力，你是用什么方式告诉他什么是如实作证、什么是虚假作证，以及不如实作证的后果的呢？

答：作为鉴定人，只讨论他在生理上的如实作证，不按法律上的证据质证来讨论他是不是客观真实作证。因此，是不是应当承担法律责任的问题不在鉴定范围内。

问：既然你不是用法律标准，而是用生理上和医学上的标准来鉴定精神病人具有作证能力，那么其中的标准又是什么呢？

答：就是普某3所说的是实话。

问：那你又是以什么标准来判断普某3说的是实话呢？

答：根据我们收集的证据来观察他反映的情况是否稳定、是否客观。

问：对于普某3，村民只要给他吃饭，让他干农活他就干农活。村民十天都给他饭吃，那他十天都会干农活，他也是很稳定的，说明他的稳定是可以受人指使和左右的。如果是公安机关授意他这样说，他也就会一直稳定地这样说。所以，这一点是不能作为判定其所说的是实话的依据。请鉴定人向法庭直观地解释你们判断的依据，如果你们仅仅以陈述稳定作为鉴定的依据，那显然是会出错的。

答：这只是我们鉴定时判断的依据之一，在具体鉴定时还要结合多种情况并经过专业论证。

问：普某3的稳定性是可以受人影响的，在本案中，怎么保障他的这种稳定性不受其他人的影响？怎么排除干扰他陈述稳定性的东西？

答：（鉴定人思考了一会）因为精神病人不会说假话。

问：为什么不会说假话？

答：这是经验，也是对精神病学研究的结果。

问：怎么不可能说假话？疯子就经常说大话，疯言疯语，多是假话？

答：因为正常人说假话是为了获得一定的利益，是有利益取向的，而精神病人是没有利益取向的，所以他不会说假话。

问：如果精神病人说了假话，那么你的鉴定意见还可不可靠呢？

答：鉴定的结论是普某3有作证能力，他没有说假话。要是他针对证明的问题说假话，那我们就会根据专业判断重新来综合评定他是否具备作证的能力。

问：你们说普某3具有作证的能力，是基于他在你们进行鉴定的过程中没有说过假话，是不是这个意思？

答：是的。因为普某3的表达是比较客观真实和稳定的。

问：如果被鉴定人本来说的就是假话，但是因为你们的工作疏忽没有发现，这样作出的鉴定结论是否准确呢？

答：我们都是按照专业的规范进行鉴定的，不存在因为工作疏忽该发现而没有发现的情形。

问：看来细致的发现是作出科学鉴定的前提是吗？

答：是的。

问：我们都知道事情很难绝对化，古人说人无完人，金无足赤，法律设定了补充鉴定或者重新鉴定的程序，其根源就是鉴定出现错误和疏漏的可能性是存在的。对吗？

答：可以这样说，但是要针对具体的鉴定报告而言，辩护人应该也知道不是任何鉴定报告都可以申请重新鉴定和补充鉴定的。

问：我并非否定你们的仔细工作和专业鉴定，只是假设一下：如果因为工作不仔细，在鉴定当时没有发现被鉴定人说假话，可事后才发现，那么是否需要重新评价鉴定结论的科学性和客观性呢？

答：在你所说的情况成立的前提下，一般要考虑重新鉴定或者补充鉴定。

问：你们鉴定普某3具有作证能力，是因为你们在鉴定时没有发现过普某3说假话。如果我证实他的确说过假话，那你们的鉴定意见就有可能受到影响，是这样的吗？

答：是的。

问：普某3在本案作证的过程中，一直在说假话，而且说了很多次。不仅是对鉴定人说过，而且也对公安人员都说过。

答：怎么说？

问：（1）公安人员伸出五个手指问他能不能数清楚、识不识数时，他说识数，是6个。识数就是识数，不识数就是不识数，把不识数说成是识数，把5个说成是6个，这是他第一次说谎。（2）公安人员给他20元钱，问他认识吗？他说认识，是8块钱，这是他第二次说谎。（3）公安人员问他上过学没有，事实上是没上过学，他却说自己是小学毕业，这是他第三次说谎。（4）公安人员对他做笔录时，起初说他看到了李某才打人，还帮李某才把被害人抬到了台阶下；后来却说看到了李某才打完被害人，转而又要打他，他就跑了。前述例子中是反对的命题，反对的两个命题是不可能同时为真的，必定是有一个假命题或者两个都是假命题，因此这是他第四次说谎。请问鉴定人，普某3针对同一案件，连续四次说谎，而你们却认为他不会说谎并据此鉴定他有作证的能力，你所出具的鉴定结论还成立吗？

答：这些现象是普某3智力有问题的表现，并非其说谎，而且多数不是针对案件情况。

问：问题是你们在鉴定时所问的问题和所考虑的因素也是这些。这在你们的鉴定文书中有明确的记载。如果这些问题与案件密切相关，则在你们鉴定时，对于普某3针对与案件密切相关的问题说谎，但是你们没有发现，就草率地作出了结论，这样的结论当然难以客观科学；如果这些问题与案件没有关系，则你们在鉴定时，是以与案件没有关系的问题作为判断他是否对案件事实具有作证的能力的前提，不是南辕北辙了吗？你们的鉴定与本案又有什么关联性呢？

答：……（沉默）

法官简单询问几个问题后说道："我们都听清楚了，请鉴定人退庭。"

从上述询问可以看出，辩护人询问专业的鉴定人时，一定要找到其专业漏洞，并且不能开门见山。辩护人应明确，自己不是要和鉴定人讨论专业性的问题，而是要把专业性的问题淡化和平民化，揭开鉴定人的神秘面纱。最后对鉴定人突破的关键是二难推理的使用。要么鉴定人的鉴定方式，即他依靠经验来作出鉴定是不可靠的；要么说鉴定人的经验是可靠的，但他的经验恰好在本案中推翻了自己的鉴定结论。

2007年云南省玉溪市中级人民法院作出（2007）玉中刑初字第68号刑事判决书，判决：被告人李某才无罪。

检察机关对于一审判决不服并以云南省玉溪市人民检察院玉检刑抗（2007）1号刑事抗诉书提出抗诉。

但是与案件一样戏剧的结果是，在2008年4月28日二审开庭后三天，李某才因为突发心脏病死亡，故此云南省高级人民法院于2008年5月16日作出"云南省高级人民法院（2007）云高刑终字第1716号刑事裁定书"裁定："本案终止审理。"

案例二

△ 案情简介：

2013年1月1日21时许，杨某某因为琐事把徐某的KTV砸坏了，经鉴定造成财物损失为8609余元，公安机关以寻衅滋事罪立案侦查。

公安机关在案发时进行了现场勘测和鉴定，损失鉴定的范围是19项财物，损失金额为8609元。而徐某不认可这一鉴定，于2013年11月15日自行委托另一鉴定机构鉴定，该鉴定机构作出××××鉴字20131132172号"评估鉴定意见书”。鉴定得出：某某 KTV 被损害的物品损失为 220392.40 元；停业损失鉴定：经营损失为 165000.00 元。某某 KTV 被打砸造成的损失为以上两项之和，即 385390.00 元（取整）。

2013 年 10 月 10 日，昆明市五华区人民检察院以五检刑一诉（2013）387 号起诉书提起公诉。因为被告人均自愿认罪而且愿意积极赔偿争取被害人谅解，因此本案的审理并不复杂，但是又因为前述鉴定文书的存在，一方面直接影响了附带民事诉讼（是否适合提起附带民事诉讼暂不讨论，法庭上已经提出异议，但法院坚持允许附带民事诉讼）的调解，另一方面也直接影响了对于寻衅滋事罪的最终量刑。

虽然被告人也愿意根据实际损失对被害人进行赔偿争取谅解，但是因为前述鉴定意见书的存在，一方面直接导致被害人对于赔偿的期望值最低也不能低于鉴定意见确认的金额，另一方面也直接影响主审法官在组织调解时的自由心证，认为被害人以鉴定意见作为最低要求确实于法有据；同时还将在量刑上直接影响法官的心证，认为损害后果严重。所以对于鉴定意见的质证同样意义重大。为此辩护人申请法庭通知鉴定人出庭接受质询，鉴定人也欣然出席。

要旨：（1）这次鉴定的范围明显大于公安机关鉴定的范围，因此最终损失明显大于公安机关鉴定意见确定的金额；（2）被害人自行委托的鉴定机构，将停业损失也纳入了鉴定范围，并且得出了 16 万余元的结果。但是，KTV 是特殊行业，如果没有办理营业执照和特种行业经营许可证，可能涉嫌非法经营；被害人徐某自行委托做的鉴定不是按照公安机关划定的范围来鉴定的，实际上其鉴定的范围要比公安机关的范围大得多。两份鉴定结论有明显的分歧，但都是由法定鉴定机构作出的，如何争取采信对自己当事人有利的鉴定意见？

以下提问方为辩护人，回答方为鉴定人。

问：你当时作出鉴定意见的鉴定方法是什么？

答：和公安机关一样，“成本法”。

问：你做鉴定意见时，有没有做实地勘测呢？

答：做过。

问：你们是如何进入现场勘测的？是公安人员带你们进去的还是谁带你们进去的。

答：是委托人带我们进去的。

问：委托人是怎样带你们进去的？是撬门进去的还是用钥匙开门进去的？

答：那是委托人的家，当然是用钥匙开门进去的。

问：就是说委托人有进入现场的钥匙，可以任意进出现场是吗？

答：钥匙谁保管我不知道，反正是委托人带我们进去的。

问：那么做实地勘测的情况如何？

答：我们已经将情况附在鉴定意见后面了，什么时间，哪些人去做的勘测都写明了。

（案件材料显示，记载的勘测人员中没有公安机关的参与，勘测现场照片中也没有拉警戒线来进行保护）

问：公安机关鉴定损失是 8000 多元，而你鉴定出损失是 30 多万元，怎么会有这么大的差异呢？

答：鉴定的范围不一样，我们鉴定时包括经营损失。

问：就算扣除经营损失，关于财物的损失也差别巨大，公安机关的鉴定结论是 8609 元；而你们的是 220392.40 元？

答：公安机关对于财物鉴定的范围没有我们的范围广，我们鉴定的财物项目比公安机关的多。

问：你们鉴定人有无权力对刑事案件的案发现场进行勘测？

答：我们没有权力勘测刑事案件的案发现场，但是为了鉴定需要我们可以对鉴定场所进行勘测。

问：在委托鉴定时，委托人也就是本案的被害人有没有告诉你们鉴定的对象是刑事犯罪的案发现场的财物损失？

答：简单说过，鉴定的对象是被他人打砸的 KTV。

问：有没有告诉你们鉴定的目的？

答：目的是对损失数额作评估。

问：有没有告诉你们鉴定结论将作为刑事案件的证据使用？

答：没有具体说。

问：如果告诉你们这份鉴定结论将作为刑事案件的证据使用，而且公安机关已经做过鉴定，鉴定结论为 8000 余元，你们还会做这份鉴定吗？鉴定的方式和结论还是这样吗？

答：这个我不清楚，但是我们都是按照法律规定和权限接受委托并进行鉴定的，鉴定规范也没有要求一定要以公安机关的为准。按照法律规定为了查明案件事实，委托人有权委托有资质的鉴定机构对专业问题作出鉴定，我单位也有该项鉴定的资质和许可。

问：鉴定人有意出具虚假的或者非法的鉴定结论，将承担法律责任，虚假包括结论虚假与鉴定过程虚假，法律责任包括民事责任与刑事责任，你是否清楚？

答：我当然清楚，有专门机关管理，不需要辩护人操心。

问：你们在现场勘测的时候，所谓的勘测范围是谁给你们界定的？

答：是委托人指示给我们看的。

问：在现场是否有警戒线保护现场？

答：没有警戒线保护现场。

问：你们勘测完后，是否按照审慎义务的要求，向公安机关或者办案单位核实过：委托人所指示的范围是否与案发时的范围一致？

答：没有，我们独立鉴定。

问：你们独立鉴定就等于可以自行确定刑事案件的现场范围吗？你们独立鉴定就等于可以任意夸大被鉴定对象吗？你们独立鉴定就等于委托人指到哪里就测到哪里吗？

（附带民事原告代理人反对，认为是恐吓鉴定人；法官提示注意发问的方式）

辩护人：真不是恐吓，而是在保护鉴定人，避免他无法自救。本案中刑事案件的犯罪现场是公安机关在案发时第一时间依法保护并且勘查；总共损失的财物为 19 项（并且有卷宗相关资料印证）。但是现在出庭的鉴定人却硬生生地弄出 220 项。用简单的话说鉴定人鉴定时如果明知鉴定对象变化而鉴定，则属于伪造现场及证据；如果不知道而鉴定，则属于明显的出具鉴定报告失实，情节严重的均可以构成犯罪，这些情况我相信在场的人都知道。如果鉴定的对象可以说话是证人，则这是明显的改变证人的证言！

在案发近 10 个月后，现场没有任何保护的情况下，鉴定人还有对案发现场财物损失进行鉴定的前提吗？请求法庭允许辩护人依法询问鉴定人。

（法庭批准继续询问，并要求鉴定人正面回答问题）

问：鉴定人，你能够确保你鉴定时针对的现场就是本起刑事案件的案发现场吗？

答：我不能确定，我们鉴定结论针对的只是鉴定时的现场情况。

问：也就是只是针对案发后十个多月且没有保护的现场吗？

答：是的，是十个多月后的现场，但是有无保护我不清楚。

问：在这十个多月的时间里，除了勘测时去过现场，你们其他时间是否去过？

答：我们只是勘测时去过。

问：你们能够保证这十个多月时间里现场没有发生过任何变化吗？

答：我们无法保证十个多月内现场没有发生任何变化。

问：案发十个多月，还有现场吗？谁保护的现场，是你们在保护现场吗？现场连警戒线都没有，更没有封条等，你们怎么判断十个月后的现场与案件的关联性、同一性？

答：我们是听委托人讲的相关情况。

问：作为刑事案件证据使用的鉴定结论，你们只听当事人讲一下，到现场拍个照就可以做出来吗？

答：我们还经过了专业的成本折算。

问：不管专业不专业，你们的鉴定方法与公安机关的鉴定方法一样的都是成本法。现在用相同的方法作出了两个不同的结论，你认为是怎么回事？是两个都是真的、客观的，都可以采信？还是公安的是假的，应该采用你们的？或者是应该采用公安机关第一时间作出的鉴定结论？

答：这个应该由法院作出取舍。

问：今天通知你到法庭接受质询，就是为了帮助法庭作出取舍，你是否坚持将你们的鉴定结论作为该刑事案件的证据之一提交，并请求法庭按照刑事证据的规则进行审查后取舍，也就是说不论是否采信，你是否坚持将该鉴定结论作为刑事案件的证据出示并提交法庭？

答：……（沉默）

问：当时委托人是否明确告知你该鉴定结论将作为刑事案件证据提交？

答：当时委托人没有告诉我们该证据将作为刑事案件证据提交。

问：你们鉴定中心能够对非法经营的“黑车”的停运损失（就是经营损失）进行鉴定吗？

答：没有听懂。

问：你们能够对卖淫场所的营业损失进行鉴定吗？

答：还是没有听懂。

问：你们中心能够对非法经营的“黑网吧”的营业损失进行鉴定吗？

问：听不懂。

（法官提示辩护人注意发问方式，直接有针对性地发问）

问：你们中心是否可以为违法犯罪行为的经营损失进行鉴定？

答：不能。

问：鉴定个人或者企业的经营损失时，是否需要审查经营主体的合法性？

答：需要。

问：委托人的 KTV 有营业执照吗？有特种行业经营许可证吗？你们鉴定时审查过其 KTV 的经营主体资格吗？

答：当时这家 KTV 在正常经营。

问：被打砸后，你们鉴定时，还在正常经营吗？

答：不是当时在正常经营，当时没有经营，委托人告诉我们以前是正常经营的。

问：你们审查经营主体资格时是看材料还是听委托人说？

答：……（沉默）

问：在卷的鉴定书中关于 KTV 的经营资料连一个字都没有，不仅没有特种行业经营许可证，连最基本的营业执照、组织机构代码证都没有，你们是依据什么法律认定 KTV 的经营资格的？

答：这些都是工商、公安等部门管理的，我们不清楚。

问：但是可以肯定的是你们鉴定时没有审查过对吗？因为委托人至今也没有 KTV 经营的证照和资质。如果你们当时审查过，则明知没有证照系非法经营甚至犯罪行为还为其鉴定经营损失；如果你们当时根本就没有审查过，那么你们的鉴定负责任吗？请问你们鉴定当时究竟是故意还是过失？

答：……（沉默）

问：按照你的说法这些都是其他部门管理的，那么你们也可以为卖淫场所的经营损失进行鉴定了，因为那是公安机关管理的，是不是？

答：……（沉默）

（法庭提示：辩护人注意发问方式）

问：还是问一个简单的问题，鉴定人，今天通知你到法庭接受质询，就是为了帮助法庭作出取舍，你是否坚持将你们的鉴定结论作为该刑事案件的证据之一提交，并请求法庭按照刑事证据的规则进行审查后取舍，也就是说不论法庭是否采信，你是否坚持将该鉴定结论作为刑事案件的证据出示并提交法庭？

答：……（沉默）

问：当时委托人是否明确告知你该鉴定结论将作为刑事案件证据提交？

答：当时委托人没有告诉我们该鉴定结论将作为刑事案件证据提交，我们不同意将该证据作为刑事案件证据在本案中使用。

（法庭简单发问后宣布鉴定人退庭）

接下来在附带民事调解的过程中，各方自动忽视了委托人自行委托的鉴定机构所作出的鉴定意见，民事调解在公平合理的前提下顺利完成，被告人获得被害人谅解。

2013 年 12 月 13 日昆明市五华区人民法院作出（2013）五法刑初字第 325 号刑事判决书，全案被告人均宣告缓刑。

透过上述三个法庭询问鉴定人的案例可以看出：揭开鉴定人的神秘面纱与设定二难推理，是效果良好的鉴定人询问实战技巧。但在实务中，不可能遇到和这些案例一模一样的情况，这就需要辩护人能灵活地把这些方法运用到实际的个案中。相关理论的归纳总结详见《律师询问鉴定人的技巧（二）（理论归纳）》。

律师询问鉴定人的技巧（二）（理论归纳）

证据是认定刑事案件事实的核心所在，被告人口供一直被认为是证据之王，一方面这是最简洁的直接证据，另一方面通常也是侦查机关开展后续侦查，收集相关证据予以印证的前提。随着司法理念的革新，以及无罪推定、疑罪从无原则的贯彻与落实，对于口供的依赖明显降低。而另一种证据的“王位”却在悄然确定，这就是鉴定结论或者意见。这种证据威力强大甚至在很多时候直接决定了案件的“生死”。

鉴定结论或者意见是指各行业的专家对案件中某些专业性问题所出具的结论或者意见，其最初的形式多称作“鉴定结论”，鉴定结论在庭审中具有强大的证明力，对于专业的问题基本形成了终局性的结论，在2012年《刑事诉讼法》修正之前，通知鉴定人出庭接受询问的情形很少，很多时候鉴定结论仅仅经过书面质证就被采信并作为定案的依据。2012年《刑事诉讼法》修正后，首先改变了对于鉴定结论的称谓，将其更改为“鉴定意见”，并且完善了鉴定人出庭接受询问和质证的相关程序与要求。

但是鉴定意见是由具有专业知识的人员就专业问题出具的意见，虽然改变了名称，也增加了出庭接受质询的程序，如果在法庭询问的过程中，不能提出强有力的疑问，并且揭示鉴定意见中存在的问题，鉴定意见通常还是会被直接采纳并作定案的依据。那么，如何有效地通过法庭询问来揭示鉴定意见中的问题并最终否定鉴定意见的有效性呢？出庭律师必须练就专门的破解之法。

在大量庭审实务中我探索并总结如下经验，供大家共同研讨：（1）揭开鉴定人作为专家的“神秘面纱”；（2）设定“二难推理”，以最简单明了的方式揭示鉴定意见的问题与错误。揭开神秘面纱就是要破掉鉴定人的专家性质和专家的神秘感，要让专家所说的很多专业性强的东西都转化为普通老百姓都能听得懂的东西；设定二难推理，是因为逻辑是法律人的强项，一方面会给出庭鉴定人无法跳出、无法辩解的圈套，另一方面也能够使法庭上的其他参与人直接明了地看到鉴定意见的错误与问题。

那么如何揭开鉴定人专家的神秘面纱？又如何设定二难推理呢？在此我们进行简单的理论归纳与总结，具体的案例见上文《律师询问鉴定人的技巧（一）（案例讲解）》。

一、专业的准备

律师在法庭质证中询问鉴定人，应当是一场真正的实质的对抗，它可以有亮点但是绝对不能是一场作秀。简单地说不论是多么精心的策划，也不论是多么娴熟的技巧，都必须建立在扎实的专业知识之上。

1. 充足的专业知识准备。可是律师如何与作为专家的鉴定人在专业知识上形成实质的对抗呢？如何具备所谓“扎实”的专业知识呢？这个问题的答案就是“专业的准备”。为了充分发挥律师对出庭鉴定人的质询作用，形成实质的对抗，律师必须在庭前对于鉴定所涉及的专业知识有充分的储备，对于鉴定意见中所涉及的专业知识的基本原理、常识、难点、疑点、争议争论都必须全方位掌握，虽然在整体与系统上很难与出庭鉴定人对抗，但是在核心问题及针对性问题上应该尽量与鉴定人旗鼓相当。对于专业知识的储备，不论是在执业之前就进行学习研究，还是在执业过程中日积月累，或者是为了一场质询而临时抱佛脚都行，方式不论但结果必齐，那就是在上庭之前律师必须储备充足，这犹如“三军未动，粮草先行”。否则，整场质询注定会成为花拳绣腿、班门弄斧的闹剧。而结合我国律师现状，不仅有为数不少的非法律专业律师，即或是法律专业的律师也鲜有开设或者研究司法鉴定课程的实际情况，具有针对性地补习司法鉴定相关知识，吸收其他鉴定机构的鉴定专家对专业问题研讨的专业意见是一种最行之有效的方式，根据2012修正后的《刑事诉讼法》规定，在特殊情况下可以考虑申请自己所咨询的鉴定人以专家证人的方式出庭作证。简单地说，专业性的对抗还是要交给专业的人员完成，甚至要鼓励自己所聘请的专家在专业上进行白热化、吹毛求疵的对抗，而律师应该首先以旁观者或者其他诉讼参与人的身份来冷眼旁观，然后再以渔翁取利的角色筛选最为有利的对抗与突破点。

2. 找准鉴定意见错误或者问题的实质。法庭质证不是辩论赛，慷慨陈词或者旁征博引都不会直接得分；质证结束也不会颁发最佳辩手的奖项，因为法庭质证的目的最终是为案件的审理与裁判提供支撑，因此他不仅要进行专业的知识对抗，还要在法律层面进行专业知识对抗，因此他可以运用法律技巧但是必须遵循法律的规定与原则。比如，绝对不能伪造证据；不能将学术学派的争论视作对抗的归宿；不能以实验性的结果定论事实；等等。换句话说，准备不是为了庭审质询热闹好看，而是要找准鉴定意见的错误或者问题的实质，并最终影响其在法庭审理过程中的采信与使用。

3. 权衡并分析利弊。利弊相辅而存，在攻击他人时通常也会暴露自己的弱点，针对一名专业的鉴定人进行质询准备，选择攻击要点时，要充分分析最终的要点，如果不能成立会给自己带来的后果，以及所选择攻击要点被鉴定人破解并回击的后果。律师的法律职责是维护当事人的合法权益，如果所选择的攻击要点最终未能有利于辩护，反而使自己的当事人处于更加被动的地位，则悔莫大焉。比如，律师想要通过对鉴定意见的质询来否定被害人身上残留的微量证据与犯罪和自己的当事人有关；最终的结果不仅没有达到前述目的，反而加强了微量证据与犯罪和当事人的关系，甚至论证了被害人身上微量证据足以锁定当事人为犯罪实施人。

二、精心的策划

在鉴定的专业对抗上，律师是弱小的，所以这注定是一场以少对多、以弱对强的战争，要想取胜必须精心策划，否则实难胜算。

1. 进知所取，退知所守

简单地说就是知道进攻的目的，也要知道退守的底线。律师询问鉴定人时为了充分揭示鉴定意见的错误与问题可以运用必要的技巧，但是不能得意忘形地将法庭当作自己的广告店。因此，在询问鉴定人时要牢记自己的目的，一旦目的达到就要迅速结束询问或者转入下一个目的的询问。因为鉴定人的专业知识水平通常是较高的，而且其鉴定人的身份容易误导法官或者其他诉讼参与人，如果律师在达到目的后没有恰当地结束第一个话题就很可能被鉴定人反攻，鉴定人极有可能利用自己的专业知识及专家身份让律师陷入新的被动并且最终失地光复。及时结束话题其实就是不给鉴定人纠正和解释的机会，也避免因为穷追猛打导致法官对鉴定人同情对律师反感，影响对后续目的实现与整体效果。为了彻底断绝鉴定人的反攻机会，在策划询问时要充分注意各个要点之间的间隔，避免鉴定人在回答新问题时有机会重新解释或者修正旧问题的答案。

当然不是律师预定的每个要点都会顺利实现，当律师穷尽一切当时可用的技巧仍然无法达到预期的目的时，要尽快退守，即回到自己的阵地准备下一次的进攻或者准备对于鉴定人回击的防守。如果律师还是继续死缠烂打，一方面可能自乱分寸，暴露自己下一个目的让鉴定人提前准备；另一方面也很容易给鉴定人充足的时间去纠正之前的错误并准备后续问题的应对方式；更重要的是可能使法官或者其他诉讼参与人对律师反感甚至被法庭当庭制止或者被公诉人反对，导致后续问题或者询问的整体效果大打折扣。虽然相关机关都一再出台文件要求保障律师询问的相关权利，但是当律师提出没有价值的问题并且死缠烂打时，人们心里的文件已经与纸面的文件南辕北辙，此为人性使然谁都很难超越。

此时律师可以使用一个保底的防守方式，“好的，我们听清楚了，鉴定人的意思就是坚持在鉴定文书中的意见，对吗”？这样总结性的发问已经包含了答案，因为鉴定人出庭当然要坚持自己在鉴定文书中的观点。而且这样的发问也体现了律师对于事实的尊重与风度，但是更重要的是保住了自己的阵地，没有给鉴定人作出不利于自己当事人阐述的机会。如果鉴定人还要做更多的阐述，律师可以简单地发问：“鉴定人是认为自己之前在鉴定文书中没有阐述清楚或者有遗漏吗?”

2. 知其退而善胜，知其攻而善败

简单地说就是分析对方可能逃跑的路线并预备追击与拦截的方案；分析对方可能反攻与进攻的套路与方案并提前拟定防御的方案。

有的鉴定人不仅具有鉴定的专业知识，还具有丰富的出庭接受质询经验。因此在律师无法攻破其漏洞时其极有可能借机反攻，一方面可以加强自己的权威并进一步加强鉴定意见的权威，另一方面也可能使没有经验及没有准备的律师溃败千里没有下文。甚至有的经验丰富的出庭鉴定人首先就以专业知识为后盾对律师发起进攻，如果出庭律师不能很好地应对，则通常自乱阵脚，不战而败，更不要说突破鉴定人达到自己的目的。而法庭在鉴定人进攻或者反攻律师时一般不会制止，因为鉴定人的专家身份本身就容易得到尊重；其次鉴定人以专业知识进攻律师又不违反法庭秩序，法庭确实也没有必要制止；再次法官或者其他诉讼参与人本身对于专业问题也希望能够听到更为详细的阐述和解释；最后，这是公诉人最乐于见到的事，所以自然也不会提出反对。因此，如果律师没有提前的防御方案和自救方案，遇上这样的鉴定人就只有被活活“吊打”了，惨状可想而知。

当然，风水轮流转，律师也不可能总是被“吊打”，经过充分的准备，律师也可能让鉴定人在法庭上首尾难顾、溃不成军。但是提前进行精心的策划仍然是非常必要的，因为对于那些出庭经验丰富的鉴定人，一看自己的鉴定结论出了大漏洞或者明显的错误，他们也有应对的办法，可以变着花样地与律师周旋，顾此而言他或者除了一句“鉴定书上都已经写清楚了”以外只字不言。没有经验的律师一不小心就上当了，自认为将鉴定人问得哑口无言，自己光芒四射。但是我们忽略了，鉴定意见本身就是证据，其采信或不采信与鉴定人在法庭上发言或不发言没有必然联系，在程序要件齐备并且法庭没有发现明显的错误与问题时，虽然鉴定人在法庭上哑口无言但是照样可以采信其鉴定意见作为定案的依据。所以律师不要一得意就忘记自己的目的而鸣金收兵。对于鉴定人这种逃避方式该追的还得追，而且要提前打好埋伏，不然一直追到庭审结束也不会有结果。追的方式和埋伏的方式都是多种多样的，但目的只有一个，那就是得到自己预期的结果。在此列举几项：

（1）针对相关错误或者问题，经过询问，法官及其他诉讼参与人心里都有一定的认识而鉴定人就是不承认的，律师要主动将相关问题的核心整理出来并向法庭作一次简要的陈述，以捅破最后一层窗户纸，但是一般不要询问鉴定人“是不是这样的”？理已说清，自然要趁鉴定人难堪之时尽快进入下一个话题开始下一轮攻击。因为如果律师画蛇添足地加上最后这个问题，鉴定人回答一句：“不是这样的，这是一个很专业的问题，一句话说不清楚，而且没有一定专业知识的人也无法理解。”基本上律师的战果就丢掉一半了。

（2）对于顾左右而言他的鉴定人，律师不要听之任之，一方面可以在坚持同一个目的的前提下变换不同的问题追问或者采用迂回包抄的方式先将相反的意思全部否定，最后再回过来追问只剩一个答案的问题；另一方面也可以礼貌地求助于审判长要求鉴定人正面回答问题，但是不宜直接进行这样的表述，最好首先向法庭简要阐述一下查清这个问题对于作出公正裁判的重大意义，其次请求法庭要求鉴定人正面回答问题或者予以核实；当然作为保底方式直接要求鉴定人正面回答问题，或者向法庭声称鉴定人拒绝回答应该回答的问题导致质证无法进行故要求休庭的方式也有人用，但是建议尽量避免。

三、娴熟的技巧

1. 瞒天过海、出奇制胜

因为对手很强大，所以我们要悄悄地接近核心，才能发起制胜的进攻或者有效的拦截。请相信不论我们怎样恶补鉴定知识，与专业的鉴定人相比较我们通常还是处于弱势。如果一开场就摆出了挑刺、找茬、干一架的姿势，鉴定人的防卫指数可以顷刻提高好几倍。所以在技巧上我们要很尊重鉴定人，向他请教相关的鉴定知识，并且是一种似懂非懂的状态。如果律师看起来太懂鉴定知识，鉴定人会开始怀疑；如果太不懂，法官就会认为提问和案件没有关系而予以制止，所以简单称呼鉴定人为老师或者加上其职称是比较恰当的，如果非要问鉴定人籍贯、学历、社会经历等情况的，确实需要十分慎重。

简单寒暄后就要对鉴定意见有针对性的发问，但是坚决不要一下就将自己所看到的问题说出来，在策划的时候就要考虑对于你所关注的问题鉴定人可以有哪几种专业的解释，哪种解释是你想要的，哪种又是你害怕的。对于你想要的解释，你要不断地通过发问鼓励鉴定人作更加详细的解释和阐述；而对于你害怕的解释要绕得远远的，一旦发现鉴定人有苗头就要不动声色地将他拉回来。鉴定是一个复杂的过程而且涉及很多方面，在法庭问询时我们不可能一一陈述，而且很多问题并非一种解释方式，律师更关注自己需要的解释。当鉴定人按照预定方案陈述问题时，要尽量放慢询问的节奏以确保书记员能够准确记录，自己也要及时记录。要让出庭鉴定人充分放松，甚至对我们充满轻视，最终让他们过分的骄傲将一些他们本来不打算说的话都向法庭陈述，也与律师询问形成融洽的气氛。

2. 诱敌深入，以逸待劳

针对专业的问题要尽量引导鉴定人亲自作出通俗的解释。比如，对于鉴定涉及的专业知识与理论作出通俗的解释；对于鉴定程序作出通俗的解释；对于鉴定标准作出通俗的解释；对于鉴定依据作出通俗的解释；对于鉴定设备作出通俗的解释；对于鉴定中相关的失误概率及事故概率作出通俗的解释；对于鉴定与司法运用之间的关系作出通俗的解释；对于鉴定意见的最终结论作出通俗的解释；根据策划的需要当上述各种解释或者几种解释被通俗化后，鉴定人就变成和蔼可亲的隔壁老王了，因为所需要的解释是由其本人亲自说出并且已经记入庭审笔录，专家的神秘面纱被揭开，当律师最后提出鉴定的错误及问题时，鉴定人的法宝“专家身份”已经无法发挥特殊功效，鉴定的错误或者问题不仅已经包含在鉴定人自己的解释之中，而且所有人都能够看得懂。同时在不断引诱专家对专业问题进行通俗解释的过程中，出庭鉴定人基于各种原因也可能对专业问题作出错误的通俗解释，或者暴露其他新的问题。

3. 釜底抽薪，以少胜多

我们可用的有生力量是极其有限的，而且我们可能只有一次进攻或者拦截的机会，所以在攻击之前要万分保护有生力量，绝不能让对方提前发现，也要竭力确保一战成功直指要害。

在专业的鉴定意见中要发现明显的错误或者问题是非常困难的，不仅要恶补专业知识还要请教其他权威的鉴定人，即或这样，足以影响鉴定意见采信的错误或者问题也不会太多，如果在没有精心策划、仔细铺垫的情况下过早暴露，或者直接提出并要求鉴定人作出解释说明的，鉴定人极有可能在法庭上通过自己的专家身份或者专业知识作出合理的解释，而且通常公诉人还会提供必要的帮助。即或出庭的鉴定人未能作出合理的解释，也可能被认为是因其个人专业知识或者表达能力的原因，不一定会引起法庭的重视与质疑，最终照样采信鉴定意见作为定案依据。

因此对于发现并且选定作为主要攻击目标的鉴定意见中的错误与问题一定要力求一锤定音的效果，为了达到这样的效果除了之前所作的学习、策划、铺垫以外，还需要律师充分发挥法律人逻辑思维的强项，在所有人都明白了这项鉴定是怎么回事后，辩护人要设定一项二难推理，并置鉴定人于二难之中，当该项工作完成后，不论鉴定人是否解释或者作出怎样的解释都无法回避被发现的错误与问题。此时公诉人也无法再提供帮助或者补救，因为在鉴定的领域公诉人与律师一样是门外汉，而且二难是鉴定人在不知不觉中自己设置的，其他人确实无权也无法作出解释。

律师设定二难推理一定要精准命中鉴定人，因此要充分分析鉴定人可能避开的情形，以及所设定二难推理是否存在漏洞。对于鉴定人所有可能逃脱二难推理的情形都要提前予以防范。律师设定的二难推理通常最后才出现，即或当时分析鉴定意见时发现多个错误，也不宜首先暴露二难推理的运用。如果确实存在多个错误与问题，一般在所有铺垫完成后，最终同时使用二难推理，进行排比式的发问与进攻。

为了保证二难推理使用的最佳效果，在展示二难推理前可以将检察官、法官在后续可能发问的问题尽量问完，让公诉人与法官难以提出新的问题，最终鉴定人退庭时终结在陷入二难推理无法解释的状态。

总的来说，对于鉴定意见的质证至关重要，并且要想取得理想的效果困难重重，但是进行专业的分析及周密的策划并且充分运用辩护人语言技巧是一种行之有效的方法，不仅有利于查清案件事实促进法庭作出公正的裁判，也能够充分彰显律师作为专业法律工作者的风采，有效地维护当事人的合法权益。

"特情引诱"情节在毒品犯罪死刑辩护中的运用

特情引诱是毒品犯罪特有的、诡异的、重大法定情节，它几乎无法被证实，却需要处处被证明。毒品案件是判处并执行死刑最多的非人身伤亡类刑事案件，而特情引诱却是毒品案件中被告人免死的丹书铁券。因此，对于"特情引诱"情节在毒品犯罪死刑辩护中的运用值得进行深入的探究。

一、"特情引诱"情节辩护的现状及分析

针对毒品犯罪死刑辩护的技巧，众多同行从技术及策略上进行了广泛深入的探讨，也给出了大量的有益经验，但是我认为毒品案件本身及侦查都明显有别于普通刑事案件，抛开毒品案件的特殊性讨论其有效辩护的策略与方法，难免陷入"屠龙之术"的误区，因此了解毒品犯罪本身与侦查的特殊性也是非常必要的辩护前提。

（一）不能准确理解"特情引诱"的概念与具体含义，将其与控制下交付、特情贴靠、特情情报、技术侦查措混淆或等同

特情引诱并非一个随意的定义，而是具有明确的司法界定和出处，是特情侦查过程中的伴生品，它产生并存在于特情侦查过程中；特情侦查又只是技术侦查措施的一个部分。毒品犯罪辩护中特情引诱特指"犯意引诱"或者"数量引诱"。2000 年 4 月，最高人民法院在南宁召开全国法院毒品犯罪审判工作座谈会，并发布《全国法院审理毒品犯罪案件工作座谈会纪要》（法〔2000〕42 号，已失效，以下简称《南宁会议纪要》）；2008 年 12 月，最高人民法院在大连召开全国部分法院毒品犯罪审判工作座谈会，并发布《全国部分法院审理毒品犯罪案件工作座谈会纪要》（法〔2008〕324 号，以下简称《大连会议纪要》）。这两个会议纪要都对此作出了详细明确的界定：行为人本没有实施毒品犯罪的主观意图，而是在特情诱惑和促成下形成犯意，进而实施毒品犯罪的，属于"犯意引诱"。行为人本来只有实施数量较小的毒品犯罪的故意，在特情引诱下实施了数量较大甚至达到实际掌握的死刑数量标准的毒品犯罪

的，属于“数量引诱”。在实践运用中还有“犯意与数量复合型的引诱”。其具体的实施方式表现为“上套引诱”“下套引诱”“双套引诱”。特情引诱是重要的法定情节，虽不会影响定罪，但是直接影响量刑，尤其是影响死刑立即执行的适用。

认为“控制下交付”“特情贴靠”“特情情报”“化装侦查”“技术性侦查措施”就是特情引诱，是比较常见的误区，但实际上前述情形均非特情引诱，而是特情侦查手段或者技术侦查措施，并且不会影响定罪和量刑，对此《刑事诉讼法》《大连会议纪要》《南宁会议纪要》都已经作出了明确的解释，在《联合国禁止非法贩运麻醉药品和精神药物公约》中也予以了充分的肯定，此处不赘述。

（二）不了解毒品犯罪本身及侦查的特殊性，以普通刑事案件的常规思维分析案情，组织辩护

毒品犯罪是一种高封闭的犯罪，这种特性为侦查提出了特殊的要求。常见的毒品犯罪并无直接作用的具体被害人，犯罪过程的参与人都是犯罪人员，因此毒品案件难以像侵害财产犯罪、侵害人身权益犯罪那样因为被害人控告、举报或者犯罪事实的出现而被直接发现。国家或者社会作为毒品犯罪抽象的被害人，其所谓的受害不是具体在某次犯罪中的受害，而是一种归纳或者管理上的法律评价。

普通的刑事案件通常是在案件发生或者发现犯罪事实后，逆向收集证据，通过对收集的证据进行分析、拼接后再现犯罪现场或者过程。而毒品案件通常是依据犯罪线索或者情报追溯犯罪的上游或者既往，但是毒品这一核心犯罪证据极易灭失，因此既往的案件在侦查中通常被作为线索使用，而不是作为犯罪事实被证实。侦查的核心是对后续犯罪的控制及证据（现场）的固定。也正是如此，所以毒品案件中神兵天将、人赃俱获也不足为奇。

简要来说，普通犯罪的侦查是对既往犯罪过程与现场的还原，而毒品犯罪的侦查更多是对新犯罪的控制与证据（现场）固定，只有极少部分是对既往犯罪过程与现场的还原。

毒品犯罪本身和侦查的特殊性，促使特情侦查方式广泛介入毒品犯罪的侦查之中。侦查部门通过前科、活动轨迹、银行资金、通话监听、物流管控、情报分享、案件串联等方式发现毒品犯罪的线索，在判断线索可信度后展开对应的侦查行为；在侦查过程中根据案件的具体情况可能使用特情贴靠、定位监控、

化装侦查、跟踪人或者物等各种方式，力求对案件进行全方位的控制与把握，最终确保案件的成功告破；因为收集证据及延伸办案等各种具体需要，在案件告破时还时常出现“控制下交付”“案件意外流产”等多种现象。

如果不认识毒品案件自身及侦查的特殊性，以普通案件的思维方式审查毒品案件证据，会出现很多不合常理的现象，容易想当然地认为案件存在这样或那样的问题，并误导辩护人的辩护思路与方向。

（三）选择“特情引诱”辩护思路不坚决、不干净、自相矛盾、拖泥带水

特情引诱是一个几乎无法被证实的情节，如果想要证实自己的辩点必然存在先天性证据不足；特情引诱是一个量刑情节，一旦选择以该情节辩护等于变相承认了有罪，但是特情引诱的案件通常会出现众多疑点，因此究竟选择疑罪从无的辩护策略还是有罪从轻的辩护策略，时常让辩护人举棋不定；为了更好地保障辩护权，部分辩护人会选择骑墙式辩护，但是针对毒品案件特情引诱的情节选用骑墙式辩护，极易产生自相矛盾的后果，即或将定罪与量刑分开进行仍然会自相矛盾；因为对特情引诱的定义不清，在辩护过程中经常与特情侦查手段及技术侦查措施混淆，观点含糊不知所云，无法取舍。最终在法庭辩护时观点不明、逻辑不清、语焉不详。既不能完整陈述自己的辩护观点，也无法组织有效的证据佐证和支持自己的辩护。

（四）见子打子，以点谈点，无法有效地组织疑点，深刻地揭示合理怀疑或者试图证实“特情引诱”，不能取舍泛泛而谈，不得关键

特情引诱的证据与痕迹通常不会显而易见地出现在案卷之中，因此当辩护人发现特情引诱的影子时总是极度兴奋，力求在这一个影子之下找到特情引诱的确切证据并最终将其证实。比如，公安机关提前立案，案件来源于群众举报，案件线索来源于情报部门，关于毒资来源、去向不明或者是关键的涉案人员未到案，管辖异常，等等。只谈前述中的一两个点，或者将所有的疑点简单堆砌起来，都只是见子打子的做法，无法形成体系的对“特情引诱”情节加以论证。

事实上这样的做法多是徒劳无功的结果，而且过度纠结一个疑点极易导致对其他疑点的忽视，当特情引诱确实存在案件之中时，一个疑点之外通常还会有更多的疑点值得关注，这些疑点需要按照辩护思路以逻辑的链条进行串联，其中还必然涉及对于部分疑点的舍弃，最终要形成合理的怀疑，往往需要对多个疑点的串联分析甚至有意放大。

（四）法庭陈述时未能科学设定特情引诱的位置，总被法院打断，无法完整陈述对特情引诱的意见

在辩护过程中，对于特情引诱问题，无法与法官进行有效的交流，一说特情引诱情节就会被法官打断。究其原因，一是辩点不明确，法官不知道辩护人要说什么，究竟是有非法证据要排除，还是当事人被人陷害而无罪，或者案件存在特情引诱要从轻？二是辩点无逻辑，即或明确辩点为特情引诱要求从轻处罚，但是特情引诱从何而来？归在何处？如何引诱？何种引诱？并无层次与逻辑，只是罗列一堆可有可无的怀疑，不见头绪。三是缺乏论证牵强附会的怀疑，从头到尾只是怀疑，而且是毫无根据的怀疑，并不是利用逻辑分析及在案证据佐证自己的怀疑。比如，仅凭“控制下交付”“化装侦察”“提前立案”就牵强地认为证实了特情引诱，甚至认为这理所当然就是特情引诱。

（五）害怕产生不良影响即草率地认为特情引诱情节意义不大，对特情引诱情节的辩护一句带过，不成体系，缺乏冲击力

因为不能深刻认识特情引诱情节，将其与特情侦查手段及技术侦查措施混淆，因而认为特情引诱情节是侦查的秘密，不敢作为法定情节进行充分的辩护，只是一句带过或者欲言又止，甚至有的辩护人以“特情”“特勤”的笼统表述予以替代。也有人认为“特情”并非法定的情节，而是我国司法的一种特有现象，法官对此也司空见惯，基本没有在公开的案例中看到该情节的认定及对案件最终裁判发生的影响，因此该情节对最终裁判没有实际意义，所以在辩护中忽视、轻视、舍弃。

二、特情引诱情节在辩护实践中的定位

（一）特有

特情引诱情节为毒品犯罪侦查所特有，是比较容易理解的内容。特情引诱情节滋生在特情侦查过程之中；特情侦查是刑事犯罪技术侦查措施的一部分；技术侦查措施主要运用于特定犯罪的侦查。结合前文中对于特情引诱的具体解释，可以直观地看到它仅存的合法性是来源于毒品案件的审理会议纪要，而且是被公权司法主体公认和默许的有效侦查手段。

（二）诡异

技术侦查措施作为一种法定的特殊侦查手段，其形成及获取的证据进入诉讼程序时，通常需要限定范围与方式，多数以转化后的形式有限地呈现在法庭

之上；而特情侦查作为技术侦查措施的一个特殊部分，通常需要特定人员的直接参与，因此从特情运用、证据转化、法庭获取、人员保护等方面，都比照普通技术侦查措施所形成的证据更难呈现在法庭；而特情引诱更是潜伏在特情侦查之下的高度机密，不论其究竟如何发生，都是不可告人的秘密，甚至有违法犯罪之嫌。

因为特情引诱情节具有独特性而且所涉证据无法收集和呈现，因此在刑事诉讼中，当事人难以察觉；侦查部门不会主动承认；检察机关无从审查；人民法院无法在审判中查实；辩护人通常也无从论证。但是其时常真实存在，因此当其发生作用时，做好事不留名，做坏事也不留名。对辩护而言既可能是天使，也可能是魔鬼。

（三）重大法定情节

特情引诱作为量刑的情节虽然在刑法中未作明确的规定，但是在《南宁会议纪要》和《大连会议纪要》中却均有明确的规定。其不仅直接对是否对被告人判处死刑立即执行发挥重要作用，还对普通量刑发挥重要作用。《南宁会议纪要》针对犯意引诱的量刑规定为“对具有这种情况的被告人，应当从轻处罚，无论实施毒品犯罪的数量多大，都不应判处死刑立即执行”；针对数量引诱的量刑规定为“对具有此种情况的被告人，应当从轻处罚，即使超过判处死刑的毒品数量标准，一般也不应判处死刑立即执行”“对无法查清是否存在犯意引诱和数量引诱的案件，在考虑是否对被告人判处死刑立即执行时，要留有余地”“对被告人受特情间接引诱实施毒品犯罪的，参照上述原则依法处理。”《大连会议纪要》针对特情引诱情节对于量刑的规定，除完全吸收了《南宁会议纪要》的规定外，还特别增加了“行为人在特情既为其安排上线，又提供下线的双重引诱，即‘双套引诱’下实施毒品犯罪的，处刑时可予以更大幅度的从宽处罚或者依法免予刑事处罚”。

前述规定本身与《刑事诉讼法》“技术侦查措施”中“但是，不得诱使他人犯罪，不得采用可能危害公共安全或者发生重大人身危险的方法”的规定及《联合国禁止非法贩运麻醉药品和精神药物公约》明显冲突，这也是为何最高人民法院 2014 年 12 月在武汉召开全国法院毒品犯罪审判工作座谈会后发布的《全国法院毒品犯罪审判工作座谈会纪要》（法〔2015〕129 号，以下简称《武汉会议纪要》）中不再明确表述特情引诱相关问题的一个重要原因。但是实际运用中特情引诱情节并未因为前述原因而被当然否定，一方面两个会议纪要及涉及特情引诱具体内容的条款并未被明确废止，另一方面《刑事诉讼法》虽然以“不得诱使他人犯罪”的方式作出了禁止性规定，但是对于违反这一禁止性规定的法律后果未予以科学的设定，致使实际执行中缺乏可操作性。此外，特情是毒品犯罪侦查重大有效的措施，而特情引诱是一种良树毒花，是特情的伴生品，在我国的司法实践中非旦夕之功可以解决。

特情引诱情节对量刑所发生的影响可以简要概括为法定“应当”从宽处理，从宽处理的幅度包括：从轻、减轻、免除处罚；尤其是对于死刑立即执行这一刑罚影响，犯意引诱等同于绝对排除死刑立即执行的适用，其作用与本意几乎等同于未成年人、怀孕妇女不适用死刑的强制性规定。故此特情引诱情节不仅是法定的从宽处罚情节（包括从轻、减轻、免除处罚），而且是特别针对死刑立即执行的限制量刑情节，其法定性与重要性不言而喻。

（四）几乎无法证实

特情引诱用通俗的语言表示就是侦查人员在侦查过程中滥用职权或者渎职的行为，这本身就是违法甚至犯罪。其产生的根源要么是侦查人员个人的决定，要么是侦查部门的决定，要么是侦查人员或者部门对自己所掌控的特情人员管理失控的结果。但是不论是因为何种原因发生，相关的证据材料均掌握在侦查人员或者侦查部门的手中，期望前述主体如实全面地提供对应的证据资料，这是典型的自证其罪，一方面违背法理原则，另一方面也背离人性与规律。

此外，根据侦查与审判的权力分配，审判机关虽然有权要求侦查机关对特情介入的相关情况予以说明，也有权对特情提供的情况按照证据标准予以审查，但是并无调查的权利，简单地说对于特情介入及特情引诱不存在侦查与审判的前提，特情说明所体现的只是一种态度而不是事实。

因此针对特情引诱的证实，因为先天固有的证据不足，几乎永远不可能实现。不要力图证实特情引诱的情节，并为此呕心沥血。我检索了全国裁判案例及网络公开案例，最终证实特情引诱的案例仅有甘肃马某孝诈骗案一起（涉及：彭某、杨某喜、荆某国三起毒品犯罪冤案）。

（五）需要处处证明

处处证明是对辩护技能的一种综合运用，限于本文篇幅，此处仅作简单列举和指引，具体内容及案例运用另文详述。

特情引诱因为先天的证据不足，司法实践中几乎无法证实，这不仅是律师的痛点也是法官的痛点。因此审判机关在形成两个会议纪要时，已经特别作出了补救性规定，即当辩护人在辩护过程中提出了针对特情引诱的具体怀疑，并且有效论证了怀疑的合理性时，即或最终无法查实是否真实存在特情引诱的情节，也应当按照存疑利益归于被告的原则，对被告人作出有利的处理。

确切地说，除了像马某孝案件那样的例外，律师几乎无法证实特情引诱情节，如果真的证实了，也许就涉嫌非法刺探或者泄露国家秘密了。那么实践中究竟还能针对特情引诱情节辩护吗？答案是肯定的，也必须辩护，因为疏忽、畏惧、粗心而放弃一个可能影响当事人生死的法定情节，在毒品犯罪死刑辩护中无论如何都是不可被原谅的。那么究竟怎样辩护呢？我们需要精准地找到疑点，并通过有效组织疑点展示关于特情引诱的怀疑，还需要通过逻辑分析及在案证据论证怀疑的合理性。

整个公安机关的侦查过程犹如用木头建造了一幢阁楼，采用见子打子的方式，我们可以将此幢楼敲得千疮百孔，玻璃碎一地，但它仍然是一幢阁楼，旁人不会对其产生新的认识。辩护人要做的是首先通过证据分析将阁楼全部拆散为材料，其次按照“特情引诱”的思路，以原来的材料重新建造一幢建筑，它可能是一座木塔，一座木碉堡，使法官完整地看到一幢新建筑，并合理怀疑以前的设计和建造可能是不合理甚至错误的。

1. 大胆怀疑，严密论证

特情引诱始于怀疑也终于怀疑，但是其过程并非怀疑，而是论证。关于特情引诱的情节并不会存在对应的证据，因此其天然就具有了各种可能。“不存在特情引诱”本身是一个消极事实，也无法用证据证实，侦查机关可能对此作出各种形式的情况说明，但这并不是证据，只是一种释明性材料，又因为这种释明性材料通常都是针对具体的怀疑作出的，而且要兼顾各种保密和个人因素，因此其难以全面地解释一个系统的怀疑，甚至可能越解释越怀疑。侦查部门也可能因为某种利益取向作出不实的情况说明，所以为了案件责任和内心公正的考虑，法官未必会相信侦查部门出具的相关说明，反而会更加怀疑。因此辩护人怀疑的起点不受限制，但是辩护人怀疑的归宿在于法官的自由心证和内心确信，所以除去怀疑之外，还需要通过案卷中已有的其他疑点和证据佐证特情引诱的情节，并且这种论证需要达到足以说服自己，进而说服法官的程度。故此特情引诱情节不仅是一个辩点，而是一场辩护，它必须从头至尾，一气呵成、逻辑严密、有理有据、水到渠成。

2. 老老实实，异想天开

特情引诱最终需要有力的论证，最有力的论证就是让法官看到一幢重建起来的木塔或者木碉堡，要重建木塔或者碉堡必须有木材并且了解每块木材的属性，所以我们需要拆散公安机关侦查时所构建的阁楼，检查清点每一块木材，以便了解其属性的优劣。具体而言辩护人必须仔细认真分析侦查过程中形成的每一份证据，发现并归纳每一份存在疑问的证据。同时辩护人还要重新侦查整个案件，通过理论上的模拟侦查分析并且判断如果按照侦查机关所述的侦查方式与过程，是否可以得到与本案完全一样的结果，尤其是案件的核心细节是否能够吻合，是否会出现刚才所发现的问题，这种问题的出现是否还有其他的可能，这种问题的出现是否符合逻辑，这种问题的出现是否能够印证自己关于特情引诱的怀疑，如何印证？

3. 理性取舍与二难推理

以什么方式向法官陈述，能够引起法官的共鸣？辩护人可能发现一堆疑点，不同的疑点组合、不同的逻辑推理都可能得出不同的结论，究竟是犯意引诱，数量引诱，还是复合型引诱？是上套引诱，下套引诱，还是双套引诱？这一定是辩护人自己回答的问题。

真相究竟是什么？真相就是我们根本就无法知道真相。针对特情引诱情节即或人民法院依法向侦查机关核实时得到的也不是相关证据材料，而是一个概括的说明，更多的则是内心的确信。所以针对特情引诱情节不要试图寻找或者论证真相，而应当竭力完美论证一种合理的怀疑，也只需要论证一种合理的怀疑即可。

因为针对特情引诱只是论证一种合理的怀疑，因此可以佐证怀疑本身的证据与可能降低侦查部门诚信度的证据，均是论证过程的重要支撑。尤其是二难推理的运用会更加直观地让法官看到侦查部门诚信度的缺损。

4. 找好替身、擦亮眼睛

特情引诱情节基本不会得到明确的认定，却是从法官内心影响到最终量刑的重要砝码。成功的特情引诱辩护出场时常有“替身”，但不能被“替身”迷惑。

针对特情引诱情节，不仅可以讨论“犯意引诱”和“数量引诱”等构成问题，也经常会引出犯罪未遂的问题，包括施行终了的未遂或者未施行终了的未遂。当特情引诱存在时，一般都会有特殊人员不能归案，在此也可以讨论主从犯、立功等情况。当然在裁判文书中，通常不会将特情引诱直接予以认定和表述，其都是以各种替代理由存在。实在难以找到合适的替代理由时，人民法院时常以“初犯、认罪态度好，不是必须立即执行”为由对当事人免于一死，但是辩护人应当清楚，文书中记载的理由并非被告人免死的真正理由，如果这是真正的理由，那么初犯而且认罪态度好的“冤魂”会有多少呢？应当清楚的是，法官作出免死裁判的内心确信并非来源于文书表述的理由，而可能是其他不便于认定和陈述的情节，如特情引诱。

因此特情引诱情节辩护是滋生其他法定情节的温床，能够最大限度收纳有罪辩护时的有效辩点。不是相关法定情节本身能够成立，而是鉴于特情引诱情节的前提，相关法定情节更可能被法院裁判文书认定和选择。同时，一个完美清晰的特情引诱情节的设定与论证，通常也是吸引法官注意、打破法官既定思维与审判疲劳的有效方式。

（六）特情引诱本身就是一场辩护而不仅仅是一个辩点，不仅可以实体出罪，也可以程序出罪

为了进一步探析特情引诱情节对于毒品案死刑辩护的作用，有必要分析相关的法律还是司法性文件，对于特情引诱情节在案件中的审查，究竟是一种程序性出罪还是实体出罪？究竟是因为特情引诱的侦查方式获取的证据不能采信导致证据不足而出罪？还是因为证据并不排除，但是特情引诱实体上是一种幅度很大的从宽处罚情节或者本质不应作为犯罪处理而出罪？

我认为结合现有的规范而言已经各种情况兼而有之，以前因为缺乏程序出罪的依据更多侧重于实体，但是在2012年《刑事诉讼法》修正后，已经出现了程序出罪的某种理由。

结合《南宁会议纪要》《大连会议纪要》可见，侧重于实体的出罪，是因为存在特情引诱情节并且区分不同的应有性质和方式而直接影响最终刑罚适用的轻重。

但是结合《刑事诉讼法》关于技术侦查的规定，明显又增加了证据采信的途径，即对于以特情引诱的方式引诱犯罪，在此过程中查获的证据是否可以用于定案？如果证据不能用于定案，案件必然陷入证据不足而出罪的结果。这可能是明显有别于非法证据排除的一种新的证据排除现象。而且在司法实践中已经有司法机关使用。如2016年3月7日，吴忠市人民检察院作出的吴检公诉刑不诉（2016）3号不起诉决定书。经过对技术侦查证据的审查，案件被认定存在明显的引诱犯罪，最终检察机关依法作出了不起诉决定。在该案中，隐匿身

份的侦查人员多次引诱被告人向其贩卖毒品，但是被告人均表示无法找到毒品，不愿意进行毒品贩卖。特情人员最先引诱被告人向其贩卖数十公斤毒品，在不断被拒绝后，侦查人员多次引诱，最后被告人勉为其难寻找了980余克甲基苯丙胺（含量：76.62%）向侦查人员贩卖，最终在贩卖过程中被当场查获。经两次退回补充侦查，该院最终认为，侦查机关措施不当，违反了《刑事诉讼法》第一百五十一条第一款之规定，根据《刑事诉讼法》第一百七十三条的规定，决定对×××不起诉。

尤其值得关注的是本案中检察机关所依据的法律依据。结合近期相关部门对于毒品犯罪案件证据标准的讨论，在将来对于特情引诱案件不作为犯罪处理或者大幅度从宽处罚的案例会不断增加。关于特情引诱案件在定罪或者量刑上从宽处理究竟是程序性的出罪还是实体上的出罪，即究竟是因为特情引诱导致案件中定罪或者量刑的核心证据不能采信，进而导致无法定罪或者无法使用严厉的刑罚；还是因为特情引诱本身作为一个特殊的重大法定情节，直接影响了定罪与量刑，还需要深入的探讨。

（七）特情引诱与技术侦查措施的关系

关于特情引诱的相关规定最早仅仅是出现在会议纪要等司法性文件中，而司法性文件在我国也是一种非常特殊的存在，这并不是法律，甚至也鲜有人民法院在具体案件中将其作为法律依据引用。但是在实践中，这些司法性文件却是法官裁判案件时内心确信或者自由心证的重要依据。

2012年《刑事诉讼法》修正后对此予以了一定程度的改观，但是仍然语焉不详。虽然理论上可能存在争议，但是我认为从相关司法性文件中对“特情引诱”规定阐述逻辑可见，特情引诱本身是技术侦查在执行过程中的一种失误而导致的结果。

在《大连会议纪要》《武汉会议纪要》发布后，《南宁会议纪要》的主要内容已经被大量吸收或者更改，但是这并不影响我们通过对于这一纪要的梳理来探究特情引诱生产的背景及逻辑。一方面，在曾经出现过的所有司法性文件中，《南宁会议纪要》是第一次正式提出“特情引诱”概念的司法性文件，从背景而言，这是毒品犯罪中“特情引诱情节”在我国司法实践中的“出生证”。另一方面，基于各种原因后续的文件或者规定对于特情引诱的定义或者背景一直没有再作进一步解释说明，更没有成文的相反的解释说明。

结合《南宁会议纪要》的规定可见其对于特情引诱情节的清晰定义和逻

辑："关于毒品案件中特情引诱犯罪问题。运用特情侦破案件是有效打击毒品犯罪的手段。在审判实践中应当注意的是，有时存在被使用的特情未严格遵守有关规定，在介入侦破案件中有对他人进行实施毒品犯罪的犯意引诱和数量引诱的情况。"

"犯意引诱"是指行为人本没有实施毒品犯罪的主观意图，而在特情诱惑和促成下形成犯意，进而实施毒品犯罪。对具有这种情况的被告人，应当从轻处罚，无论毒品犯罪数量多大，都不应判处死刑立即执行。"数量引诱"是指行为人本来只有实施数量较小的毒品犯罪的故意，在特情引诱下实施了数量较大甚至达到可判处死刑数量的毒品犯罪。对具有此种情况的被告人，应当从轻处罚，即使超过判处死刑的毒品数量标准，一般也不应判处死刑立即执行。

对于特情引诱在使用中是否严格遵守有关规定的情况不明的案件，应主动同公安缉毒部门联系，了解情况。对无法查清是否存在犯意引诱和数量引诱的案件，在考虑是否对被告人判处死刑立即执行时，要留有余地。

所以不用争辩的事实是，特情引诱是所谓"特情人员"在侦查犯罪的过程中未遵守相关规定而导致的后果。这也是客观规律所决定的内容，所谓特情人员侦查案件，最为常见的方式就是卧底侦查，书面表述时与隐匿身份的化妆侦查无限接近。因此，特情人员通常需要深入接触犯罪组织或者人员，而且为了特情人员的安全，在进入毒品犯罪组织内部后，与外界尤其是侦查机关的联系需要非常谨慎，甚至在一段时间内根本不可能有联系。因此，特情人员在毒品犯罪组织内部的行为，特情人员的使用机关实质上根本无法有效监控，更多的是依托特情人员自身的素养及纪律。但是毒品犯罪组织内部情况及犯罪过程纷繁复杂，卧底或者已经工作的特情人员必须根据当时的情况，在坚持原则、确保安全、打击犯罪中艰难而微妙地抉择，不可避免地会出现因为个人因素或则客观环境而违反工作规定和纪律的情形。

《刑事诉讼法》第一百五十条规定："公安机关在立案后，对于危害国家安全犯罪、恐怖活动犯罪、黑社会性质的组织犯罪、重大毒品犯罪或者其他严重危害社会的犯罪案件，根据侦查犯罪的需要，经过严格的批准手续，可以采取技术侦查措施。人民检察院在立案后，对于利用职权实施的严重侵犯公民人身权利的重大犯罪案件，根据侦查犯罪的需要，经过严格的批准手续，可以采取技术侦查措施，按照规定交有关机关执行。追捕被通缉或者批准、决定逮捕的在逃的犯罪嫌疑人、被告人，经过批准，可以采取追捕所必需的技术侦查措施。”

第一百五十一条规定：“批准决定应当根据侦查犯罪的需要，确定采取技术侦查措施的种类和适用对象。批准决定自签发之日起三个月以内有效。对于不需要继续采取技术侦查措施的，应当及时解除；对于复杂、疑难案件，期限届满仍有必要继续采取技术侦查措施的，经过批准，有效期可以延长，每次不得超过三个月。”

第一百五十二条规定：“采取技术侦查措施，必须严格按照批准的措施种类、适用对象和期限执行。侦查人员对采取技术侦查措施过程中知悉的国家秘密、商业秘密和个人隐私，应当保密；对采取技术侦查措施获取的与案件无关的材料，必须及时销毁。采取技术侦查措施获取的材料，只能用于对犯罪的侦查、起诉和审判，不得用于其他用途。公安机关依法采取技术侦查措施，有关单位和个人应当配合，并对有关情况予以保密。”

第一百五十三条规定：“为了查明案情，在必要的时候，经公安机关负责人决定，可以由有关人员隐匿其身份实施侦查。但是，不得诱使他人犯罪，不得采用可能危害公共安全或者发生重大人身危险的方法。对涉及给付毒品等违禁品或者财物的犯罪活动，公安机关根据侦查犯罪的需要，可以依照规定实施控制下交付。”

从前述规定可见，技术侦查明显存在人与物的两个大类，所谓物的技术侦查就是对物使用先关技术手段，监控、监听、录像、拍照、提取、拦截、分析相关电子数据，等等。而所谓人的技术侦查就是隐匿身份的化妆侦查。其具体的外延还可以包含贴靠、卧底，等等。

但是有部分学者认为《刑事诉讼法》第一百五十二条规定的是技术侦查措施，而且仅仅该条所规定的情况才是技术侦查。同时他们认为第一百五十三条属于“秘密侦查”，并且秘密侦查就不是技术侦查措施。对此我认为仁者见仁、智者见智，本身并不需要得出唯一的结论。但是可以留意两个细节。

第一，前述条款在法律章节中的归属。《刑事诉讼法》第二章第八节为“技术侦查措施”的专项章节，该章节的具体条款包括第一百五十条至第一百五十四条，而所谓的“秘密侦查”其具体条款为第一百五十三条，故此前述条款是否应理解为技术侦查更合适？第二，该节最后一条的规定内容为“依照本节规定采取侦查措施收集的材料在刑事诉讼中可以作为证据使用。如果使用该证据可能危及有关人员的人身安全，或者可能产生其他严重后果的，应当采取不暴露有关人员身份、技术方法等保护措施，必要的时候，可以由审判人员在庭外对证据进行核实”。从文义理解可见，第一百五十四条所称的技术侦查措施收集的证据材料无疑需要包含以第一百五十三条的方式收集的证据材料。

以此我们有理由认为，隐匿身份的侦查本身仍然是一种技术侦查行为，只是其载体在于人而已。

鉴于此，我们可以认为特情引诱正在以隐晦的方式从司法性文件走向了正式的法律规定。但是需要注意的是这仅仅是表述为隐匿身份侦查而不是特情人员介入案件侦查，而且虽然《刑事诉讼法》第一百五十三条规定了“不得诱使他人犯罪，不得采用可能危害公共安全或者发生重大人身危险的方法”，但是对于违反这一规定的后果并没有明确。

考虑到前述规定系《刑事诉讼法》“技术侦查措施”一节中的条款及第一百五十四条对于证据采信审查的规范，可以视为对特情引诱案件的程序性出罪。而《南宁会议纪要》与《大连会议纪要》则更多侧重于对于特情引诱案件实体处罚时的出罪或者量刑调整。关于这二者的关系，尤其需要注意的是技术侦查对于辩护本身的意义，即究竟是否可以起到让被告人获得有利处罚的结果。

从规范而言，特情引诱是明确的影响量刑的情节，甚至在特殊情况下还可能影响定罪；但是技术侦查措施，从其规范本身而言，并不影响量刑定罪，只是一种侦查方式。结合司法实践，对于案件中是否存在技术侦查措施的准确判断，最重要的意义在于对辩护方向的选择，即尽可能准确地确定最轻辩护还是无罪辩护，避免在全力以赴的无罪辩护过程中，被一锤定音的技术侦查证据终结得不知所措。

结合司法实践，同仁广泛探讨了技术侦查措施及其对应证据的辩护技巧，但是具体的效果仁者见仁、智者见智。对于技术侦查证据的质证，从程序上首先会考虑是否依法进行了审批、是否按照授权实施、是否依法固定和转化，是否全面提交和展现；在实体上必然会关注其是否真实、是否可信、是否可以完成证明目的；同时结合非法证据排除的程序，也有同仁尝试是否可以从非法证据排除的角度，通过对取证的方式、转化的方式和审批的程序等角度，以非法证据排除的理由主张排除某些以技术侦查方式取得的证据。

但是，结合技术侦查措施及技术侦查证据的血缘关系而言，如下问题不容回避。

第一，如定位措施，它对应产生的具体证据通常是抓获过程，以及伴生的抓获经过这一材料。试想，如果案件确实没有严格批准就使用了监控定位的技术侦查措施，难道这样的抓获就不是事实吗？是否就可以以此排除抓获经过这一材料？是否需重新抓捕一次？抓获的过程是真实的，那么抓获经过是否属于非法证据排除的对象？

第二，电话监听获得的内容，通常办案人员会将其转化在询问笔录或者讯问笔录中。甚至在询问、讯问的过程中，有意无意地聊起监听时获得的隐秘信息，并以此击溃被讯问人的心理防线，认为一切都被掌握了，最终将实话讲出来，并被固定在笔录里。那么这究竟是诱供还是审讯技巧呢？而且笔录中记录的内容本身是真实的，如何适用非法言词证据的排除规则呢？

第三，如果因为心理防线被攻破，当事人交代了一些物证、书证的位置，或者因为监听而获知了某些书证、物证的位置，并且因此查获对应的书证、物证。虽然是以违法监听为前提，但是获得的物证、书证如何能够被排除呢？

第四，监听、监控获得的录音或者视频，这些本身不是言词证据，而且通过声纹鉴定，影像资料鉴定，电子数据提取和鉴定也可以查证其真实性。就算能够确认是未经批准而采用技术侦查手段获取的，以非法证据排除的理由和依据在哪里呢？

第五，如非法启动技术侦查措施对银行流水、网络交易、通话数据等进行大数据分析，而锁定嫌疑人甚至发现案件，这些分析本身只是案件线索，并不一定转化为案件证据，作为案件线索如何排除和评价呢？

第六，关于技术侦查措施审批，最常见的问题就是法律规定应该在刑事立案后才能采取技术侦查措施，但是办案人员恰好相反，不少案件是适用了技术侦查措施才发现了案件并正式立案侦查。这确实违法了法律规定，但是这一违法行为的后果是什么呢？这个案件因此就不应当成立了吗？举个极端的例子：某位警官因为做了一个噩梦，发现了一起真实的案件，他能把这个噩梦怎么样呢？

办案人员以违法甚至滥用职权犯罪的行为，错误适用了技术侦查措施，这种违法不能当然等同于刑事诉讼中证据三性里的违法性，更不能当然等同于非法证据排除。对于办案人员违法甚至犯罪的行为，当事人与辩护人可以提出控告，甚至让他们因此获罪，但是这种控告和当事人案件辩护之间的关系本质在哪里呢？

当技术侦查行为违法时，究竟是导致了案件的消灭否定？还是导致了技术侦查证据的排除或者不可采信？最后这与当事人的定罪量刑之间有什么实质的关联？这些值得我们深入思考。

针对特情侦查手段与特情引诱的区别，侦查群体的认识已经远远超越了辩护群体，因此越来越多的毒品案件中侦查部门开始主动明示“技术侦查”“控制下交付”“情报线索”“特情贴靠”“化装侦查”等情节。这对于辩护的展开与运用既有利也有弊，更是难点所在，其路漫漫，其修远矣。

论吸毒人员运输毒品过程中被查获的罪名认定

针对吸毒人员在携带运输毒品的过程中被查获，如何认定罪名的问题在司法实践中相对复杂，因此最高人民法院法先后多次在审理毒品犯罪案件工作座谈会纪要中予以解释，但是因为司法实践中对于纪要规定的理解有出入，形成了一种未必正确的主流认识。

针对吸毒人员在携带运输毒品的过程中被查获的罪名认定，在司法实践中的观点基本一致认为：吸毒人员在运输毒品的过程中被查获的，毒品数量未超过《刑法》第三百四十八条规定的最低数量标准的（数量较大），不作为犯罪处理。如果毒品数量达到较大以上的，并且不能认定为贩卖毒品罪的，以运输毒品罪定罪处罚。前述理解看似与最高人民法院先后三次作出的《南宁会议纪要》《大连会议纪要》《武汉会议纪要》完全吻合，但实际未必如此。

2000 年《南宁会议纪要》指出："对于吸毒者实施的毒品犯罪，在认定犯罪事实和确定罪名上一定要慎重。吸毒者在购买、运输、存储毒品过程中被抓获的，如没有证据证明被告人实施了其他毒品犯罪行为的，一般不应定罪处罚，但查获的毒品数量大的，应当以非法持有毒品罪定罪；毒品数量未超过刑法第三百四十八条规定数量最低标准的，不定罪处罚。"2008 年《大连会议纪要》指出："对于吸毒者实施的毒品犯罪，在认定犯罪事实和确定罪名时要慎重。吸毒者在购买、运输、存储毒品过程中被查获的，如没有证据证明其是为了实施贩卖等其他毒品犯罪行为，毒品数量未超过刑法第三百四十八条规定的最低数量标准的，一般不定罪处罚；查获毒品数量达到较大以上的，应以其实际实施的毒品犯罪行为定罪处罚。"2015 年《武汉会议纪要》指出："吸毒者在购买、存储毒品过程中被查获，没有证据证明其是为了实施贩卖毒品等其他犯罪，毒品数量达到刑法第三百四十八条规定的最低数量标准的，以非法持有毒品罪定罪处罚。吸毒者在运输毒品过程中被查获，没有证据证明其是为了实施贩卖毒品等其他犯罪，毒品数量达到较大以上的，以运输毒品罪定罪处罚。"

2015 年 5 月 27 日《最高人民法院负责人就〈全国法院毒品犯罪审判工作

座谈会纪要〉答记者问》中，记者提问，目前我国吸毒人员数量庞大，吸毒者实施毒品犯罪的问题比较突出，《武汉会议纪要》对吸毒者实施毒品犯罪的性质认定问题有何新规定？最高人民法院负责人回答，对于吸毒者实施毒品犯罪的性质认定，《武汉会议纪要》与《大连会议纪要》的规定有所不同，区别在于：一是对吸毒者运输毒品行为的定性作出了明确规定；二是降低了将吸毒者运输毒品的行为认定为运输毒品罪的门槛。根据《武汉会议纪要》的规定，对吸毒者购买、运输、存储毒品的行为，将直接以数量较大作为区分罪与非罪的标准；同时，对吸毒者运输毒品的行为，直接以数量较大标准作为区分非法持有毒品罪与运输毒品罪的界限，而不再另行设置更高的合理吸食量标准。即吸毒者在购买、运输、存储毒品过程中被查获，毒品未达到数量较大标准的，不作为犯罪处理；毒品数量达到较大以上的，根据其具体的行为状态定罪，处于购买、存储状态的认定为非法持有毒品罪，处于运输状态的认定为运输毒品罪。《武汉会议纪要》这样规定的主要理由是：第一，《刑法》设置非法持有毒品罪的定罪标准时，实际考虑了吸毒者合理吸食量的因素，故可以把数量较大视为合理吸食量的界限，超过数量较大标准的应视为超出了合理吸食量。吸毒者在运输毒品过程中被当场抓获，毒品数量达到较大以上的，表明其并非单纯以吸食为目的运输毒品，如没有证据证明其是为了实施贩卖毒品等其他犯罪，可以根据其客观行为状态认定为运输毒品罪。第二，我国吸毒人员数量庞大，是毒品犯罪的重要诱因，为从源头上遏制毒品犯罪、减少毒品流通，应当加大对吸毒者实施的毒品犯罪的打击力度。以往在数量较大标准之上设定更高的合理吸食量标准，虽然有一定合理性，但也可能放纵吸毒者实施的毒品犯罪。第三，合理吸食量难以准确界定，不利于统一执法尺度，直接以毒品数量较大作为区分标准更便于实践操作。

基于以上司法文件的支撑，在司法实践中多数人认为对于吸毒人员在运输毒品的过程中被查获，数量较大的，如果不能认定为贩卖毒品罪，那么认定为运输毒品罪是理所当然。用更简单的话表述就是所谓的“以毒品数量确定罪名”。但这实际是对于纪要条文文义理解的明显错误，而且严重与定罪量刑主客观相统一、罪刑相适应、罚当其罪等基本原则违背，并且也不符合在刑事诉讼中坚持存疑利益归于被告、禁止对被告人作不利的类推的要求。

一、吸毒人员运输的毒品数量较大就推定其构成运输毒品罪的，违反对于会议纪要文义解释的要求

根据《大连会议纪要》，对于吸毒者实施的毒品犯罪，在认定犯罪事实和确定罪名时要慎重。吸毒者在购买、运输、存储毒品过程中被查获的，如没有证据证明其是为了实施贩卖等其他毒品犯罪行为，毒品数量未超过《刑法》第三百四十八条规定的最低数量标准的，一般不定罪处罚；查获毒品数量达到较大以上的，应以其实际实施的毒品犯罪行为定罪处罚。《武汉会议纪要》指出，吸毒者在运输毒品过程中被查获，没有证据证明其是为了实施贩卖毒品等其他犯罪，毒品数量达到较大以上的，以运输毒品罪定罪处罚。前述排除条件与范围看似相同，但是也有区别。《大连会议纪要》明确排除的范围是“贩卖等其他毒品犯罪”，对于排除的犯罪种类进行了限定，仅仅包含毒品犯罪；而《武汉会议纪要》排除的范围是“贩卖毒品等其他犯罪”，对于排除的犯罪种类没有限定，包含了所有的犯罪。即《武汉会议纪要》不仅肯定了推定前要排除构成其他犯罪的要求，还进一步扩大了推定前要排除其他犯罪的范围，目的是更好地体现法律实施的客观公正并保障当事人合法权益，确保定罪主客观相统一、刑罚适用罪刑相适应。

同时，适用推定定罪，必须以没有证据证明构成“贩卖等其他毒品犯罪”或者“贩卖毒品等其他犯罪”为前提。而“贩卖等其他毒品犯罪”或者“贩卖毒品等其他犯罪”的外延，不仅包括贩卖毒品罪，还包括制造毒品罪，走私毒品罪，非法持有毒品罪，窝藏、转移毒品罪以及其他各种犯罪。即吸毒人员携带运输毒品的，并非直接以数量决定罪名。以数量推定罪名的，必须以排除构成贩卖毒品等其他犯罪为前提；而且不是只排除贩卖毒品这一项犯罪，是要排除各种其他犯罪。具体到实践中，不能排除构成贩卖毒品，制造毒品，走私毒品，非法持有毒品，窝藏、转移毒品及其他犯罪的，就不得直接适用推定定罪；在推定之前必须先按照证据审查，以确定是否构成贩卖毒品等其他犯罪。也只有这样才能够确保定罪的客观公正、主客观相统一、罪刑相适应。

如果单纯地认为只要是吸毒人员在运输毒品的过程中被查获，且数量较大的，不定贩卖毒品罪就定运输毒品罪。则必然导致：明明要进一步走私毒品或者制造毒品的，被定为运输毒品罪，重罪轻判；明明仅仅是非法持有或者窝藏、转移毒品的，也被定为运输毒品罪，轻罪重判；甚至对吸毒人员误将毒品当作

其他物品盗窃，而持有并运输逃跑的，也定为运输毒品罪，谬以千里。

在《大连会议纪要》后针对毒品犯罪审理的需要，最高人民法院又作出了《武汉会议纪要》，针对吸毒人员运输毒品的罪名认定问题，《武汉会议纪要》比照《大连会议纪要》单列一款作出了更加明确的规定。但是，在推定定罪的前提设定上，后续出台的《武汉会议纪要》是几乎一字不漏地继续沿引了《大连会议纪要》的规定，仅仅调换了位置。将“没有证据证明其是为了实施贩卖等其他毒品犯罪”改为“没有证据证明其是为了实施贩卖毒品等其他犯罪”。

针对吸毒人员携带、运输毒品过程中被查获的处理，《武汉会议纪要》的本意，如果是仅仅以数量确定罪名，则完全没必要，来再次强调推定定罪的前提为“没有证据证明其是为了实施贩卖毒品等其他犯罪”。故此，通过后续出台的《武汉会议纪要》，再次印证了其旨在坚持定罪的主客观相统一，适用推定定罪的前提是要排除构成其他犯罪。

二、吸毒人员运输的毒品数量较大就推定其构成运输毒品罪的，明显违背司法实践的要求，无法确保罪刑相适应、罚当其罪

如果对吸毒人员运输毒品的定罪问题，简单地理解为“数量未达到较大的，不作为犯罪处理；数量达到较大的，如果不能定贩卖毒品罪就定运输毒品罪”，则会出现明显的罪刑不相适应，违反刑罚客观公正、罚当其罪的原则。

对此我进行一个简单的举例予以说明：甲、乙均为吸毒人员，并运输毒品供自己吸食（因此不存在贩卖的证据），在运输的过程中被查获。甲运输 9.99 克甲基苯丙胺；乙运输 10.01 克甲基苯丙胺。如果按照前述错误的理解，则甲不构成犯罪，而乙构成运输毒品罪，起刑为有期徒刑七年以上刑罚。在前述两种情况下罪与刑的差距有天壤之别，一个是不构成犯罪当然不存在刑罚；另一个构成运输毒品罪，并且为有期徒刑七年以上刑罚，而两人行为的差异仅为 0.02 克甲基苯丙胺。

对此可能有人会辩称以犯罪客体的数额或者数量作为构罪标准是可行的方式，而且在其他犯罪的认定过程中也有明确的适用，如盗窃罪，以云南为例，现行的盗窃罪数额标准为人民币 1500 元。故此，盗窃 1499 元不构成犯罪，而盗窃 1501 元就构成犯罪，但是我们忽略了刑罚的设置，盗窃 1501 元虽然构成犯罪但是其刑罚为 3 年以下有期徒刑、拘役或管制，并处或者单处罚金。因此，在刑罚的具体适用时，既可以通过较轻的自由刑处罚；也可以适用单处罚金来

处罚，甚至还可以适用免予刑事处罚来做到罪刑相适应。相反，对于吸毒人员运输毒品供自己吸食的情形，如果错误地理解会议纪要并推定为运输毒品罪，连判处缓刑的可能都不具备，如何能够确保罪刑相适应呢？

故此，仅仅以数额确定罪名的错误显而易见，既不符合刑罚适用的客观公正，也不符合罪刑相适应的原则。存疑利益归于被告的司法实践也要求，在适用推定定罪时，应当将存疑的利益归于被告，吸毒人员运输毒品在没有具体证据证实其下一步究竟要实施何种犯罪时，对于下一步犯罪行为的认定其实质是存疑的，既有可能是走私、制造等较重的毒品犯罪；也有可能是非法持有、窝藏、转移等较轻的毒品犯罪。对其定罪，首先应该考虑的是依据证据及主客观相统一的原则确定具体罪名；如果根据证据确实无法查证究竟该是何种罪名，而必须要适用推定的，就应该推定其构成较轻的犯罪，如此方才符合存疑利益归于被告的原则。因此，直接依据数量较大就推定吸毒人员运输毒品构成运输毒品罪，是对会议纪要的不当理解，也明显违反司法实践的要求。

三、吸毒人员运输的毒品数量较大就推定其构成运输毒品罪的，违背主客观相统一的法理要求

定罪主客观相统一是确保刑法实施客观公正的基本前提。贩卖毒品，走私毒品，制造毒品，非法持有毒品，窝藏、转移毒品，甚至将毒品误认为其他贵重物品而盗窃的，在具体行为上都可能存在持有和携带运输毒品的客观行为，具体应该认定为何种犯罪，则需要充分考虑行为人的主观故意。

《最高人民法院关于执行〈全国人民代表大会常务委员会关于禁毒的决定〉的若干问题的解释》中明确表述，所谓“持有”，是指占有、携有、藏有或者以其他方式持有的行为。[①] 简言之，针对非法持有毒品罪，窝藏、转移毒品罪而言，其持有既包括静态的持有，也包括动态的持有。故在具体案件的处理中不能忽视对主观故意的考察，简单将动态持有当作运输处理。

运输毒品罪的过程中也存在对毒品的持有状态，但更重要的是运输毒品罪的主观故意与非法持有毒品罪、窝藏转移毒品罪的主观故意明显不同。运输毒品罪的主观故意是对毒品的流通提供帮助，使毒品在空间或者人员之间流通，其通常是贩卖、走私或者制造等上流毒品犯罪的一个部分或者过程，对此《最

① 该决定及司法解释虽已失效，但是客观反映了概念的最初来源和含义，而且在此后立法及规范中对该概念无重新定义。

高人民法院关于执行〈全国人民代表大会常务委员会关于禁毒的决定〉的若干问题的解释》中对“运输”的定义明确表示为“……非法运送毒品的行为”。其具体的含义就是在人与人之间或者按照他人的安排在特定的地点之间运输并送交毒品；其要求针对特定地点或者特定人员的交货行为与故意，而不仅仅是携带毒品进行位置的移动，如果简单地理解运输毒品就是携带毒品进行位置移动，而不考虑主观故意，则无法对运输毒品罪与窝藏、转移毒品罪及非法持有毒品罪准确的区别与判断。

四、吸毒人员运输的毒品数量较大就推定其构成运输毒品罪的，与会议纪要对吸毒人员购买、储存毒品行为的处理明显矛盾

根据《武汉会议纪要》的规定，吸毒者在购买、存储毒品过程中被查获，没有证据证明其是为了实施贩卖毒品等其他犯罪，毒品数量达到《刑法》第三百四十八条规定的最低数量标准的，以非法持有毒品罪定罪处罚。吸毒者在运输毒品过程中被查获，没有证据证明其是为了实施贩卖毒品等其他犯罪，毒品数量达到较大以上的，以运输毒品罪定罪处罚。如果认为吸毒人员运输的毒品数量较大就推定其构成运输毒品罪，则比较购买、储存毒品数量较大的吸毒者，对于实施运输行为的吸毒者明显刑罚适当。

简单的比较可见：吸毒者购买或者储存一吨毒品，最高刑罚也不过是无期徒刑，而吸毒者运输一吨毒品想要不被判死刑可能基本无望。当然这样的例子有些极端，不过即或将数量换成50克、100克、1000克、10000克，这种矛盾仍然突出。运输毒品的行为其危害性通常比贩卖或者制造、走私毒品等要轻，是比较客观的共识，在多次会议纪要中涉及死刑适用的章节都有明确的表述。

对于购买、储存的行为，会议纪要将其推定为非法持有，当然有其客观的原因。比如，购买毒品的行为要认定为贩卖毒品，还需要为了出卖而购买的证据，但是在查获时难以认定后期行为的可能性；储存虽然也可能是用于出卖，但其后期行为可能性的认定更加困难。因此对于前述两种行为在“没有证据证明其是为了实施贩卖毒品等其他犯罪”的前提下均推定按照非法持有毒品罪处理。这是对定罪量刑主客观相统一的践行，更是对刑事案件定罪量刑证据要求的坚守，但是更深层的原因应该是对存疑利益归于被告原则的具体适用与体现。那么对于购买、储存这两种可能危害性更大的行为在推定定罪时坚持存疑利益归于被告的原则，为何对于运输这种常规上危害性更小的行为要放弃这种坚持

呢？有说法认为这是因为“合理吸食量难以准确界定，不利于统一执法尺度，直接以毒品数量较大作为区分标准更便于实践操作”。那么在认定吸毒人员购买、存储行为应当如何定罪的时候，难道合理吸食量就不再难以准确界定了吗？难道在购买、存储行为与运输行为的定罪与量刑出现明显差距时，执法的尺度就统一了吗？所谓操作方便，简单的理解应该是有利于提高审判裁判的效率，为了所谓操作方便而牺牲客观公正和众多司法原则，这是否值得商榷呢？

五、针对吸毒人员运输数量较大的毒品被查获的情形，在司法实践中的具体应用

1. 对于吸毒人员运输毒品，确实是用于自己吸食的，即或数量较大的也应当按照非法持有毒品罪定罪处罚。

2. 对于吸毒人员确实系窝藏、转移毒品，在转移（运输）过程中被查获的，即或数量较大的也应当以窝藏、转移毒品罪定罪处罚。

3. 对于吸毒人员确实系贩卖、制造、走私毒品，在运输过程中被查获且数量较大的，应当依法认定为贩卖、走私、制造毒品罪。但是还应当考虑其确实是用于自己吸食的数量及犯罪既遂与未遂的状态。

4. 对于吸毒人员确实系运输毒品，在运输过程中被查获，且数量较大的，应当认定为运输毒品罪。

5. 对于虽然客观上对毒品具有运输行为，但是确实系为了实施其他非毒品犯罪的，应当依法认定为其他犯罪，而不能认定为运输毒品罪。

论新型体内藏毒案件合理量刑的政策思考

“欢迎进入七彩云南！警方提示：近期不法分子利用网络以免费机票、食宿、低息贷款、高薪务工等手段诱骗我国公民出境参赌，实施绑架、勒索。请提高警惕！”虽然这是群发短信，但是并非业务广告或者垃圾信息，当手机位置进入云南边境市县时，你将自动收到前述警示。

这正是本文所要探讨的“新型体内藏毒”案件的根源。以体内藏毒的方式实施毒品运输，曾经也是毒品犯罪分子运输毒品的重要手段，但是因为藏毒人员自身除面临严重的法律风险外，更时刻面临生命危险，而且由于受到高压打击，所以难以组织充足的人员并形成长期维系，从而有较长一段时间的淡寂。

伴随互联网及智能通信的普及，通过社交软件从全国各地诱骗人员前往国（边）境，通过暴力、胁迫的手段组织被骗人员通过体内藏毒的方式运输毒品，已悄然成为一种新型的毒品运输手段。境外犯罪组织将中国公民诱骗至境外后，通过直接的拘禁、殴打等手段与孤立无援的环境威胁被骗人员吞塞毒品；让被害人持身份证与毒品拍照、录像；对吞塞毒品的过程拍照、录像；通过对被害人手机内各种信息与软件的处理消除前期证据，并在手机中安装定位软件。随后，利用被害人体内藏有毒品的客观事实，以及事先收集的被害人相关犯罪证据，来持续控制被害人按照组织者的安排运输毒品。此即本书所述的“新型体内藏毒案件”。比照以前的体内藏毒案件，最大的区别在于新型体内藏毒案件，通常有被害人到被告人的角色转化；运输毒品犯罪人员通过网络随机产生，零落纷乱，打击控制难度极大；因通常单独成案而且涉及境外现场，查证对被告人有利的证据以保障罪刑相适应极为困难。

那么，在现有条件下如何探索和寻求实践中解决的方案？我认为首先应当进一步关注和归纳“新型体内藏毒案件”的合理量刑在司法实践中面临的主要问题，并从政策上予以引导。

一、新型体内藏毒案件已经不是个案，而是普遍现象

近期云南省公安厅通过官方微信公众号、云南新闻网、云南日报等官方媒

体，公开报道境外不法组织和人员，诱骗、拘禁、殴打中国公民，并有组织地对中国公民实施人身与财产侵害的案例。

截至 2018 年 11 月，目前云南省公安机关共打掉绑架拘禁团伙 45 个，捣毁境外绑架、拘禁窝点 62 个，抓获犯罪嫌疑人 380 人，解救人质 940 余人，拦截劝返欲出境参赌人员 8700 余人。①

云南省公安厅通过微信公众号多次披露中国公民被诱骗至境外，并被诱骗胁迫实施体内藏毒的案件详情，其中既有被公安机关拦截查获的，也有经询问盘查主动交代的，还有未经查缉即主动投案自首的，更有体内毒品无法排出而毒发身亡及被犯罪组织杀害剖腹取毒的极端案例。

结合云南边境地区及铁路系统，羁押、审判的案例分析，境外组织诱骗、胁迫嫌疑人体内藏毒的案件，已成为一种新型的、人次巨大的运输毒品的形势和现象，并且不排除在时间上持续在区域上蔓延的可能。

二、该类犯罪在司法裁判的实践中明显量刑畸重而且尴尬

该类毒品犯罪因为携带毒品跨境的证据收集较少，也为了节约司法资源，减少不必要的争议，最终通常以运输毒品罪定罪，而不以走私、运输毒品罪定罪。

因为受到运输方式的限制数量集中表现为 100—500 克，过多无法吞塞，过少则组织实施者不能善罢甘休。实践中，受法律明确规定的限制，无法认定法定减轻处罚情节的，最终判刑通常为有期徒刑 15 年，法官对于刑期的自由裁量形同虚设。

由于案件本身的特殊性导致客观上难以查证和认定对于被告人有利的法定情节，尤其是包含减轻处罚的法定情节。

1. 立功

常见的立功在于检举揭发其他犯罪，或者协助抓捕其他犯罪嫌疑人，包含同案嫌疑人。但是新型体内藏毒案件的被害人来自全国各地，互不相识，运输过程也是各自独立完成，组织运输的人员借助通信工具及定位软件等，单独指挥和安排每人的行动，客观上缺乏检举和协助抓捕同案人员的前提；而组织者因为在境外，且一直远程监控指挥，同样缺乏检举犯罪和协助抓捕的客观条件，

---

① 参见《云南警方零容忍 出重拳打击境外绑架拘禁犯罪》，载《法制日报》2018 年 11 月 2 日。

基本鲜有定罪的。

2. 从犯、胁从犯

体内藏毒案件绝大多数均是人赃俱获，而且司法人员通说也认为以体内藏毒方式运输毒品，行为人是标准的实行犯，罪责自负，即或简单的结伴同行也不认定为共同犯。至于所谓的境外组织诱骗、胁迫、安排指挥的辩解，一方面因为境外组织的人员不能到案，通常无法最终查实；另一方面即或能够幸运地保存或者收集到诱骗时的相关联络、转汇款、购票、乘车痕迹，但仍然难以直接与犯罪关联并评价，因为被告人通常都有事先前往境外赌场参赌的过程，前述证据系与赌博相关，还是与运毒相关，抑或完全是偶然均难以评价和判断。而关于胁从犯的认定更是微乎其微，因为首先要建立在共同犯罪及从犯的基础之上。

3. 犯罪状态

普遍的观点是体内藏毒人员，携带毒品进入中国境内到被查获或者投案时，已经系运输毒品的犯罪既遂。且不论被拦截查获的情形均无法认定未遂，即或未经任何查缉，直接主动到司法机关投案自首的，通常也仅仅认定为自首，而并不以主动放弃犯罪并有效避免损害后果发生为由认定为中止，除了前述认为犯罪已经既遂因此不会再有中止的原因之外，还有何为“有效避免损害后果发生”的争议，这又涉及毒品犯罪侵害客体的问题。

4. 刑事责任能力及特情引诱等其他情节

刑事责任能力的情节主要见于未成年人犯罪，因为系客观查证的事实，在此不作讨论。而关于特情引诱的情节，一方面司法实践中主要考虑其对死刑的量刑影响，另一方面从侦查、审判资源耗费和分配上，法庭也几乎难以作出实质的评价和审查。

5. 自首

该情节几乎是此类犯罪裁判实践中调整量刑的唯一有效情节，结合这一法定情节的认定，裁判法官可以最大限度地运用自由裁量权，实践中考虑各种理由及法官对于其他非法定情节的综合评价，7—15 年的最终量刑均有出现，而且仅从法律规范而言均在合法的范畴内，但同时也出现了一些值得关注的问题。

因为现有政策下该类案件中严格意义上的主动投案情形极为少见，甚至一些嫌疑人是因担心被追杀及毒品包装破裂危及生命，才求助公安并投案；绝大多数都是被拦截、检查时查获，因此讨论问题时仅以后者为前提。比如，多数地区坚持，在现场盘问时或者在设备检测之前供述体内藏毒的，认定为自首；此前未供述的均不认定为自首。该做法看似符合相关规定，但是未必充分体现立法本意，自首的立法本意是强调自动投案与如实供述。既然都是在拦截或者检查的过程中主动供述，涉案人员投案的主动性并无本质差别，那么关于如实供述的评价则成了唯一的区别。判断体内藏毒的供述是否如实也非常简单，基本都是一句话而已。被告人是否说出这一句话，很多时候并不是因为其是否如实供述或者主观恶性大小，完全是因为其聪明不聪明，或者灵活不灵活，甚至仅仅是胆子大小，这样的认定标准怎么体现公正的本质呢？

再者，以某铁路运输法院集中宣判的 8 个案件为例，毒品数量从 150 克到 450 克不等且均为初犯，认定自首的一律减轻处罚，判处 14 年有期徒刑，未认定自首的一律判处 15 年有期徒刑，这种情节认定又有什么实质意义呢？

更令人担忧的是，全国各地法院均面临这样的问题，但多数都采用同样的解决方法。只要不违反法律明确规定即可，不论如何裁判都有相互参照和支撑的案例，这极易形成裁判实践的惯性与惰性，使这一问题持续存在。

三、调整刑法规定时机尚不成熟，考虑政策引导具有必要性与可行性

因为禁毒形势的需要，对于毒品犯罪需予以高压打击，因此对于运输毒品犯罪量刑的数量规定，多年来一直没有调整。仅仅因为这种新型体内藏毒案件的现象，而直接调整对应法律规定明显缺乏可行性。

但是，司法实践中对于该类犯罪的量刑，明显严重违背罪刑相适应的要求，未能体现刑罚的公正与科学，甚至可能变相加剧该类犯罪的蔓延。

虽然边境公安机关组织了有力的行动打击境外组织，但是受制于跨国（境）司法合作的条件，短时间内清理境外组织并不现实，如果国内刑法不作调整，可能正好顺应了境外组织的目的。只要成功诱骗中国公民到达境外，强迫吞食毒品便难以控制；只要被害人体内毒品存在，面对严苛的刑罚，即或万万个不愿意，最终都只能任其驱使，而不可能主动投案。相反，如果合理调整司法政策，尤其对于完全主动自首的人员，从自首、胁从犯、犯罪中止、紧急避险等角度予以政策指引，给予到案人员免除处罚或者无罪的处理，一方面无形中剥夺了境外组织的犯罪利益；另一方面也直接引导被胁迫人员入境后及时到案，减少侦查资源的消耗；更充分体现罪刑相适应的刑罚公正与科学，间接

保障中国公民的人身与财产的安全。为此，有必要讨论以下问题。

（一）体内藏毒式运输毒品罪侵害客体

简单地以导致毒品在位置上的移动来概括运输毒品的犯罪行为，存在法律上的缺陷。虽然位置移动是运输毒品当然的客观表现，但是应该进一步审查主观意图，而且并非只要明知运输的是毒品就足以认定。

运输毒品的核心是行为导致毒品的流通而非简单的移动，在主客观两方面均应有此表现。窝藏、转移、隐瞒毒品、毒赃罪的存在，就是对此的印证。

所谓流通的核心表现为人与人之间的接替，当然不局限于两个具体人一定要出现或者碰面，而是在意识和目的上体现出人与人的接替。比如，仅将毒品运输到指定地点，虽然无须与接替的人交接，也不会与接替的人见面，甚至不知道自己接替的是谁，有何安排与意图，但实际上后续的行为必然由其他人继续完成或实施。

体内藏毒式的运输毒品犯罪，与随身携带，车辆携带、邮寄、托运等运输方式有明显区别，因为在毒品排出前，毒品被体内藏毒者绝对控制，在毒品排出体内之前，可谓无法实际发生任何刑法评价的毒品犯罪客体被侵害的可能，这与将毒品藏匿某处但是尚未告知下家是截然不同的情形。

（二）新型体内藏毒案件自首、中止、紧急避险

新型体内藏毒案件的当事人是否具有完整的运输毒品犯罪故意，需要结合其吞塞毒品的具体情况综合认定，但是因为前述证据多在境外，难以取得，其是否在未经任何查缉的情况下，主动前往司法机关投案，是反向推断其吞塞毒品时主观故意及是否可能受到胁迫的可靠证据；而且从证明责任的角度而言，被胁迫这一明显对于被告人有利的证据，侦查机关应当全面收集，但是受限于侦查而未能获得的，不应当简单地要求被告人承担不利后果。为更充分地体现罪刑相适应原则，在认定自首情节时，应当充分考虑自首的背景，对于经盘问查缉而主动交代的自首，与未经盘问查缉的自首，在从宽幅度上给以可供实践操作的政策指引。

因暴力胁迫发生在境外，相关证据难以获取，一旦吞塞毒品，运输毒品的犯罪后果同样会持续对行为人产生心理强制。因此，认定嫌疑人是否构成胁从犯，不能简单地以组织者是否沿途跟踪或者沿途监视控制为前提，应当综合行为人在运输毒品之前的行为、可查的境外行为及入境后行为综合评价，坚持存疑利益归于被告的原则，在不能排除合理怀疑时，放宽对于胁从犯的认定，但

限制从宽幅度的适用。

考虑到法定量刑情节认定受到证据收集的客观限制，对于多个法定情节并存的情形，在实际运用和把握中应予以可行的政策引导。比如，既符合自首又不排除被胁迫的情形，可适用自首量刑幅度中“犯罪较轻的，可以免除处罚”的规定。

体内藏毒案件中，毒品排出体内之前虽然客观上已经发生位置移动，但是并非毒品的流通，如携带者未经任何查缉，及时主动投案并在公安监控之下排出毒品，毒品也不再可能进入流通环节，从客体侵害的角度与避免犯罪后果发生的角度，也可以考虑犯罪中止的适用，并通过政策指引司法实践合理量刑。

个别案件有充分的证据证明被害人在境外受到严重暴力或者胁迫，吞塞毒品进入中国境内后及时自动投案的，可考虑紧急避险规定的适用，对其不作为犯罪处理。确有案例显示被害人在境外受到严重暴力伤害，并且境外组织通过视频将施暴过程发送给家人，要求家人汇款到指定账户，家人报警求助、保留了视频及汇款凭据。在当时的环境下，被告人不吞塞毒品可能直接面临生命危险，为了避免危及生命而吞塞毒品进入中国境内，入境后及时投案，其本质只是一种被迫的自救行为，虽然客观上违反了相关法律规定，但是并未造成实际损害，而且也符合紧急避险的本意，类似情况可考虑按无罪处理。

考虑到新型体内藏毒案件的特殊性，通过必要的政策调整，指引该类犯罪相关法定情节的认定与适用，不仅可以直接有效解决当下面临的量刑失衡，保证罚当其罪，也可以有效遏制这种新型体内藏毒案件的蔓延和扩张。

论（醉驾型）危险驾驶罪中自首的认定

自首，是罪轻辩护过程中辩护人通常会首先关注的情节，但是在醉驾型危险驾驶案件中却经常被忽视。

一方面，部分辩护人认为，醉驾型危险驾驶案多数是被现场例行检查而查获的，缺乏自动投案要件，不再成立自首；另一方面，部分辩护人认为，因为案件法定刑很轻，而且即或提出自首的意见也未必会被采纳，所以没有必要再提出这一辩点。

但我认为，鉴于醉驾型危险驾驶罪的查办规律，反而天然地容易成立自首，而且这是当事人依法应当获得的有利情节，怎能弃之。

众所周知，公开查处的醉驾型危险驾驶案件的办理流程通常为：执勤的公安人员现场拦停行驶车辆，首先对驾驶员进行酒精呼气检测，当检测数值为80mg/100mL（乙醇/血）以上时，将驾驶人员带至医院或指定地点抽取血液送检，抽血结束后制作询问笔录并让驾驶员回家等下一步通知，待检测机构检测确定血液中乙醇含量达80mg/100mL（乙醇/血）以上后，公安机关使电话通知驾驶员接受处理，办理立案、讯问、强制措施等相关手续。

对现场查获的醉驾型危险驾驶案，司法机关不认定为自首的主要理由为：嫌疑人系在醉驾驾驶机动车行驶过程中被查获，查获后被公安人员带至医院提取血样，并进行了询问，未体现其因危险驾驶而归案的主动性及自愿性。其后接到公安人员电话通知后到案接受调查，只是其配合公安机关调查的表现，并非自动投案，不符合法律关于自首的规定。

司法机关认定为自首的主要理由为：虽然嫌疑人酒后驾车，被公安人员当场查获，经当场进行呼气酒精检测，公安人员已经确认其涉嫌危险驾驶犯罪，虽然嫌疑人所实施的犯罪事实已经被司法机关发觉，醉驾证据已经被掌握。但其在尚未采取强制措施和受到讯问时，在接到公安机关电话通知后即到案，并如实供述自己的犯罪事实，依法构成自首。

那么究竟是否应当构成自首？我认为依法均应当认定为自首。

鉴于醉驾型危险驾驶案件，当事人通常对主要案件事实无争议，即通常能够满足如实供述的要件。因此是否构成自首的核心争议是，对应情形是否满足自动投案要件。

一、根据法律规范及法理，类似案件应当认定为自动投案

根据《最高人民法院关于处理自首和立功具体应用法律若干问题的解释》第一条之规定，根据《刑法》第六十七条第一款的规定，犯罪以后自动投案，如实供述自己的罪行的，是自首。自动投案，是指犯罪事实或者犯罪嫌疑人未被司法机关发觉，或者虽被发觉，但犯罪嫌疑人尚未受到讯问、未被采取强制措施时，主动、直接向公安机关、人民检察院或者人民法院投案。

结合醉驾型危险驾驶案件的查处规律，电话通知驾驶员时明显属于前述条文所规定的"虽被发觉，但犯罪嫌疑人尚未受到讯问、未被采取强制措施时"的时间节点，因此是否构成自动投案的审查要点就必然转移到：在接到电话通知后到案是否属于"主动、直接向公安机关投案"以及按照法理评价是否属于自动投案。

根据《最高人民法院关于处理自首和立功若干具体问题的意见》，关于"自动投案"的具体认定，除了明确列举的自动投案情形，还包括"其他符合立法本意，应当视为自动投案的情形"。

自首的立法本意是鼓励公民在涉嫌犯罪或者知道自己的行为可能涉嫌犯罪时不逃避、不对抗，积极配合司法机关处理案件，勇于担当，强调投案的自愿性和认罪伏法的主观心态。简要概括自动投案与非自动投案的区别就是，"能跑而不跑"，就是自动投案；反之，"想跑而跑不了"，则不属于自动投案。类似案件中驾驶员在接到电话后自行到案明显属于"能跑而不跑"的情形，完全符合自动投案的立法本意，体现出驾驶员面对问题的决心、勇气和态度，因此应当依法认定为自动投案。

同时，根据1998年《最高人民法院关于处理自首和立功具体应用法律若干问题的解释》，即使犯罪后逃跑，在被通缉、追捕过程中，主动投案或者正在投案途中被抓获的，也应当视为自动投案；根据2010年《最高人民法院关于处理自首和立功若干具体问题的意见》，交通肇事后，明知他人已经报警，但是仍然在现场等候抓捕的，也应当视为自动到案，如实供述的应当认定为自首。

依据"举重以明轻"的刑事司法原理，犯罪事实基本完全被掌握，嫌疑人

已经被通缉（其强度远远大于被电话通知），只要是自动到案，不是被抓获或者扭送的都应该认定为自动投案，被电话通知的当然更应该认定为“自动投案”。明知他人报警仅仅是在现场不逃跑的，都依法应当认定为自动投案，那么在接到公安人员的电话通知后，主动到公安机关接受调查的自然更应该认定为自动投案。

二、结合常情、常理及司法原则，类似案件应当认定为自动投案

为便于阐述这一问题，我在此列举一个简单的反例。如果驾驶员接到通知后不主动到案，而是躲藏数日之后再去办案机关投案；或者躲藏数日等到司法机关大肆搜捕、通缉协查时再去办案机关投案，按照法律规定无疑应该认定其为自动投案。由此可知：接到电话后即使当时不主动到案，而是逃跑多日后再投案都应该认定为自动投案，那么接到电话后根本就没有逃跑躲藏且自动到案的，为什么还不认定为自动投案呢？所谓“出罪者举其重，以明其轻；入罪者举其轻，以明其重”是最古老的刑罚思维，也是最基本的司法常识与逻辑。

故此，在类似案件中否定驾驶员自动投案，不仅违反法律、违背法理，也不符合基本的生活常识与常情常理，更是对司法公正的一种错误理解与引导。

如果对驾驶员的到案过程不认定为自动投案，等于变相鼓励被调查对象在接到司法机关电话通知后，不要及时主动到案，而是要先逃跑或者躲藏几天之后，再择期到案，因为这样才能认定为自动投案，这显然是谬误。

三、结合司法实践，类似案件应认定为自动投案

我国并非判例法国家，同类案件的在先裁判和处理并不具有当然的参照效力。但是同类案件的在先判例无疑仍然是对司法实践中具体案件处理的一种呈现，近期拟推行的案例检索制度也颇值关注。

关于电话通知到案依法认定为自动投案的情形，在裁判文书官网中有大量案例可供检索，我不在此赘述。司法实践中的分歧是：醉驾型危险驾驶罪中，当事人存在事先被警方当场查获的特殊情节，前述情形下的电话通知到案，是否还能够认定为自动到案？故此，我摘引具有典型意义的两起案例以供读者参考：辽宁省大连市中级人民法院（2015）大刑二终字第720刑事裁定书；安徽省宿州市中级人民法院（2017）皖13刑终505号刑事裁定书。前述两份裁判文书均直接涉及危险驾驶嫌疑人在现场查获并抽取血液送检后离开办案机关，待

检验结果作出并且案件进入刑事诉讼程序后，由侦查机关电话通知嫌疑人到案的情形。前述两起案件中，第一起，一审人民法院未认定自动到案及自首情节，故检察机关提出抗诉，最终法院采纳抗诉意见，认定为自首；第二起，人民法院一审认定为自动投案及自首，而检察机关认为不构成自动投案及自首，故提出抗诉，最终二审法院驳回抗诉，继续认定为自首。前述裁判从正反两个方面印证了对于危险驾驶罪自动到案及自首认定的相关态度。

类似生效判决不胜枚举，不仅肯定了电话通知到案系自动投案，而且直接鲜活地肯定了在醉驾型危险驾驶案件中，电话通知到案依然应当认定为自动投案，在此不赘述。

四、证据方面值得关注的问题

驾驶员被现场检查挡获、制作“询问笔录”，以及在案的相关法律文书是否影响其自动到案的认定？笔者认为前述行为均不影响其自动到案的认定。

1. 询问笔录

一方面，现场检测是交警部门行政执法的过程，而不是刑事侦查的过程，即或后期交通警察部门涉车犯罪侦查大队的“询问笔录”也是继续行政执法的案件调查而不是刑事侦查，该类案件的询问笔录通常为“问：我们现将《行政案件权利义务告知书》交由你阅读，若你不能自行阅读，我们将向你宣读，听清楚了吗?”可见，在例行检查时，既未刑事立案也未按照刑事案件办理。故此，也不可能对应的产生刑事案件中直接否定自首认定的“讯问”或者“强制措施”。

另一方面，也是尤为重要的方面，不论以什么性质对其进行询问，查获当日驾驶员通常没有被采取任何人身强制措施，即其人身自由不受限制，活动不受限制；在法律上也没有形成自动到案的法定义务（如取保候审期间、监视居住期间的法定到案义务）。简言之，就算询问十次、百次，都不足以限制或者控制驾驶员的人身自由。因此在办案机关电话告知其到案接受处理时，是否到案完全取决于驾驶员个人的主观自愿。电话通知的行为不具有强制性，当时已有的法律手续也不具有到案的强制性义务，但是驾驶员最终自动到办案机关接受处理，充分体现了其到案的主动性、自愿性，客观行为上也属于主动到案，而不是被抓获或者扭送等。

2. 在卷的法律文书

类似案件的在案材料中通常有《传唤证》《到案/查获情况说明》，是否会影响自动投案的认定？我认为仍然不影响。

首先，传唤证通常是驾驶员已经到案（经电话通知到办案单位）后，办案人员才让其签署的，时间与空间上该文书不影响其此前自动投案的认定。

其次，《到案/查获情况说明》通常表述的是例行检查时的经过，因此只是行政案件的到案说明，而不是刑事案件的到案说明，该说明形成的时间及针对的内容都只是行政案件而不是刑事案件，甚至在时间上也明显与刑事立案及程序矛盾。

故前述经过不仅没有客观真实地反映刑事案件到案的真实过程——电话通知到案；也不能替代刑事案件中到案程序的相关材料，更不利于对于刑事案件作出客观准确的处理。因此在程序上我认为辩护人有必要申请检察院或者人民法院在案件审查过程中，依法向公安机关核实嫌疑人在刑事案件中具体的到案过程，收集调取嫌疑人刑事案件中到案的相关证据材料，以便更客观公正地处理案件。

五、其他需要考虑的问题

关于类似案件认定嫌疑人构成自动投案，是否会影响刑事司法效果与社会效果是司法人员最为担心的问题。

实践中，在询问后不采取任何强制措施，在血液检测报告形成后，又电话通知到案的情形较为普遍，如认定该情形属于自动投案是否恰当？答案是明确的，不会影响司法效果与社会效果的有机统一。

第一，前述行为属于法定的自动到案的情形，不仅有法律的明确依据，也有法理与实践的支撑，依法应当认定为自动投案。因为可能涉及的人员较多就不认定为自动投案，本身就是违背法律规范及本意的。

第二，自动投案只是自首的要件之一，是否最终构成自首还必须结合嫌疑人到案后的具体行为与表现；而且即或认定为自首，根据法律规定，其法定调整幅度为：可以从轻、减轻处罚，犯罪较轻的可以免予刑事处罚，因此具有宽阔的幅度可以在实践中自由裁量以确保最终的处理客观公正。

第三，危险驾驶罪本身就是刑法中最轻微的刑事犯罪，从刑罚矫正和预防犯罪的意义而言，立法时本就考虑了给予嫌疑人矫正和改过的机会。也希望在犯罪真正发生时行为人能够主动积极的配合处理，以减少司法资源的耗费。同时结合交通肇事罪中对于自首的司法解释，也能够从侧面发现，在立法本意上并不因为某种情形发生的频率偏高而否定其自动投案的成立。

自 2011 年醉驾入刑后，危险驾驶罪已悄然成为位居榜首的起诉罪名。根据最高人民检察院公布的 2019 年全国检察机关主要办案数据显示，2019 年起诉人数最多的案件为危险驾驶罪，涉及人数 322041 人，占比 17. 7%，其中绝大部分是醉驾型危险驾驶罪，因此确有必要关注这一法定刑最轻的罪名。

我在同一个人民法院办理的两起现场查获的醉驾型危险驾驶案件，相同的辩护理由，同一人民法院在法律适用上给出了完全相反的评价：（2019）云 0103 刑初 1065 号刑事判决书不认定为自首。（2019）云 0103 刑初 1087 号判决书认定为自首。检索全国各地人民法院的判例，亦然，认定与不认定并存。

虽然从司法实践而言，即或认定了自首，对当事人未必会有明显的从宽处理结果，但是结合法律规定及法理，前述情形确实依法应当认定自首方才客观公正。这既是应当保护的当事人合法权益，也是司法严谨与公正的应然要求。

· 第三章 ·

刑事辩护案例

刑事辩护有时像战斗，枪林弹雨；有时像赌博，风雨莫测；有时像会议，心平气和。

抛开那些空洞华丽的定义和技巧，不论怎样，我们都希望辩护意见被采纳，希望当事人利益得到保障。

理性地讲，每一个成功的刑事辩护案例都离不开律师艰辛的付出，但是更重要的是司法人员的担当与勇气。

不论多好的辩护在裁判文书中都可能被“辩护意见与查明的案件事实及法律规定不符，不予采纳”一笔带过。司法人员很多时候并不缺乏作出公正裁判的智慧，其学识水平甚至远远高于律师，但是，要作出否定或者改变指控预期的裁判或处理，不论哪一阶段的司法人员都需要强大的智慧与勇气，公正之心更是不可或缺。

对于案件而言，如果辩护意见被明确采信，自然是值得欣慰的事；如果不被采信，只要对当事人有利也不必忧伤；但是正确的意见无论是否被采信，是否可能被采信，都应该笃定地坚持。

追求公正，不仅长路漫漫，而且荆棘丛生；不论是结伴同行，还是孤身一人，都要坚定地走下去……

陈某某涉嫌失职致使在押人员脱逃案

案件简评

该案因与张某苍脱逃事件相关而成为社会关注的案件，在案件办理过程中如何坚守律师执业的底线及保护当事人合法权益，需要审慎决策与考量。在庭审辩护的过程中如何有效陈述辩护意见也是值得关注的问题。

这一方面涉及罪与非罪的取舍，另一方面也涉及辩护意见的详简问题。在辩护意见的详简问题上，不论是庭审中口头辩护还是书面意见的整理，我一直主张刑事辩护律师的语言应该思路清楚、逻辑严密、语言简洁。

何为语言简洁？一方面不可能只说观点。比如，我的当事人无罪，或者我的当事人是自首、立功、从犯、胁从犯、犯罪未遂、犯罪预备、限制刑事责任能力、案件存在特情引诱等。另一方面也不可能动则数万字、数十万字地阐述。

个人愚见是：首先，用简明的语言阐明具体的观点；其次，进行必要的分析说明和法律引用及分析，排除争议并论证观点的合法性；再次，列举在案的证据支撑观点，使其有据可证；最后，通过必要的举例、反推、案例、法理论证等完善自己的观点。以此追求详简得当，表意清楚。

本案辩护意见最终被人民法院全面采纳并在裁判文书中详细摘引无疑是值得欣慰的事。但是最为重要的是审理案件的司法人员的勇气与担当，该案司法人员的公正、担当尤其值得钦佩。

文书摘录

起诉书

云南省昆明市盘龙区人民检察院
起诉书

盘检刑诉（2018）396号

被告人：马某某，……（略）

被告人：陈某某，……（略）

被告人马某某、陈某某涉嫌失职致使在押人员脱逃罪一案，由本院侦查终结，于2017年10月16日移送审查起诉。本院受理后，于2017年10月16日已告知被告人有权委托辩护人，依法讯问了被告人，听取了辩护人的意见，审查了全部案件材料。本院于2017年12月1日第一次退回侦查机关补充侦查，侦查机关于2018年1月1日补查重报；本院于2018年2月13日第二次退回侦查机关补充侦查，侦查机关于2018年3月14日补查重报。

本院于2017年11月15日、2018年2月1日、2018年4月15日延长审查起诉期限。

经依法审查查明：被告人马某某在担任云南省第一监狱七监区副监区长以及2017年5月2日当天带驻领导的过程中，未认真履行监区值班领导相关职责，且未积极认真对各执勤点巡视检查，对重点罪犯张某苍的监管措施落实不力，当天警力部署失当，致使罪犯张某苍脱逃有机可乘。

被告人陈某某在担任罪犯张某苍的包干责任警察过程中，未严格按照有关规定对其进行严格监管，致使对罪犯张某苍的包夹等相关制度未落实到位，以致罪犯张某苍擅离劳动岗位，无人监督进而驾车脱逃。2017年7月11日，被告人马某某、陈某某到案接受调查。

认定上述事实的证据如下：1. 书证：《副监区长岗位职责与工作标准（二）》《“五三一”制度》《七监区罪犯互助小组管理规定及管理办法》《云南省第一监狱罪犯排队分类标准（试行）》，云南省第一监狱关于监区值班警察制度相关文件、狱犯情分析记录、谈话记录、工作笔记，二分监区每日任务单、值班记录、巡查记录；2. 证人证言：证人体某某等10人的证言、服刑人员黄某等6人的证言；3. 被告人马某某、陈某某的供述与辩解；4. 罪犯张某苍的供述；5. 勘验、检查、辨认、侦查实验等笔录：现场勘查笔录和照片；6. 其他证据：张某苍脱逃案新闻报道部分截图，张某苍脱逃案的起诉书、刑事判决书，被告人的户籍证明、干部履职表等。

本院认为，被告人马某某、陈某某严重不负责任，疏于对服刑人员的监管，致使罪犯张某苍脱逃，造成恶劣的社会影响，其行为触犯了《中华人民共和国刑法》第四百条第二款之规定，犯罪事实清楚，证据确实、充分，应当以失职致使在押人员脱逃罪追究二被告人的刑事责任。根据《中华人民共和国刑事诉讼法》第一百七十二条的规定，提起公诉，请依法判处。

此致

昆明市盘龙区人民法院

检察员：刘某

2018年4月27日

一审辩护词

陈某某涉嫌失职致使在押人员脱逃罪一案
一审辩护词

（2018）云天律刑字第0112号

尊敬的审判长、陪审员：

云南天外天律师事务所接受犯罪嫌疑人陈某某本人的委托，指派汤光仁、刘威担任陈某某涉嫌失职致使在押人员脱逃罪一案一审的辩护人，在依法参与本案庭审后，现依法向贵院提出如下辩护意见，望贵院在案件的具体处理时予以参考与采纳。

鉴于被告人陈某某自愿认罪，辩护人也充分尊重被告人的意见，对被告人陈某某涉嫌的罪名并无异议。但辩护人认为本案中陈某某并不是直接致使张某苍脱逃的直接、根本因素，也绝非存在严重不负责的行为，在庭审中公诉人也客观地指出本案中致使张某苍脱逃是多因一果所造成的，但结合本案的客观情况，陈某某非最终影响张某苍脱逃的决定性因素。

综合全案的情况，以及陈某某存在的诸多法定与酌定的量刑情节，根据罪责刑相适应的原则，以充分体现法律的公正、公平。辩护人认为确实没有以刑事犯罪对其追究的必要和基础，恳请贵院依法对其免予刑事处罚。具体理由如下：

一、张某苍脱逃是多种原因偶然结合所导致的偶然事件

通过全案可知，本案中陈某某涉及的是过失犯罪，而且张某苍脱逃完全是一个偶发的情况。本案的处理应当充分结合行为人在案件发生过程中及犯罪构成中的具体的作用和地位来进行定罪和量刑。

而通过在案证据显示，张某苍于2017年5月2日上午8时21分驾驶汽车撞开监狱临时钢网墙脱逃至少存在以下七个因素，请贵院在定罪量刑中充分考虑。第一，监狱未严格遵守司法部及省监狱管理局的规定，未严格落实监狱搬迁及接受狱犯条件。通过在案证据尤其是现场勘验检查工作记录证实，监狱劳动场所外围墙尚未建设完成，仅用钢板围墙临时隔断；张某苍脱逃所经过的三号现场作为羁押重要保障的“应急处突门”尚未建设完工，该门不仅未能起到应急处突的作用，反而成为张某苍脱逃的直接帮助，因为该门的缺失，致使三号现场直接与外界道路无任何障碍地相互连接。监狱在前述设施设备明显不符搬迁条件的情况下组织搬迁，并且在明显不具备监管条件的情形下组织狱犯生产。明显违反司法部司法电〔2009〕第91号《关于加强监狱安全管理工作的若干规定》的通知的要求。第二，监狱内车辆停放严重违反了车辆管理的规定。张某苍脱逃事先并未与他人共谋，而是临时起意，在其两次上厕所的过程中均发现货车钥匙还在点火口，才诱发了张某苍的犯意。张某苍驾驶停放在三号门外通道上的云AA83××福田牌货车撞开临时钢板墙并脱逃成功，前述车辆在现场停放28分钟，并且汽车钥匙留在车上点火口位置，无人看管。无论是车辆的停放位置、停放方式以及车辆驾驶员的行为都明显违反监狱车辆管理的相关规定，而且该现场的值班警察也未尽到巡查及看护的义务。第三，不仅监狱围墙未能建成，仅以无法完成安全保障责任的临时钢板墙替代，而且在本来就薄弱的钢板墙上还开了一道更为薄弱的临时门，一撞即破。在临时围墙上的搬迁临时门（张某苍开车撞开的门）前也未按规定设置防撞墩、防撞杆、破胎器等必要的物理防护设施设备。第四，因为监狱警力的问题以及制度落实的问题，在现场未严格执行“双警制”。加之现场警察未严格巡查责任范围的相关情况，张某苍脱逃前的工作区域为过道板房区域，该区域在案发当时由张某某值守，

无论出于什么原因，张某某在进入该区域的违规车辆停放长达28分钟之久的期间内未进行任何巡查，更没有巡查发现车辆停放不符合规定、驾驶员擅自离开车辆的情形，尤其是没有巡查发现车辆未锁、车辆钥匙还留在车内无人看管的严重危险情形。第五，监区值班领导在日常管理中未能及时发现、反馈、处理前述监狱设施中存在的严重安全问题，也未巡查事发区域。第六，监区领导对于双警制既未落实，也未巡查，尤其是对于事发核心区域过道板房区间（第一现场）警力的布置安排，明显违反双警制的要求，更没有巡查前述区域的相关情况。第七，在张某苍原来的三人互监小组因为工作安排被打散后，对于新岗位上的三人互监小组落实问题监区分管领导马某某、分监区领导刘某及包干警察陈某某均未能及时严格落实到位，对于张某苍思想动态了解不够。

张某苍脱逃案件是一监狱17年以来第一起，不论是监狱领导、监区领导还是分监区领导或者包干干警都无经验教训可以参照，而且当时确实存在多种因素偶然巧合的客观情形，从理论上而言任何一个因素的缺失都有避免案件最终结果的出现的可能，但是各个因素在案件最终发生的因果关系上却明显地作用地位有所不同，在考虑刑事责任追究时既应当考虑公平合理的原则，也应当区分作用与责任大小，方能符合法律对于该罪要件的具体规定。

二、陈某某的行为明显不是张某苍脱逃的主要原因或者直接原因，也不应当承担张某苍脱逃的直接责任

罪犯之所以送交监狱关押并集中管理而不是像缓刑、管制那样交付社区或者辖区公安机关进行社会管理，其根源在于常理上被羁押管理的罪犯具有不服从惩罚脱逃的风险，而监狱依托其人力、物力、技术设备与设施足以通过强制的手段控制服刑罪犯的脱逃与反抗，监狱是国家暴力机关之一。

从反面而言未脱逃的在押狱犯，通常都不是其不想脱逃，而是因为监狱作为国家暴力机关所采取的措施或者手段，客观上让狱犯无法脱逃。在押狱犯并不可能只是通过思想教育或包夹制度就绝对避免了其脱逃的意图，这种思想教育和包夹制度主要是一种思想引导，并通过在押人员的相互监督发现那些有预谋、有苗头逃跑的在押犯人。因此针对本案而言，当罪犯最终已经实际脱逃时，关于其原因与责任的分析首先应从主观与客观两个方面进行。张某苍驾驶前来监狱拉货的货车撞开临时围墙的大门脱逃。客观上是因为监狱的设施、设备、管理措施和管理手段等方面存在的问题为张某苍脱逃提供了客观条件，主观上是因为张某苍临时起意产生脱逃的故意，这种临时起意的行为并不可能通过包夹或三人小组、耳目贴靠来提前发现和避免。

起诉意见书认为：犯罪嫌疑人陈某某作为张某苍的包干责任警察，一方面未严格落实对重点犯张某苍的包夹制度和耳目贴靠，致使包夹措施形同虚设。另一方面犯罪嫌疑人陈某某未认真执行对罪犯监管的“五三一”制度，在负责罪犯张某苍的互监小组编排，落实方面未认真履行职责，致使罪犯张某苍案犯时离开劳动岗位、无人监督，从而驾车脱逃。起诉书认为：陈某某在担任张某苍包干责任警察的过程中，未严格按照有关规定对其严格监管，致使对罪犯张某苍的包夹等相关制度未落实到位，以致张某苍擅离劳动岗位，无人监督。进而驾车脱逃，但是这明显不能成立。

（一）关于包夹制度与耳目贴靠的问题

结合本案在卷证据可见，张某苍的三人互监小组同时也是其包夹措施，其耳目贴靠人为兰某，前述安排不仅是陈某某与另一分监区长刘某共同决定，而且按照规定上报了监区分管领导马某某，前述包夹与耳目贴靠措施并未违反明确的管理规定，更直接得到了上级领导的确认，符合监狱当时的实际要求，起诉意见书以前述措施“形同虚设”为由对陈某某归责，是典型的主观臆断。试问：何为形同虚设呢？什么情况下又不是形同虚设呢？因为事后张某苍脱逃了就主观推断当时的包夹与耳目措施是形同虚设，明显违背刑事诉讼实事求是的基本要求。

不论是包夹还是耳目贴靠，其目的只是提前发现重点犯的内心活动或者思想动向，且不要说以罪犯担任包夹人员和耳目人员难以发现相对人的内心活动与思想动向，就算受过专业训练的特情侦查人员也无法确保一定能准确掌握监控对象的内心与思想，这项制度发生作用本身就具有偶然性。此外通过张某苍本人的供述可见，其在此前也从来没有过脱逃的想法，更不可能流露或者表现出任何脱逃的迹象。之所以说脱逃是一次完全偶然的机会，是因为其5月2日在劳动现场，偶然发现有车辆停放在自己的劳动区域内，并且车钥匙留在点火孔未拔下，且其两次上厕所时均是上述情况，而且警察和司机都没有对车辆进行看管，于是其临时起意驾车脱逃。

由此可见，张某苍本人在脱逃前从来就没有过脱逃的想法，也没有表现出任何脱逃的迹象，不论如何安排包夹制度，不论如何落实耳目贴靠，都是不可能提前发现或者防范张某苍脱逃事件发生的；也因为张某苍在脱逃行为发生之前从来就没有过脱逃的想法与脱逃的迹象，包夹人员与耳目贴靠人员本身就不可能发现，没有发现也是完全正常的结果，为何现在却要以这一现象与结果，反推包夹措施与耳目贴靠形同虚设，并以此要求陈某某对此承担刑事责任呢？

（二）关于互监制度与“五三一”制度的问题

在卷证据材料反映，互监制度即三人互监制度，包括固定的三人互监小组及临时三人互监小组；“五三一”制度即五定位；一集体；三人互监小组。具体到本案而言，五定位已经严格落实，张某苍在过道板房车间劳动，正是按劳动位置定位的规定具体落实；关于一集体即分监区是一个集体统一出工、统一回宿舍，以行政小组为单位，本案中并未违反；关于三人互监小组的问题，其实与前一问题是重复的。固定三人小组陈某某已经依法编排，并且编排过程中还依法报告了分监区长刘某，以及上级分管领导副监区长马某某。该固定三人小组因为劳动岗位变动被打散后根据规定编制临时三人互监小组，2017 年 4 月 26 日作为分监区长的刘某因为发觉张某苍等人劳动偷懒，于是对张某苍工作岗位再次调整，即按照监狱的管理规定张某苍的临时三人互监小组因为刘某的调整再次变化，而 2017 年 4 月 26 日至 5 月 2 日陈某某均在休假，2017 年 5 月 2 日早上 8 : 21 分张某苍脱逃时陈某某刚刚收假上班，虽然陈某某是张某苍的包干警察，但是对于张某苍的工作岗位及临时三人互监小组的调整的具体人员却是作为分监区长的刘某，陈某某作为包干警察及另一分监区长仅仅是被依规定通知、告知而已，陈某某当时也没有任何不同意的理由。

由此可见针对张某苍的“五三一”制度的落实，仅有第三项即“三人互监小组”的落实上稍有不规范，并且仅仅是“临时三人互监小组”的落实有一些不规范。但是，这明显不是张某苍脱逃的主要原因或者直接原因。根据《七监区罪犯互监小组管理规定》可见，不论固定的三人互监小组还是临时的三人互监小组，其设立的目的主要确保狱犯劳动改造时的秩序和纪律，其核心的目的是防止罪犯脱管而不是脱逃，对于违反或者遵守前述规定的主要涉及的是“扣分”或者“加分”的问题。该规定第一段就明确表述：“服刑人员互监小组作为监区最基础的组成部分，其成员在服刑改造过程中必须相互帮助共同提高，相互监督共担责任。为维护监区服刑人员改造秩序的安全、稳定，保障互监小组成员共同遵守国家法律、监狱纪律，特制定本办法。”根据《七监区罪犯互监小组管理办法》同样再次明确了办法制定的目的在于维护劳动改造的秩序和纪律，是便于劳动改造的管理而不是防止罪犯脱逃。该办法第一段明确表述：“为强化对罪犯的日常管理工作，推动罪犯互监小组制度在生产、监管安全中起到积极作用，营造罪犯互相监督、互相学习、互相帮助的改造氛围，特制定本办法。”

相反，如果任意地将三人互监小组理解成防止罪犯脱逃的管理制度或者办法，则可见其明显的错误和矛盾。比如，《七监区罪犯互监小组管理规定》第七条奖罚原则，明确确定了连带奖罚制度，以及同责、半责的详细规定，一方面共计16项具体规定，但是从无防止互监小组成员脱逃的规定，另一方面某一人员脱逃了构成犯罪也绝对不可能依据前述规定实施连带奖罚或者同责、半责的奖罚，难道要对三人小组的杨某二、黄某健也追究脱逃罪的刑事责任？在《七监区罪犯互监小组管理办法》第一段明确规定相互学习、相互帮助的要求，如果这是针对防止罪犯脱逃的规定，如何理解“相互学习，相互帮助”呢？难道要他们相互传授犯罪方法，相互帮助一起脱逃？

综上可见虽然陈某某本人、另一分监区长刘某、副监区长马某某对落实三人互监小组的相关问题确实都有不规范、不到位的情形，但是三人互监小组设立的意义和目的并不是防范罪犯脱逃也无法以此防范罪犯脱逃。三人互监小组，不论是固定的三人互监小组还是临时的三人互监小组，设立的根本目的，是保障狱犯在劳动改造时的秩序和纪律。以对狱犯劳动秩序与纪律的监督落实不到位为由，要求行为人承担罪犯脱逃的刑事责任，明显缺乏刑法的关联性。这就如同因为警察对罪犯卫生条件落实不到位，而要求其对罪犯脱逃承担刑事责任一样。

（三）张某苍脱逃的主要责任与直接责任，系监狱设施、设备、警力布置、现场警察巡查不到位

本案现有证据可以客观地证实，张某苍之所以能够成功脱逃，主要原因有4项：

1. 监狱管理规定存在明显漏洞，监狱内部职工的管理不到位，导致监狱职工陈某忠将车辆违规停放在过道板房区三号门处，并且在未锁好车门、未拔下钥匙的情况下擅自离开车辆，为张某苍脱逃提供了决定性条件。

2. 作为板房区值班警察张某某未对进入该区域的车辆进行巡查，更未发现该车辆门窗未锁、车钥匙未拔下的重要隐患，致使张某苍有机可乘。

3. 监狱设施设备明显不符合搬迁和接受罪犯组织劳动的条件，却违规开展前述工作，通过现场勘验检查工作记录等相关资料，尤其《张某苍脱逃现场勘查示意图》可见，板房生产区几乎在完全暴露的情况下开展犯人劳动改造，板

房生产区与外界仅有一面钢板围墙隔断，而且在板房生产区尽头，即张某苍案二号现场，临时的钢板围墙还开出了一道“临时搬迁门”，该门是脆弱的钢板围墙最脆弱的部位，而且在门前既无防撞墩，也无防撞杠，更无破胎器等必备设施，仅仅是一把挂锁。最终张某苍也确实驾车撞开该门并脱逃。

4. 通过第二现场的“临时搬迁门”后就是施工工地，没有任何防护措施，在三号现场的尽头及监狱与外界道路的连接处，现场按照规划设置了“应急处突门”。但是在事发时，该应急处突门尚在建设之中，既无门存在，也无人看守。该门左右两边（东西两边）原是围墙，但是为了修建所谓的应急处突门，不仅原来的围墙被破坏了，即应急处突门根本不存在，反而还破坏了原有的围墙，这实际是为张某苍脱逃提供了出路。综上可见因为监狱搬迁条件不成熟而盲目搬迁，致使张某苍劳动的板房生产区与复杂的外部环境，仅仅靠一扇劣质铁门和一把劣质挂锁防护，所谓的物理防护、技术防护荡然无存。

次要原因有5项：

1. 作为带班领导的马某某在警力布置时违反双警制，在板房区（第一现场）仅仅安排张某某一人值守，且作为值班领导对于该区域值班经常的履职情况未进行巡查，错过了补救和避免脱逃事件发生的机会。

2. 缺乏触发式报警装置、红外线雷达报警装置等技术设施设备，未能构建起智能监控报警系统。当狱犯张某苍暴力撞开“临时搬迁门”时（二号现场），没有任何技术设备报警。

3. 外围看守的武警没有作出任何反应也无及时的联动。按照监狱设施设备的要求，对于监狱不仅应当构建智能监控报警系统，而且构建的智能监控报警系统还应与驻监狱武警部队联动，以便及时启动应急处突措施。但是本案中从张某苍脱逃开始至结束，没有任何报警系统启动，而且在二号现场、三号现场均有武警岗楼，但是在这个过程中没有任何人员及时发现罪犯脱逃，更没有任何武警人员采取措施予以补救和制止。

4. 张某苍曾经驾驶过货车，具有货车驾驶经验与技能。虽然在监狱中熟悉或者驾驶的人员众多，通常情况下，不会出现驾驶员将货车钥匙留在车上并且自行离开的情况，但是本案中因为之前的原因，张某苍确实获得了这种概率极低的机会，而且最终直接驾驶装货卡车脱逃，故此也可以作为次要原因考虑。

5. 执勤单警设备明显配备不足，处突预案和设备明显缺失。当张某苍驾车撞开临时门时，作为第一现场的唯一执勤警察张某某，连对讲机都未配备，无法及时汇报警情，呼叫救援；现场没有任何备勤处突的人员和车辆，在张某苍驾车夺门而出时，追逃人员竟徒步追踪，无奈之下又拦截出租车追逃，丢失了张某苍脱逃的踪迹和线索。第一时间根本没有处突警务车辆的参与，错失了最佳的追捕时机。

其他非直接原因 4 项：

1. 三人互监小组、包夹及耳目贴靠制度落实不到位

三人互监小组的管理规定和管理办法，都只是狱犯日常劳动改造纪律的管理规范，并不是追究刑事责任的管理规范。包夹制度及耳目贴靠是一种明显辅助的管理手段，虽然其可能在一定的条件下发现有预谋的脱逃或者其他犯罪行为，但是对于偶然发生并且事先完全没有迹象的脱逃行为，从规律和常理上都不可能对阻止脱逃起到积极作用。

2. 罪犯排队。罪犯排队管理，一方面是监狱管理的宏观手段，另一方面也是是否适用包夹制度或者耳目贴靠制度适用的前提，本案中对于张某苍到分监区后的排队系由分监区领导共同决定并且已经汇报监区领导副监区长马某某，程序上无明显违规。而且张某苍虽然定为三类犯，但是已经明确为重点监控对象，按照三类犯重点监控对象的管理原则，也已经对其安排了包夹及耳目贴靠，因为其脱逃行为是完全偶然，并且事先没有任何迹象的情形，不论如何安排包夹与耳目贴靠都不可能提前发现和制止其脱逃行为（前文已详述，在此不赘述）。

3. 思想教育。不论是对于一类犯还是四类犯或者新犯还是老犯，思想教育都是一个程序性工作，罪犯通过思想教育是否能够改过自新，其核心在于罪犯本人的认识和心理，即或在监狱管理及考评时表现最积极、学习最刻苦的罪犯，也不等于其内心就真的改过自新了，思想教育是否发挥作用或者发挥怎样的作用核心是罪犯自身。监狱对于罪犯的羁押管理，核心的手段是通过强制手段保障其接受劳动改造，罪犯服刑也是因为其在监狱的严格管理下无法脱逃，必须接受劳动改造，故此罪犯是否脱逃的决定因素不是其道德品质高尚与否，而是其是否有脱逃的客观机会。

4. 陈某某作为张某苍包干警察，事发当天未对张某苍巡查。根据监狱管理规定，陈某某作为张某苍包干警察，在其值行政班，并且监区领导未安排其他任务时，有义务对自己包干的罪犯巡查，但是当天陈某某不是执行政班，而是正班，其被监区带班领导马某某安排到生产车间二号门值班，按照值班规定，

其不得离开值班区域，否则便是脱岗，因此其当天不可能脱离二号门值守区域，去车间外的板房生产区巡查自己的包干犯人张某苍。

综上可见，张某苍脱逃的主要原因与直接原因不在于陈某某，不应当要求陈某某承担主要责任或者直接责任。

三、陈某某在检察机关电话通知后主动到案，并如实供述案件事实，依法属于自首

案件发生后，陈某某在侦查机关正式立案之前就如实全面地向侦查机关交代了全部案件事实。而且本案不论是立案前的询问，还是立案后的讯问都是侦查机关电话通知后陈某某主动到案。其到案后一直如实、稳定、全面地供述了案件事实，依法属于自首的情形。

电话通知不具有抓捕或者控制的强制性，在接到电话通知后是否到案，主要取决于当事人本人的主动性。在接到电话通知后及时到案属于“能跑而不跑”的情形，从自首的立法本意及认定实践而言，应当认定其属于自动到案。

自首的立法本意是鼓励公民在涉嫌犯罪或者知道自己的行为可能涉嫌犯罪时不逃避、不对抗，积极配合司法机关处理案件，勇于担当，强调投案的自愿性和认罪伏法的主观心态。简要概括自动到案与非自动到案的区别就是：“能跑而不跑”，就是自动投案；反之，“想跑而跑不了”则不属于自动投案。结合本案材料，陈某某在接到电话后到案的情形明显属于“能跑而不跑”，完全符合自动投案的立法本意，体现出陈某某面对问题的决心、勇气和态度，应当依法予以认定。

从法律规定角度分析：1998 年《最高人民法院关于处理自首和立功具体应用法律若干问题的解释》规定即使犯罪后逃跑，在被通缉、追捕过程中，主动投案的或者正在投案途中被抓获的，也应当视为自动投案；根据 2010 年《最高人民法院关于处理自首和立功若干具体问题的意见》的规定，交通肇事后，明知他人已经报警，但是仍然在现场等候抓捕的，也应当视为自动到案，如实供述的应当认定为自首。根据“举重以明轻”刑事司法原理，犯罪事实基本完全被掌握，已经被通缉的（其强度远远大于被电话通知），只要是自动到案不是被抓获或者扭送的都应该认定自动投案，被电话通知的当然更应该认定。明知他人报警却留在现场不逃跑的都依法应当认定为自动投案，在接到侦查人员的电话通知后主动到侦查机关接受调查的更应该认定为自动投案。

公诉机关以 2017 年 7 月 11 日电话通知陈某某讯问之前已经对陈某某进行

询问谈话为由否定其自动投案。但是之前的询问也是电话通知的，如果认为之前的询问是侦查行为则其当时就已经自动到案了；而且询问是以证人调查的程序进行的，询问本身也不具有任何强制性，在询问之后也没有对陈某某采取或者适用任何强制措施，用简单的话说就算询问十次、百次，都不足以限制或者控制陈某某的人身自由，在7月11日电话通知陈某某接受调查时，其是否自动到案仍然只能取决于陈某某本人的主动性和自主性，而本案中陈某某在接到电话通知后及时主动到案，依法属于自首所评价的自动到案情形。

为便于阐述这一问题，辩护人在此列举一个简单的反例。如果陈某某在接到电话通知后不主动到案，而是躲藏数日之后再去检察院投案；或者躲藏数日等到司法机关大肆搜捕时再去检察院投案，按照法律规定无疑应该认定其自动到案。由此可知：接到电话通知后即使当时不主动到案，而是逃跑多日后再投案都应该认定为自动投案，那么接到电话通知后根本就没有逃跑躲藏，当即就自动到案的为什么不认定为自动投案呢？所谓“出罪者举其重，以明其轻；入罪者举其轻，以明其重”是最古老的刑罚思维，也是最基本的司法常识与逻辑。故此在本案中否定陈某某自动投案，不仅违背法律、法规、法理，就连基本的生活常识与常情常理也不符合，更是对司法公正的一种错误理解与引导。

如果对陈某某的到案过程不认定为自动投案，等于变相鼓励被调查对象在接到司法机关电话通知后不要及时主动到案，而是要先逃跑或者躲藏几天之后再择期到案，因为这样才能认定为自动投案，这不仅是司法的谬误也会成为司法的笑话。

综上，恳请法庭依法认定陈某某自动投案的情节成立，以真正彰显法律的公正和威严。

针对是否如实供述的问题，结合在卷的被告人供述已经清晰可见，陈某某自归案后一直如实、稳定、全面的供述案件事实，确实属于如实供述的情形。综上，陈某某依法构成自首情节，根据法律规定，自首可以从轻、减轻处罚，犯罪较轻的，可以免予刑事处罚。请求贵院在案件审查时对其自首情节予以肯定并在案件处理中予以体现。

四、陈某某一贯表现良好，工作兢兢业业，恳请贵案件处理过程中予以考虑

陈某某以前一贯表现良好，是一名优秀的司法警察，曾于2007年被评为抗洪抢险先进个人；于2008年被评为中安监狱先进工作者。从警17年一直兢兢业业，也无其他谋生技能。并且在案发后，其所在单位也出具公函认可了陈某某工作以来的良好表现，请求从宽处理。恳请贵院在案件处理过程中充分考虑以上情况，依法对其作出公正公平的裁判。

综上，张某苍脱逃并非陈某某的直接责任或根本原因。综合全案，我们可以清晰地看到，陈某某在张某苍脱逃中的作用可以说是微乎其微。恳请贵院充分考虑本案的客观情况，以及陈某某具有自首及其他法定与酌定的量刑情节，坚持司法效果与社会效果的有机统一。最终，对其免予刑事处罚。

此致

盘龙区人民法院

辩护人：汤光仁　刘威

云南天外天律师事务所

2018 年 7 月 25 日

一审刑事判决书

昆明市盘龙区人民法院
刑事判决书

（2018）云 0103 刑初 403 号

公诉机关：昆明市盘龙区人民检察院

被告人：马某某

委托辩护人：张文涛，云南行动律师事务所律师

被告人：陈某某

委托辩护人：汤光仁、刘威，云南天外天律师事务所律师

昆明市盘龙区人民检察院以盘检刑诉（2018）396 号起诉书指控被告人马某某、陈某某犯失职致使在押人员脱逃罪，于 2018 年 4 月 28 日向本院提起公诉。本院依法组成合议庭，于 2018 年 7 月 25 日公开开庭审理了本案。昆明市盘龙区人民检察院依法指派检察员刘某出庭支持公诉。被告人马某某及其委托辩护人张文涛、被告人陈某某及其委托辩护人汤光仁、刘威到庭参加诉讼。本案现已审理终结。昆明市盘龙区人民检察院指控：被告人马某某在担任云南省第

一监狱七监区副监区长以及2017年5月2日当天带班领导的过程中，未认真履行监区值班领导相关职责，且未积极认真对各执勤点巡视检查，对重点罪犯张某苍的监管措施落实不力，当天警力部署失当，致使罪犯张某苍脱逃有机可乘。

被告人陈某某在担任罪犯张某苍的包干责任警察过程中，未严格按照有关规定对其进行严格监管，致使对罪犯张某苍的包夹等相关制度未落实到位，以致罪犯张某苍擅离劳动岗位，无人监管，进而驾车脱逃。

2017年7月11日，被告人马某某、陈某某到案接受调查。

针对指控事实，公诉机关当庭宣读并出示了……（公诉机关举证情况，略）

庭审中、被告人马某某、陈某某对公诉机关指控的犯罪事实及出示的指控证据均没有异议。

被告人马某某的辩护人提出：

1. 被告人马某某在本案中存在一定的过失和领导责任，但没有严重不负责任。

2. 此次罪犯脱逃事件，虽有一定的社会影响，但是随着罪犯的抓获，社会影响逐渐减小。

3. 被告人马某某有自首情节。

4. 被告人马某某认罪态度好，当庭认罪、悔罪。

5. 此次犯罪属过失犯罪，是工作中发生的过失行为。

6. 被告人系初犯、偶犯。综上，请求法庭本着惩罚和教育相结合的原则，对被告人免予刑事处罚，给被告人一个改过自新的机会。

被告人陈某某的辩护人提出：

1. 张某苍脱逃是多种原因俱然结合所导致的偶然事件。(1) 监狱未严格遵守司法部及省监管理局的规定，未严格落实监狱搬迁及接受狱犯条件。(2) 监狱内车辆停放严重违反了车辆管理的规定。(3) 不仅监狱围墙未能建成，且以无法完成安全保障责任的临时钢板墙替代本来就薄弱的钢板墙，开了一道更为薄弱的临时门，一撞即破。在临时围墙上的搬迁临时门（张某苍开车撞开的门）前未按规定设置防撞墩、防撞杆、破胎器等必要的物理防护设施设备。(4) 因为监狱警力及制度落实的原因，在现场未严格执行“双警制”。(5) 监区值班领导在日常管理中未能及时发现、反馈、处理前述监设施中存在的严重安全问题，也未巡查事发区域。(6) 监区领导对于“双警制”既未落实，也未巡查，尤其是对于事发核心区城过道板房区间（第一现场）警力的布置安排明显违反“双警制”的要求，更没有巡查前述区域的相关情况。(7) 张某苍原来的三人互监小组因为工作安排被打散后，对于新岗位上的三人互监小组，监区分管领导马某某、分监区领导刘某及包干警察陈某某均未能及时严格落实到位，对于张某苍的思想动态了解不够。

2. 陈某某的行为明显不是张某苍脱逃的主要原因或者直接原因，也不应当承担张某苍脱逃的直接责任。张某苍驾驶前来监狱拉货的货车撞开临时围墙的大门脱逃，客观上是由于监狱的设施、设备、管理措施、管理手段等方面存在问题，为其脱逃提供了条件，主观上是其临时起意有了脱逃的故意，该临时起意的行为并不可能通过包夹或三人小组耳目贴靠来提前发现和避免。

(1) 关于包夹制度和耳目贴靠其目的在于提前发现重点犯的内心活动或思想动态。本案中，张某苍本人在脱逃前从没有过脱逃的想法，也没有表现出任何脱逃的迹象，不论如何安排包夹制度，落实耳目贴靠，都是不可能提前发现或防范张某苍脱逃事件发生的。

(2) 关于互监制度与“五一三”制度。陈某某及另一分监区长刘某、副监区长马某某对落实三人互监小组的相关问题存在不规范、不到位的情形，但三人互监小组设立的意义和目的并不是防范罪犯脱逃，无论是临时的还是固定的，其设立的根本目的是保障狱犯在劳动改造时的秩序和纪律。以对狱犯劳动秩序与纪律的监督落实不到位为由，要求行为人承担罪犯脱逃的刑事责任，缺乏刑法的关联性。

(3) 张某苍脱逃的主要责任与直接责任，系监狱设施、设备、警力布置、现场警察巡查不到位。主要原因有以下四项：①监狱管理规定存在明显漏洞，对于监狱内部职工的管理不到位，导致监狱职工陈某忠将车辆违规停放在过道板房区三号门处，并且在未锁好车门、未拔下钥匙的情况下擅自离开车辆，为张某苍脱逃提供了决定性条件。②作为板房区值班警察张某某对进入该区域的车辆未进行巡查，更未发现该车辆门窗未锁、车钥匙未拔下的重要隐患，致使张某苍有机可乘。③监狱设施设备明显不符合搬迁和接受罪犯组织劳动条件，属违规开展工作。通过现场勘验检查工作记录等相关资料，尤其是《张某苍脱逃现场勘查示意图》可见，板房生产区几乎在完全暴露的情况下开展犯人劳动改造，板房生产区与外界仅有一面钢板围墙隔断，而且在板房生产区尽头即第二现场，临时的钢板围墙还开了道“临时搬迁门”，该门是钢板围墙最脆弱的部位，且在门前无防撞墩、防撞杆、破胎器等设施，仅有一把挂锁，最终张某苍驾车撞开该门脱逃。④通过第二现场的“临时搬迁门”后是施工工地，没有任何防护措施。在三号现场的尽头即监狱与外界道路的连接处，按照规划设置了应急处突门。但在事发时，该应急处突门尚在建设之中，既没有门存在，也没有人看守。该门东西两边原是围墙，但为了修建应急处突门，将原有的围墙破坏了，为张某苍脱逃提供了出路。

次要原因有以下五项：①作为带班领导的马某某在警力布置时违反“双警制”，在板房区（第一现场）仅安排张某某一人值守，且作为值班领导对于该区域值班警察的履职情况未进行巡查，错过了补救和避免脱逃事件发生的机会。②缺乏触发式报警装置、红外线雷达报警装置等技术设施设备，未能构建起智能监控报警系统，当张某苍暴力撞开“临时搬迁门”时，没有任何技术设备报警。③外围看守的武警没有作出任何反应也无及时的联动。从张某苍脱逃开始到结束，没有任何报警系统启动，且在现场有武警岗楼，但该过程中没有任何人员及时发现罪犯脱逃，更没有任何武警人员采取措施予以补救和制止。④张某苍曾经驾驶过货车，具有货车驾驶经验与技能。⑤执勤单警设备明显配备不足，处突预案和设备明显缺失。当张某苍驾车撞开临时门时，作为第一现场的唯一执勤警察张某某，连对讲机都没有配备，无法及时汇报警情，呼叫救援；现场没有任何备勤处突的人员和车辆，在张某苍驾车夺门而出时，追逃人员竟徒步追踪，无奈之下又拦截出租车追逃，丢失了张某苍脱逃的踪迹和线索，第一时间没有处突警务车辆的参与，错失了最佳的追捕时机。

非直接原因有以下四项：①三人互监小组、包夹及耳目贴靠制度落实不到位。②罪犯排队。③思想教育。④陈某某作为张某苍包干警察，事发当天未对张某苍巡查。

3. 陈某某在接到侦查机关电话通知后主动到案，并如实供述案件事实，属于自首。

4. 陈某某一贯表现良好，工作兢兢业业，量刑时应当予以考虑。

经审理查明：2017 年 5 月 2 日上午 8 时左右，因犯运输毒品罪被送入云南省第一监狱服刑的罪犯张某苍在 13 号习艺楼厂房外从事生产劳动时，进入停放在厂房三号门外等待装货的云 AA83 × ×福田牌货车驾驶室，于 8 时 21 分左右驾车强行撞开监管区内钢板隔离墙临时门脱逃。

被告人马某某……（与指控事实同，略）

本院认为，被告人马某某、陈某某作为司法工作人员，严重不负责任，在羁押场所未严格按照规定采取有关监管措施下，致使罪犯张某苍脱逃，造成严重后果，二人的行为符合失职致使在押人员脱逃罪的构成要件，构成失职致使在押人员脱逃非公诉机关指控的犯罪事实清楚，证据充分，罪名成立，本院予以支持。被告人马某某、陈某某接到办案机关电话通知后到案，体现了归案的主动性和自愿性，后如实供述自己的罪行，依法应当认定为自首，可以从轻或减轻处罚。被告人马某某、陈某某的辩护人提出的有关辩护意见，本院已予以充分注意。综合考虑本案中云南省第一监狱在监管设施方面客观存在的安全隐患，被告人马某某、陈某某的犯罪事实、悔罪表现及犯罪行为对社会的危害程度，本院认为二人犯罪情节轻微不需要判处刑罚，可以免予刑事处罚。综上，依照《中华人民共和国刑法》第四百条第二款、第六十七条第一款、第三十七条之规定，判决如下：

一、被告人马某某犯失职致使在押人员脱逃罪，免予刑事处罚；

二、被告人陈某某犯失职致使在押人员脱逃罪，免予刑事处罚。

如不服本判决，可于接到判决书的第二日起十日内，通过本院或直接向云南省昆明市中级人民法院提出上诉。书面上诉的应提交上诉状正本一份，副本一份。

2018 年 10 月 25 日

王某某贪污、受贿、滥用职权、私分国有资产案

案件简评

该案公诉机关以当事人涉嫌滥用职权罪（造成损失金额640余万元）、贪污罪（金额190余万元）、受贿罪（金额20万元）、私分国有资产罪（造成损失金额250余万元）提起公诉，主张对四项罪名数罪并罚。

因当事人自愿认可滥用职权罪的指控，故辩护人以当事人不构成贪污罪、受贿罪、私分国有资产罪，仅构成滥用职权罪但是具有自首等法定、酌定情节的理由进行辩护，并依法申请相关证人出庭作证。经两次开庭审理后，公诉机关书面申请撤回起诉，人民法院依法裁定准予撤回起诉。

但公诉机关撤回起诉后，又以变更起诉的理由重新提出起诉。再次起诉时指控当事人构成滥用职权罪（造成损失金额640余万元）、贪污罪（金额30余万元）、受贿罪（金额20万元），去除了对私分国有资产的指控，减少了贪污罪的指控金额。

针对第二次起诉，辩护人仍然坚持一审中的主要辩护意见，并申请行贿人出庭作证，获法庭同意，后公诉机关又再次申请行贿人出庭作证，亦获法庭同意。第二次起诉并同样经两次开庭审理后，一审人民法院作出裁判，明确采信辩护意见及理由，判决指控当事人贪污罪、受贿罪均不成立。判决当事人仅构成滥用职权罪，并依法构成自首，最终判处三年有期徒刑，结合之前的羁押时间，当事人剩余刑期约两个月。

一审宣判后公诉机关提出抗诉，认为一审判决不构成贪污罪、受贿罪，事实认定与法律适用错误，而且最终量刑不当，应当依法判决前述两项犯罪成立并且数罪并罚。当事人亦以量刑过重提出上诉。

二审期间，针对下级人民法院的抗诉，辩护人向上级检察院及时进行书面辩护，并提交相关证据，请求二审人民检察院不予支持一审检察院的抗诉，撤

回一审抗诉。

二审中，二审支持抗诉机关，当庭撤回对于贪污罪的抗诉，仅支持对受贿罪的抗诉。

二审后，云南省高级人民法院裁定，驳回抗诉机关的抗诉；驳回当事人的上诉。维持原判。

该案一审经过两次起诉四次开庭，后又因为抗诉及上诉进入二审程序并开庭审理。指控的四项罪名最终成功地去除了三项，笃定的辩护思路坚持到最后，详细的辩护意见得到明确采信。辩护人与当事人选择科学合理的辩护方案与策略是重要因素之一，但更为重要的是两审人民法院的专业与担当。

该案比较丰富地展现了刑事案件审判阶段辩护的相关环节与程序，虽然辩护思路一直笃定不变，但是辩护内容跟随审理的程序、节奏及侧重点一直在不断地调整与丰富，其中还涉及审查抗诉过程的辩护、出庭证人询问与质证等诸多内容。

文书摘录

检察院第一次起诉

云南省文山壮族苗族自治州人民检察院
起诉书

文州检公诉刑诉（2016）199 号

被告人：王某某，……（略）

本案由本院反贪部门侦查终结，以被告人王某某涉嫌受贿罪、贪污罪、私分国有资产罪、滥用职权罪，于 2016 年 6 月 7 日移送审查起诉。本院受理后，于当日告知被告人有权委托辩护人，依法讯问了被告人，审查了全部案件材料。审查期间，于 2016 年 7 月 22 日、10 月 7 日退回补充侦查两次，于 2016 年 7 月 4 日、9 月 18 日、12 月 6 日延长审查起诉期限 3 次。

经依法审查查明：

一、2007 年至 2009 年，被告人王某某利用担任西畴县国营香坪山林场场长、西畴县林业局局长、西畴县人民政府副县长的职务便利，在分配木材砍伐指标、签订木材购销合同等方面为木材老板何某某，谢某某提供帮助，收受二人送给的现金人民币共计 20 万元。

二、2009 年至 2013 年，被告人王某某在担任西畴县林业局局长期间，违反相关财务规定和林业项目资金管理规定，采取与苗木老板签订虚假合同的方式套取国家林业项目资金共计 6454005 元存入单位“小金库”，用于发放职工福利等其他支出，改变资金用途，造成国家林业项目资金损失 6454005 元。

三、2009 年至 2013 年，被告人王某某在担任西畴县林业局局长期间，利用职务便利侵吞公款 190.18 万元。

1. 2009 年至 2013 年，被告人王某某在担任西畴县林业局局长期间，利用职务便利，安排财务人员以发放福利的形式从林业局“小金库”中支出 30.58 万元发放给单位班子成员、财务人员等 10 人，其中王某某个人分得 3.51 万元。

2. 2012 年，被告人王某某在担任西畴县林业局局长期间，以到省财政厅跟班需要用钱为由，分别于 2012 年 2 月 27 日、3 月 22 日安排财务人员从林业局“小金库”中两次打款 10 万元到其持有的一张户名为段某春的农行卡进行消费。

3. 2009 年至 2013 年，被告人王某某在担任西畴县林业局局长期间，以慰问相关领导为由，安排财务人员从林业局“小金库”中支出 149.6 万元后非法占为己有。

四、2009 年至 2013 年，被告人王某某在担任西畴县林业局局长期间，召开班子会讨论决定，从西畴县林业局“小金库”中支出 251.028 万元，以单位名义用于发放全局职工福利。

认定上述事实的证据如下：1. 书证：户口证明、木材购销协议等；2. 证人刘某义等人的证言；3. 被告人王某某的供述与辩解；4. 鉴定意见。

本院认为，被告人王某某在任西畴县国营香坪山林场场长、西畴县林业局局长、西畴县人民政府副县长期间，利用职务便利为他人谋取利益，收受他人送给的现金 20 万元；违反相关财务规定和林业项目资金管理规定，安排相关人员套取国家林业项目资金存入单位“小金库”，用于发放职工福利等其他支出，改变资金用途，造成国家林业项目资金损失 6454005 元；利用职务便利侵吞公款 190.18 万元；从西畴县林业局“小金库”中支出 251.028 万元，以单位名义用于发放全局职工福利。其行为已触犯《中华人民共和国刑法》第三百八十五条、第三百九十七条、第三百八十二条、第三百九十六条之规定，犯罪事实清楚，证据确实、充分，应当以涉嫌受贿罪、滥用职权罪、贪污罪、私分国有资产罪追究其刑事责任。根据《中华人民共和国刑事诉讼法》第一百七十二条的规定，提起公诉，请依法判处。

此致

云南省文山壮族苗族自治州中级人民法院

云南省文山壮族苗族自治州人民检察院

检察员：何某

代理检察员：姬某某

2016年12月22日

针对第一次起诉的辩护意见

王某某涉嫌贪污罪、受贿罪、滥用职权罪私分国有资产罪一案一审辩护词

云天律刑字2016（0556）号

尊敬的法庭：

云南天外天律师事务所接受被告人王某某的委托，指派汤光仁律师担任其辩护人，在依法参加本案的庭审后，现对本案定罪与量刑过程中的事实认定与法律适用发表如下辩护意见，望法庭在合议时予以采纳。

因公诉机关指控王某某涉嫌受贿罪、私分国有资产罪、贪污罪、滥用职权罪四个罪名涉及不同的情况，辩护人针对每个罪名分别发表辩护意见。

一、公诉机关指控王某某犯受贿罪明显事实不清、证据不足，依法不能成立

（一）公诉机关指控王某某犯受贿罪明显缺乏犯罪的主观要件

具体到受贿罪而言，犯罪的主观要件主要是故意收受他人财物，并且有意利用职权为他人谋取私利，包括承诺谋取或实际谋取利益的主观故意。该故意的证据主要来源于被告人的供述与行贿人的供述，无论是哪一个证据都应当要达到证据确实充分、符合证据三性并足以认定案件事实的标准，才能作为定案依据。王某某本人的供述中对于是否收受行贿人何某某等人的财物，作出了非常明确的表示：从来没有想过要收受他们的财物，也从来没有想过要利用职权

谋取他人利益。实际上从整个案件来看王某某也没有收取过任何财物。通过其供述来看显然没有受贿罪犯罪的主观故意。

此外，针对行贿人供述中所称的王某某受贿故意，也明显不能成立。行贿人所说的为了未来能得到多的林木采伐指标，或者是其他的目的，而向王某某行贿的供述内容。辩护人认为明显自相矛盾、相互矛盾，缺乏真实性，是虚假的供述，不符合证据证明标准的，依法不能采信。具体如下：

首先，行贿的目的是自相矛盾的。之前何某某供述称，王某某是分管领导，为搞好关系，并且王某某帮过自己的忙，基于感谢而向王某某行贿。但其后又称之所以行贿是因为不向王某某行贿，王某某就不给他们签林木的采伐合同，他是被逼无奈的。所谓的行贿原因明显自相矛盾。其次，关于行贿的事实（有没有送）明显自相矛盾。何某某之前供述称除了过年过节送钱以外，没有其他任何不当的经济往来，前后有三四次笔录都是这样供述的。但是随后其又称，除过年过节外，自己还分两次，每次10万元向王某某行贿。因此，针对本案指控的20万元究竟有没有送？何某某前后供述也是相互矛盾的。再次，行贿方式（怎么送）也是相互矛盾的。何某某后期的供述称自己送过20万元给王某某，但具体过程的陈述明显自相矛盾，最先其陈述称是自己一个人取了钱送给王某某的，但后面为了印证老板谢某某的说法，又改称送钱是和自己的老板谢某某一起送的，可见其对于所谓的行贿20万元究竟是怎么送的供述也是自相矛盾的。最后，贿款来源自相矛盾。关于钱从何而来的说法，其先后陈述也是自相矛盾的。其之前的供述称涉及20万元行贿款的来源为自己到银行取来后直接拿去送给王某某的，也就是说是一次性从银行取款得来。但后来因为银行的取款凭证无法印证何某某自己的说法，又改口说钱是银行取了一部分，自己手头上还有一部分现金，总共凑出10万元。其关于钱的来源陈述也是相互矛盾的。

基于时间的原因，我们可以理解部分案件细节无法相互印证，但前述事实关于有没有送钱、为什么送、怎么送、行贿款从何而来，这些最基本最核心的案件事实，在同一个人身上不可能出现如此重大不合情理的矛盾。因此，通过何某某自相矛盾的供述，可以充分证实其供述的真实性无法得到确保，其供述不客观、不真实。客观真实是证据采集的前提，在缺乏真实性前提时，关联性与合法性根本无从谈起，故何某某的供述依法不能采信。同时在何某某供述中涉及的王某某受贿犯罪的主观故意也无法印证，因而其本人的供述无法证实王某某具有受贿的犯罪故意。

另外，关于谢某某的供述，通过何某某和谢某某笔录的形成过程，我们可以清晰地看到侦查部门的办案过程。关于何某某的个人供述，因为其之前的供述没有任何证据可以印证，而且与王某某的供述明显相互矛盾，其又编造谢某某参与了行贿，因此何某某又改变之前的供述，将其供述的自己一个人行贿改为与谢某某一起去行贿。尤其是针对重要的行贿细节，何某某记得多少，谢某某就记得多少；何某某忘记多少，谢某某就忘记多少。何某某记得的，谢某某就正好记得；何某某记不清的，谢某某也正好记不清。因此，通过谢某某供述与何某某供述的比对可见，谢某某的供述明显是附供、攀供，其真实性同样无法得到保障。请求人民法院依法不予采信。其证言中所涉及的证实王某某具有受贿犯罪故意的内容依法也不能够成立。综上，公诉机关指控王某某犯受贿罪明显缺乏犯罪的主观要件。

（二）指控王某某涉嫌受贿罪明显缺乏犯罪的客观要件

受贿罪的客观要件可以概括为收受行贿人的财物或其他财物利益，利用职务为他人谋取利益。通过在案证据我们可以看到，王某某在职期间没有为所谓的行贿人何某某、谢某某谋取过任何利益，而且没有任何客观、充分、真实的证据能够证明王某某收受过前述二人所谓的行贿款20万元。一个方面是关于行贿款20万元的行贿事实，除了前述二人的陈述以外，没有其他任何真实有效的证据可以证实。而且其二人的陈述明显前后矛盾、自相矛盾，因而依法不能采信。上文中也提到，关于王某某受贿的主观故意，何某某和谢某某在供述过程中自相矛盾。而关于相互矛盾的方面，何某某为了印证自己所谓的取款事实，也就是所谓的资金来源，罗列了自己在农村信用社的取款记录，也出示了合同（前述两人的公司与西畴县林业局所签订的林木出售、采伐合同）以此来印证所谓行贿的事实，但是通过深入分析可见，两个不仅不能相互印证，反而明显相互矛盾。

第一，所谓的取款事实，根据何某某的陈述，其向王某某行贿两次的时间分别是2007年签订合同的时间前后以及2009年签订合同的时间前后。但通过案件材料可以看出，何某某的公司与王某某所在的西畴县林业局，在2007年所签订的林木采伐合同的时间为2007年2月3日。为了印证所谓的行贿款事实，就是何某某所陈述的为了签合同而向王某某行贿。那么行贿事实就必须在签合同之前，也就是在2007年2月3日之前，为了印证这一事实，何某某提供了自己在银行的取款记录，并且称自己当时送的钱有一部分是在自己手上的，另一部分是从银行取款的。但通过查看证据，这一张银行卡的取款记录为2007年12

月28日取款3万元，2007年12月30日取款4万元。两次取款时间为2007年12月底，而且取款的金额为7万元。这与所谓的为了签订2007年2月的合同而取款行贿是相互矛盾的，无法印证。如果按何某某的说法，要在2007年2月3日签合同之前完成行贿行为以促成合同的签订，那么他到银行取款的时间毫无疑问要在2007年2月3日之前。而通过在案证据可见，现在的取款时间是2007年12月，能与何某某自己的供述相互印证吗？另外，2月3日签合同而其12月才送钱可信吗？因此通过比对何某某所谓行贿事实的陈述和侦查机关依法收集的证据，可以明显地看出何某某的供述不仅是自相矛盾而且是相互矛盾的，其供述依法不能采信，资金的来源与行贿的事实都是无本之木。

第二，所谓2009年的行贿款项来源，何某某同样提供了2008年1月7日，2009年5月13日、18日、27日的取款记录来对行贿情况加以印证。2008年1月7日取款4万元，2009年5月13日取款3.5万元、18日取款1万元、27日取款1万元。这个合同的签订时间在2009年5月左右，1月就去为所谓的5月签合同而行贿取款，并且10万元贿款只取了4万元，这4万元行贿款有必要放4个月之久吗？这种基本的常识和基本的逻辑在本案中是无法合理解释的，也是不符合常理的。

另外，辩护人要强调的是这些取款记录和本案没有任何关联性。何某某作为一名商人，其日常经营往来必然会涉及取款，而且这些零星的取款用款和所谓的行贿10万元，这么大的公司、这么大的老板，行贿10万元，需要取款这么多次吗？这种取款记录只是何某某日常的正常开支，和他所谓的取款行贿之间，第一是证据上没有关联性，第二是从生活逻辑和生活常识上来看，也明显不能相互印证。从整体来看反而证明了其供述是虚假的、编造的。综上，根据何某某、谢某某的陈述，王某某的供述以及在案涉及受贿罪相关的其他证据的分析、评判，可以清晰地看到，本案中除了所谓的行贿人何某某和谢某某一厢情愿的诬告和陷害之外，没有其他合法有效、真实可信的证据能够证实所谓的王某某受贿的案件事实。因此，指控王某某涉嫌受贿罪明显事实不清、证据不足。请求人民法院宣告王某某不构成受贿罪。

在辩论阶段，公诉机关认为王某某与何某某等人之间确实有业务上的交叉，并且有何某某、谢某某的指认，就此认定王某某犯行贿罪。但我们要考虑的是，刑事案件的举证责任在于公诉机关，公诉机关的举证责任不是证明一个嫌疑人，也不是证明一种可能，更不是随便找几个人来作一个说明。而证明责任在于形成完整的证据锁链，排除一切的合理怀疑。通过上述的证据分析清晰可见，公诉机关指控所列举的证据，不仅自相矛盾还相互矛盾，更重要的是没有其他任何证据能够与之相互串联，形成完整的证据锁链，完成公诉机关的证明标准。因此，根据举证责任的规定以及无罪推定的原则请求人民法院依法宣告王某某不构成受贿罪。

二、王某某虽然构成滥用职权罪，但存在诸多法定与酌定的量刑情节，依法可以从轻、减轻处罚

王某某到案后一直都对滥用职权罪诚恳地认罪悔罪，并且结合案件的证据事实，辩护人对于公诉机关的指控罪名无异议，辩护人认为王某某虽然涉嫌滥用职权罪，但确实存在诸多法定和酌定的从宽处罚情节，请求人民法院依法予以认定，并在量刑过程中予以体现。

第一，依照法律规定，对于滥用职权罪，王某某依法构成自首，请求人民法院依法认定并在量刑中予以体现。通过立案材料可见，当时侦查机关以受贿罪对王某某进行立案侦查。对于王某某滥用职权设立小金库的事实并未掌握，王某某在归案过后，主动交代了司法机关尚未掌握滥用职权设立小金库的事实。当其构成滥用职权罪时，因为该罪名与司法机关掌握的受贿罪明显属于不同种类的犯罪，按照法律规定依法属于余罪自首的情形，应当认定自首并在量刑中予以体现。

第二，虽然在本案中，王某某作为林业局局长，在单位日常管理中的作用比较明显。但是通过在案证据材料可以清晰地看到，设立小金库，解决职工福利以及项目争取等事项并不是王某某个人决定的，而是由班子会议、班子成员讨论决定的。对此，有副局长王某兵、鲁某光等人的供述予以证实。因此，王某某虽然构成滥用职权罪，但滥用职权并不是王某某的个人行为，而是整个班子成员共同讨论决定的。并且在班子成员共同决定以后，相关的副局长还参与了具体私设小金库的资金来源的相关行为。比如，和供应商签订虚假合同，套取资金等行为，都是由相关副局长参与实施的。这再次印证滥用职权私设小金库是一个集体犯罪行为，不应当由王某某承担全部的责任。在认定滥用职权罪时应当充分考虑案件的具体背景和具体过程，在量刑过程中作出折中的处理以保证量刑相适应。

第三，王某某虽然构成滥用职权罪，但其主观恶性与动机值得考虑。其主观恶性较小并且具有特殊背景，在量刑过程中，请求法院依法予以考虑。王某某滥用职权私设小金库，并不是为了自己中饱私囊，也不是为自己或考亲人获得利益而滥用职权。其当时的主观出发点在班子成员讨论会上已经非常明确，一是鉴于资金紧张，单位职工工作积极性不高，为了调动单位员工的工作积极性而增加福利发放。二是当时考虑到西畴县地处偏远地区并且贫穷，争取相关项目比较困难，为了能够积极争取更多的项目，进行项目对接和接洽，需要支出相关费用。三是为了解决部门之间，包括扶贫和单位日常工作开支不足的问题。从滥用职权私设小金库的动机上来看，确实系为公不为私。在整个过程中，王某某也没有为自己的利益作出某种行为。综上，其主观恶性较小，动机不卑劣，恳请法院在量刑过程中予以体现。

第四，滥用职权罪主要损害的是人民群众的生命财产安全。但本案涉及私设小金库的资金，除了有从项目里套取的国有资金或者项目资金以外，还有很多涉及单位副业所产生的收益。比如，收取的林木采伐作业费，涉及几十万之多，这些资金的性质是否符合滥用职权导致财产损失中所能够涵盖的范围？这些资金是否属于导致公共财产损失的范围？还有待进一步评价。因此，请求法院在量刑中予以综合考虑。

第五，本案的案件背景希望法庭予以充分的考虑。云南属于全国较为贫困的省份，而文山又是云南较为贫困的地区，西畴县在文山地区发展较为落后。为了地域经济的发展，其实在实践过程中，每逢年过节的时候，相关领导都会鼓励相关部门人员积极争取项目，该跑的跑、该走的走。也是希望通过这种方式，无论是通过人情的沟通还是其他方面的专业沟通，为地方多争取一些项目，多争取一些补贴，从而促进地方经济的发展。通过州林业局相关人员的证言可知，西畴县林业局所获得的项目也确实比其他县多，那么王某某的行为确实为地方经济的发展作出了一定的贡献。虽然其方式和手段是不合法的，但是我们也应当注意其主观动机，典型地说就是好心办坏事。我们不能够在没有出事之前，鼓励他们勇敢甚至冒险地做，但在他们出事以后又不察因由，“一棍子打死”。忽略行为当时的主观动机和地方经济发展的客观结果，片面追究行为人的刑事责任，确有不妥，诚望三思。恳请法院在合议时予以充分的考虑。

三、公诉机关指控王某某犯贪污罪缺乏犯罪的主观要件、客观要件以及客体要件，依法不能成立。结合案件整体情况也不宜再单独认定和指控

指控王某某涉嫌贪污的事实主要有三个：一是班子成员多领的福利款；二是涉及用来接待开支的140余万；三是王某某在省财政厅跟班学习期间的10万

元开支。辩护人认为三项指控都缺乏犯罪的主观要件、客观要件以及客体要件，具体说明如下。

（一）指控所谓30万元中层干部福利款涉嫌贪污，明显缺乏犯罪主观要件、客观要件以及客体要件

第一，指控王某某构成贪污罪缺乏犯罪的主观要件。

当时班子成员大约有十人，近四年，共计多分了30余万元，王某某获得的金额按指控大约是3.5万元。结合案件的情况可见，这部分福利的发放都是和全局职工的福利发放一并讨论的，也是同时形成的，只是在具体发放方式上，出于稳定单位员工内部团结，照顾相关工作人员情感的原因，作出了一个变通处理而已。其本质与发放单位福利，也就是后面要进到的私分国有资产是同样的犯罪故意。此外，其具体的执行方式是每次都统一制表、签字领款，也再次印证了当事人不具有贪污公款的秘密占有故意。这种具体的执行方式，与后文将要阐述的私分国有资产的行为的具体执行方式是完全一样的手段，这又一次印证了行为人对于前述款项分配和处理的故意完全是基于私分而非贪污。综上，针对前述款项指控王某某构成贪污罪，明显缺乏犯罪的主观要件。

第二，指控王某某构成贪污罪缺乏犯罪的客观要件。

贪污罪与私分国有资产罪一样，都可能在客观上表现为对于国有资产的占有，但是具体方式与手段有明显的区别。私分通常是自认为有理有据，通常还会形成签字及领款的相关凭据，本案中后续将要谈到的私分行为，对此予以了直接的印证。而贪污用一句简单的话概括就是国家工作人员窃取公共财产，其在手段上与盗窃罪相似，但是在主体与犯罪对象上与盗窃罪相区别。其客观方面的核心是通过不易被人察觉的方式占有公共财产。常见的方式为秘密窃取、通过平账后非法占有、通过虚构事实报账后占有等。

但是在本案中我们看到，这30多万元福利的发放，每次都是让刘某义做表格，而且每个领款人都要亲自签字，这与贪污犯罪占有财物的手段明显不同。具体到王某某个人，四年之间为了贪污所谓的3.5万元，自己还专门让财物人员做账，没有任何人会实施如此愚蠢的贪污行为！具体的行为过程反而从侧面印证了当时这笔款项的发放的性质就是私分国有资产，所以他们才该制表的制表，该签名的签名。因此，中层干部发放福利的行为明显不符合贪污的客观表现和要件。

第三，指控王某某构成贪污罪缺乏犯罪的客体要件。

本案中三起贪污事实都涉及这一问题，因此辩护人在此作统一说明。贪污罪侵犯的是公共财产，但我们现在看到贪污的对象实际上就是小金库里的钱，而把项目资金或者其他资金放到小金库里，已经在滥用职权罪里予以了评价，简单地说对于前述资金又在其他犯罪中再次评价是不当的。首先，违反了刑法禁止重复评价的基本原则。其次，要构成滥用职权罪，不仅要有滥用职权的行为，还要有滥用职权产生的损害后果，具体到本案而言就是要导致公私财产一定数量的损失，本案中认定滥用职权罪成立所对应的公私财产损失，就是指将相关财产放入小金库，导致相应财产失控。即所有放入小金库的钱都是滥用职权的损失金额，将公私财产放入小金库就已经被视为失控、受损失了。那么其性质已经改变，就不再是国有财产或者公共财产。既然小金库的财产已经不是国有财产或者公共财产了，又怎么可能被贪污呢？贪污罪针对的客体是公共财产，既然款项已经不是公共财产，又如何贪污呢？皮之不存，毛将焉附？

反之，如果放在小金库里的钱还是国有财产或者公共财产，则仍然在国家控制之下，那么财产的损失又从何而来呢？如果将资金放在小金库并未导致公私财产的损失，则滥用职权罪的危害后果又从何谈起呢？既然没有法定的损害后果出现，又怎么可能构成滥用职权罪呢？

因此当资金放入小金库并且已经被滥用职权罪作为损失金额评价后，前述小金库内的款项依法就不再属于国有资产或者公共财产，也就不再具有被贪污或者私分的前提可能。后面所针对的149.6万元、10万元的贪污款都有相同的情况，在此不赘述。

（二）指控王某某为了争取项目及支出项目对接费用，从小金库领取149.6万元涉嫌构成贪污罪，明显缺乏犯罪主观要件、客观要件以及客体要件

第一，针对前述款项指控王某某涉嫌贪污罪，缺乏犯罪主观要件。

针对王某某从小金库保管人刘某义处领取前述款项的客观事实，王某某本人无异议，辩护人也无异议，但是王某某及辩护人对于公诉机关将前述行为的性质认定为贪污有异议。贪污罪主观故意的内容是非法占有公共财物，而王某某从刘某义处领取前述款项的目的是用于争取项目时的人情拜望及项目接洽开支，从来就没有想过要占有前述款项，事实上也没有占有过前述款项。

通过班子成员关于设立小金库时会议内容的供述及王某某本人的供述，已经清晰可见，在设立小金库时，班子成员就确定了确实有向相关部门争取项目的必要；因为要争取项目，必然会有各类接待开支和过年过节的拜望；这笔款

项，当时拿出来的目的就是争取项目时用于支付相关拜望开支，其主观从没有想过要将其占有。该事实不仅有王某某本人的供述可以证实，还有班子成员关于设立小金库时讨论的内容可以证实。因此，明显缺乏贪污罪的主观要件。

第二，针对前述款项指控王某某涉嫌贪污罪，缺乏犯罪客观要件。

首先，贪污罪的客观要件具体到本案而言，非常简单，就是王某某是不是真的将这些钱非法占有。虽然他是从刘某义处将钱领取，但是不是将领取的款项非法占有，放入自己的腰包？通过在案的证据和公诉机关的举证，我们可以明显看到，这个事实是不成立的。关于这些款项，从小金库领取的过程，是每逢年过节的时候，按照不同人的身份、不同的金额由刘某义装入信封内，并且由王某某的驾驶员肖某友到刘某义处领取，然后陪同王某某一起去相关部门相关领导的楼下，由王某某上门拜望。虽然现在无法核查，但这个事实已经可以充分印证这笔款项王某某并未非法占有，而是拿去进行了相关的拜望。限于客观原因，相关人员因有利害关系无法到案说明情况，一旦其承认收取了这些款项，可能构成受贿罪，这种利害关系在此不赘述。另外缺乏客观要件的表现是侦查机关为了印证王某某是不是将这200余万元占为己有，对王某某家里的财产进行了彻底的搜查，但王某某家里除了正常的生活开支和正常的经济来源以外，没有任何多余的钱款，那么我们所谓的贪污钱款到什么地方了呢？是藏在家里还是存在银行了？因此关于王某某非法占有（贪污）149.6万余元，确实没有相关证据予以证实。

其次，关于贪污罪的法理适用。尤其是涉及149.6万余元的法理适用。刑事诉讼的举证责任在于公诉机关，这是不争的事实。公诉机关除非进行了严密的举证并形成证据锁链，排除一切合理怀疑，方能认定案件事实。但公诉机关的举证仅仅证明了王某某是以过年过节拜望的名义从刘某义小金库处领取了149.6万余元，但是并未能证明这149.6万余元确实是被王某某占为己有。因此公诉机关的举证无法达到证据确实充分的要求，前述无论是刘某义的包装，还是班子成员会议关于款项用途的讨论，或是司机肖某友每次和王某某一起去送钱，都可以从侧面印证这些款项并没有被王某某占为己有。因此从正反两面都可以证明公诉机关对于该事实的举证不能达到确实充分，不能据此认定案件的事实。退一步讲，该款项的认定存在争议：有可能我们认为有线索、有嫌疑，有可能是王某某将其占为己有；但是也有可能是王某某确实将这笔钱拿去拜望了相关领导，送出去了，自己并没有拿过一分钱。那么在法律上也是存疑的，根据疑罪从无的原则也应该宣告该项指控不成立。

综上，指控王某某针对前述款项构成贪污罪明显缺乏犯罪客观要件，依法不能成立。

第三，针对前述款项指控王某某涉嫌贪污罪，缺乏犯罪客体要件。

这笔款项是从小金库中拿出来的，小金库的钱已经在滥用职权罪中作出了评价。这些凡是放入小金库的钱都是滥用职权所导致的财产损失，既然已经损失了，那么这笔钱就不再具有公共财产或者国有财产的属性。如果还具有国有财产的属性，这笔款项的损失又从何而来呢？如果老百姓的钱或者国家的钱还在所有权人的控制之下，又何来损失呢？既然这笔款项已经在滥用职权中视为损失的款项，其就不再属于国有财产或者公共财产，不是国有财产或者公共财产又如何能被贪污呢？综上，辩护人认为公诉机关指控的贪污罪缺乏犯罪的主观要件、客观要件以及客体要件，依法不能成立。

（三）指控王某某在省财政厅跟班学习期间，为了工作汇报对接及接待而从小金库支出10万元款项涉嫌构成贪污罪，明显缺乏犯罪主观要件、客观要件以及客体要件

第一，前述指控缺乏犯罪的主观要件。

贪污罪主观故意的内容是非法占有公共财产，但是针对前述10万元，王某某本身不是想占有这笔款项，而是拿这笔钱为单位及地区争取相关项目，因此缺乏贪污罪的犯罪故意。

第二，前述指控缺乏犯罪的客观要件。

因为这笔款项确实没有被王某某个人占有，而是被其用于单位的接待开支。

首先，对于这一事实，在庭审时，法庭也通知了证人李某某、刘某某出庭作证，他们已经非常明确地证明了在王某某跟班学习期间有很多接待事项。其中李某某证实，其参与过十多次的接待，并且自己未曾付款。当时参与接待的西畴地区的就是李某某与王某某两人，李某某未付钱，就只能是王某某付的钱。另外驻昆明接待办主任刘某某也证实了自己参与过多起接待，都是王某某经手处理付款的事宜。而且这两名证人所参与的接待并不可能完全重复，那么总体算来，在昆明接待少则十几次，多则二十几次，甚至还有他们没有参与的情况。在昆明接待宴请领导，平均每次几千元也是合情合理的开支，即使是按照最少的接待次数十几次，这10万元也未必够用，尤其恳请法庭注意的是王某某跟班学习的时间长达6个月。

其次，刘某义及王某某的供述，再次印证了接待及开支的事实确实存在，王某某供述自己在昆明接待时根据情况不同，有的开了票据，有的不便于开票据，在跟班学习结束后其将大约面额10多万元的票据交给刘某义，让其整理账。刘某义供述王某某在从林业局离职去县政府前交给其一大堆票据，让其平账，但是因为刘某义本人认为前述票据不规范而且有部分是文山的一个餐馆开出来的，不便于用作平账，所以未能整理做账。前述证据从侧面再次印证了王某某从小金库所支取的10万元确实用于在昆明跟班学习期间的接待开支，自己并未非法占有前述款项。公诉机关针对前述款项指控为贪污，明显缺乏犯罪客观要件。

第三，前述指控缺乏犯罪客体要件。

前述指控的10万元款项，其出处为小金库，对于小金库资金的性质，就是否能够再次评价的问题，辩护人前文已陈述，在此不再赘述。简单概括为：小金库资金已经在滥用职权中作为损失进行了刑法评价，再次评价违反刑法禁止重复评价的原则；小金库的资金已经是滥用职权中被损失的资金，因此不再具有公共财产的性质，不再属于贪污罪侵害的客体。前述指控缺乏犯罪客体要件。

综上指控王某某构成贪污罪明显缺乏犯罪主观要件、客观要件以及客体要件，依法不能成立。

四、公诉机关指控王某某构成私分国有资产罪，此项罪名不应单独进行认定，也不应当再数罪并罚

第一，关于私设小金库，将小金库资金用于单位职工福利发放，究竟是违反财经纪律还是构成刑事犯罪？在现有法律体系下，确实存在重大争议，请求人民法院予以充分的考虑和充分的评价。

第二，所谓的私分国有资产明显缺乏犯罪的客体要件。私分国有资产的客体非常特殊，必须确定是国有资产。从证据上分析，公诉机关在举证时作了情况说明，明确表明本案中无法确定小金库里的钱有多少是国有资产，私分的钱是不是国有资产。但是私分国有资产罪的前提是私分的是国有资产！既然我们都无法确定其是否为国有资产，则明显客体是无法确定的。另外从法律关系上来看，王某某私分的就是小金库里的钱，把钱放入小金库已经算作滥用职权。滥用职权罪导致公私财产损失，损失的公私财产就不再是国有财产了，如果损失后还归为国有资产，哪里还存在损失？所以既然滥用职权罪已经成立，本案小金库里的资金在私分以前已经不再是国有资产，也就不可能构成私分国有资产罪。

第三，所谓的滥用职权和私分国有资产，明显具有法律上的牵连关系。当时私设小金库的目的，通过班子会成员的讨论与会议记录，以及相关班子成员的证言，已经可以充分证实。目的是解决单位职工福利的问题，也就是所谓的私分国有资产，明显目的与手段之间有牵连关系。要达到给职工发福利这一目的，就需要在单位设立一个小金库，先将钱套出再放入小金库，明显是具有牵连关系的。

而且在本案中，应当是择一进行处理，而不应数罪并罚。对于牵连犯罪的处理，法律明确规定为数罪并罚的方能数罪并罚；明确规定为选择某一犯罪处理的从其规定；未明确规定的选择重罪吸收轻罪。滥用职权罪与私分国有资产的法定刑基本一样都为 3 年以下或者 3—7 年，但是结合现有的法律规定，滥用职权罪 3—7 年的适用前提已有明确规定；而私分国有资产罪 3—7 年的适用前提尚无明确规定，根据罪刑法定原则在实践中基本无法掌握，因此具体到本案而言明显滥用职权罪是重罪而私分国有资产罪是轻罪，因此即或私分国有资产罪真的能够成立（因为客体的问题原则上该罪不成立）也应当以滥用职权罪吸收私分国有资产罪。

本案中私分国有资产罪的处理，一方面存在牵连关系的问题；另一方面还存在定罪本身的问题。私分国有资产罪，因为其犯罪客体的特殊性，在本案中如果再单独认定该罪，一方面违反刑法禁止重复评价的原则，另一方面会出现明显的自相矛盾，即私分的小金库财产，已经在滥用职权罪中作为损失进行了评价，已经损失了，则不再具有国有资产的性质，因此不可能构成私分国有资产罪。如果被私分的财产在私分前还具有国有资产的性质，则滥用职权罪的损失就无从谈起，因为损失无法计算和评定，则无法构成滥用职权罪，因为滥用职权罪不是行为犯，不仅要有滥用职权的行为还需要达到法定的损害后果，具体到本案而言，还需要有法定金额的财产损失。

综上所述，辩护人认为，王某某不构成受贿罪，请求人民法院依法宣告针对该罪的指控不成立，被告人无罪。关于所谓的贪污罪也不成立，请求人民法院依法宣告针对该罪的指控不成立，被告人无罪。最后关于私分国有资产罪，不应当再单独定罪，也不应数罪并罚，与滥用职权具有明显的牵连关系，最终成立的只有滥用职权罪。针对滥用职权罪的具体量刑，辩护人认为王某某虽构成滥用职权罪，但存在诸多法定与酌定的量刑情节，依法可以从轻、减轻或者免予刑事处罚，恳请人民法院对其滥用职权罪免予刑事处罚或者结合羁押情况在判处较低刑的同时宣告适用缓刑。

此 呈

文山州中级人民法院

辩护人：汤光仁

云南天外天律师事务所

2017 年 4 月 14 日

法院同意检察院撤回起诉的裁定书

云南省文山壮族苗族自治州中级人民法院
刑事裁定书

（2017）云 26 刑初 1 号

公诉机关：云南省文山壮族苗族自治州人民检察院

被告人：王某某，……（略）

王某某因本案于 2015 年 10 月 21 日被刑事拘留，次日由文山市公安局指定居所监视居住，2016 年 1 月 7 日被执行逮捕，现羁押于砚山县看守所

辩护人：汤光仁，云南天外天律师事务所律师

辩护人：王文祥，云南七乡律师事务所律师

云南省文山壮族苗族自治州人民检察院以文州检公诉刑诉（2016）99 号起诉书，指控被告人王某某犯滥用职权罪、贪污罪、私分国有资产罪、受贿罪，本院依法组成合议庭，进行了审理。在诉讼过程中，云南省文山壮族苗族自治州人民检察院以文州检公诉撤诉（2017）1 号撤回起诉决定书向本院撤回起诉。

本院认为，在本院判决宣告前，因本案证据发生变化，云南省文山壮族苗族自治州人民检察院决定撤回起诉，符合相关法律的规定，依照《最高人民法院关于适用〈中华人民共和国刑事诉讼法〉的解释》第二百四十二条之规定，裁定如下：准许云南省文山壮族苗族自治州人民检察院撤回该院文州检公诉刑诉（2016）99 号起诉。

2017 年 12 月 1 日

检察院第二次起诉

云南省文山壮族苗族自治州人民检察院
起诉书

文州检公诉刑诉〔2016〕99号

被告人：王某某，……（略）

本案由本院反贪部门侦查终结，……（内容同第一次起诉，略）

12月6日延长审查起诉期限三次。因证据发生变化，本院于2017年11月30日撤回起诉。

经依法审查查明：

1. 2007年至2009年，被告人王某某利用担任西畴县国营香坪山林场场长的职务便利，在分配木材砍伐指标、签订木材购销合同等方面为木材老板何某某、谢某某提供帮助，收受二人送给的现金共计人民币20万元。

2. 2009年至2013年，被告人王某某在担任西畴县林业局局长期间，违反相关财务规定和林业项目资金管理规定，采取与老板签订虚假合同或者虚开发票的方式套取国家林业项目资金共计人民币6454005元存入单位“小金库”，改变资金用途，造成国家林业项目资金损失6454005元。其间，王某某安排财务人员从“小金库”中支出30.58万元单独发放给单位班子成员和财务人员等，其中王某某个人分得3.51万元。

认定上述事实的证据如下：1. 书证：户口证明、木材购销协议等；2. 证人刘某义、何某某等人的证言；3. 被告人王某某的供述与辩解；4. 鉴定意见。

本院认为，被告人王某某在担任西畴县国营香坪山林场场长期间，利用职务便利为他人谋取利益，收受他人送给的现金人民币20万元；在担任西畴县林业局局长期间，违反相关财务规定和林业项目资金管理规定，安排相关人员套取国家林业项目资金存入单位“小金库”，改变资金用途，造成国家林业项目资金损失6454005元；利用职务便利伙同他人侵吞公款共计30.58万元，其行为触犯了《中华人民共和国刑法》第三百八十五条、第三百九十七条、第三百八十二条之规定，犯罪事实清楚，证据确实、充分，应当以受贿罪、滥用职权罪、贪污罪追究其刑事责任。根据《中华人民共和国刑事诉讼法》第一百七十二条的规定，提起公诉，请依法判处。

此致

云南省文山壮族苗族自治州中级人民法院

云南省文山壮族苗族自治州人民检察院
检察员：何某
代理检察员：姬某某
2017 年 12 月 25 日

针对第二次起诉的辩护意见

王某某涉嫌贪污罪、受贿罪、滥用职权罪
一审辩护词

云天律刑字 2018（0128）号

尊敬的法庭：

云南天外天律师事务所接受被告人王某某的委托，指派汤光仁律师担任其辩护人，在依法参加本案的庭审后，现对本案定罪与量刑过程中的事实认定与法律适用发表如下辩护意见，望法庭在合议时予以采纳。

因公诉机关撤回起诉后，重新起诉时为三个罪名，且三个罪名涉及不同的情况，故辩护人针对每个罪名分别发表辩护意见。

一、公诉机关指控王某某犯贪污罪缺乏犯罪的主体要件、主观要件、客观要件以及客体要件，依法不能成立

公诉机关在撤回起诉后重新起诉的过程中，所指控的贪污罪具体是指 2009 年至 2013 年王某某担任西畴县林业局局长期间私设小金库套取林业项目资金……其间，王某某安排财务人员从小金库中支出 30.58 万元单独发放给单位班子成员、财务人员等，其中王某某个人分得 3.51 万元。前述指控事实本身只是公诉机关第一次起诉时所谓“私分国有资产罪”的一个部分，在该次起诉时公诉机关依法删除了对“私分国有资产罪”的起诉，但是又将这一个部分以贪污罪起诉，这是典型的自相矛盾，其指控依法不能成立。具体而言：

（一）指控所谓 30 万元中层干部福利款涉嫌贪污，明显缺乏犯罪主体要件

贪污罪与私分国有资产罪的主体具有明显区别，私分国有资产罪是单位集体意志所产生的行为，其犯罪主体系单位；而贪污罪只能是行为人个人的意志

所产生的行为，即或是多个个人共同意志所产生的行为，作为共同犯罪处理时，也是个人意志所产生的行为，其犯罪主体是个人。

本案中所谓的30余万元款项，支取的时间跨度从2009年到2013年，共计分十次发放，每次发放都是由班子成员集体讨论（在案班子成员的供述足以相互印证），都是作为单位福利的性质来发放，是单位行为而非个人行为。而且每次中层干部福利的发放都是与全体职工同时讨论、同批执行、同样造册登记签字领取，方式与全体职工福利的发放没有任何区别。私分国有资产不论是法律规定还是法理要求从来没有要求一定要每个人都分到，少了一个就变成贪污，也从来没有要求必须人人均等，多了一分就变成贪污。而在行政单位中工资待遇与行政职务及职称具有直接关联，单位在发放福利时都自然要区分不同级别的干部和普通员工，而且在西畴县林业局日常工作中确实前述人员及部门的工作量也明显更大，从促进单位内部团结及调动工作积极性，发挥领导干部带头作用的角度，在福利发放时也应当对前述人员予以区别和体现。

在实际执行过程中，因为单位文化的差异，有的单位直接将全部金额列在同一张表格上，体现出普通员工与单位领导干部因为职位、级别、职称等差异而明显福利不同；而有的单位为了兼顾员工心理感受，加强内部团结，于是将金额分为两张表格罗列，本案中就是后一种情形。不论使用何种形式，都是单位福利发放的性质和过程，不能因为分开发放而人为地将单位干部的部分改变性质视为贪污。

同样是这笔钱，同样是以发放单位福利的目的，按照公诉机关指控的逻辑，如果统计在同一张表格上就是私分国有资产，在本案中不予追诉，如果是分成两张表格统计就是贪污罪，并需要以共同贪污追究领款人的刑事责任。这样的定罪量刑如何体现主客观相统一？如何体现罪刑法定？以这样的逻辑指控犯罪不是完全成了几张纸的问题吗？与犯罪要件、事实证据、法律依据有何关系？恳请人民法院明察。

（二）指控王某某构成贪污罪缺乏犯罪的主观要件

贪污罪的目的就是赤裸裸的非法占有公共财产，而本案中通过王某某供述及班子成员的供述，可以清晰证实。之所以对单位领导班子及财务等人员多发放一些福利，是因为一方面领导班子成员从职务、级别、职称上与普通工作人员有差别，另一方面在日常工作中前述人员确实经常加班加点工作，既付出了更多的劳动和时间，也对于调动单位工作积极性起到了模范和带头的作用，对其多发放福利既在于肯定他们之前的工作付出，也在于激励他们继续积极工作，做好模范和带头作用。

公诉机关所在的单位每次评审考核不也有优秀、称职、良好的差别吗？就算是按照通行的做法，大多数单位实行以一个月工资作为年终奖，不同样每个人领到的福利也不一样吗？怎么能够因为不同人员领取的福利待遇或者奖励不一样就人为推定这是贪污的主观故意呢？

贪污罪的主观故意从另外一个角度而言是明知不该拿而拿，私分国有资产罪或者违纪违规发放福利，是行为人在当时环境下自认该拿而拿。从客观行为反映主观故意的逻辑而言，明知自己不该拿而拿时，必然要掩盖、隐匿相关证据和行为；自认为该拿而拿，则会完善相关手续。本案中前述款项跨度四年共计十次领取，每次都专门造册登记，并且领款时签名留据，由财务人员统一妥善保管，这再次通过客观行为印证了当事人的主观心态，是认为前述款项系班子成员集体讨论决定，而且完全符合当时单位的管理及奖励规定的福利发放，与贪污毫不相干，行为人缺乏贪污的主观故意。

（三）指控王某某构成贪污罪缺乏犯罪的客观要件

贪污罪与违规发放福利一样，都可能在客观上表现为对于国有资产的占有，但是具体方式与手段却有明显的区别。福利通常是自认为有理有据，通常还会形成签字及领款的相关凭据，本案中公诉机关第一次起诉时予以追究，在本次起诉时依法去除的“私分国有资产罪”所对应的案件事实，对此予以了直接的印证。贪污用一句简单的话概括就是国家工作人员窃取公共财产，其在手段上与盗窃罪相似，但是在主体与犯罪对象上与盗窃罪相区别。其客观方面的核心是通过不易被人察觉的方式占有公共财产。常见的为秘密窃取、通过平账后非法占有、通过虚构事实报账后占有等。

但是在本案中我们看到的是这30多万元福利的发放，每次都是让小金库管理人员做表，而且每个领款人都要亲自签字，并且相关领款资料妥善保管，这与贪污犯罪占有财物的手段不仅明显不同而且截然相反。具体到王某某个人而言，四年之间共计十次，为了贪污所谓的约3.5万元（金额尚有争议），自己还专门让财务人员做账，每次自己还要签字留证，实在令人费解！具体的行为过程反而从侧面印证了当时这个款项的发放性质就是与单位福利发放一样，所以他们才该制表的制表，该签名的签名。因此，中层干部发放福利的行为明显不符合贪污的客观表现和要件。

（四）指控王某某构成贪污罪缺乏犯罪的客体要件

1. 通过班子成员的供述可见，设立小金库的目的之一就是解决职工福利的发放，调动全单位工作人员的积极性。全单位工作人员的积极性既包括普通员工的积极性，也包括领导干部的积极性。前述套取的项目资金在认定滥用职权罪时，公诉机关已经将其作为滥用职权罪的损害后果予以了评价，用简单的话概括即前述所谓被贪污的30余万元已经在滥用职权罪认定时被认定为损失金额了，其依法不应当再具有公共财产的属性，也不可能成为贪污罪侵害的财产对象，就如同人的生命健康作为犯罪客体时，不可能被杀害两次一样。

而且私设小金库的目的之一就是解决单位福利问题，所谓的贪污30余万元本质就是发放单位福利，不论指控的所谓贪污罪是否成立，其与滥用职权罪都是手段与目的的牵连关系，在本案中依法应当择一罪处理，公诉机关对此同时指控滥用职权罪与贪污罪明显错误，恳请法院依法明察。

2. 结合公诉机关指控的贪污金额30.58万元，以及在案证据材料显示小金库资金中有70余万元系林业局组织工作人员利用专业知识为林木采伐企业设计林业作业图的劳务报酬的事实，公诉机关指控贪污的30.58万元，依法应当区分和证实前述款项的具体出处，在公诉机关未能具体区分和证实前述30.58万元的具体出处时，前述款项不能排除系林业作业设计费的可能，而林业作业设计费系劳务报酬，既不是项目款也不是国家拨付款，依法不具有公共财物的性质，也不能成为贪污犯罪的客体对象。

一方面本案中公诉机关指控过程中未能明确区分和证实前述30.58万元系公共财物，另一方面也未能排除前述款项系林业作业设计费的合理怀疑，故此指控王某某涉嫌贪污罪明显缺乏犯罪客体。

二、公诉机关指控王某某犯受贿罪明显事实不清、证据不足，依法不能成立

（一）公诉机关指控王某某犯受贿罪明显缺乏犯罪的主观要件

具体到受贿罪而言，犯罪的主观要件主要是故意收受他人财物，并且有意利用职权为他人谋取私利，包括承诺谋取或实际谋取利益的主观故意。该故意的证据主要来源于被告人的供述与行贿人的供述，无论是哪一个证据都应当达到证据确实充分，符合证据三性并足以认定案件事实的标准，才能作为定案依据。王某某本人的供述中对于是否收受行贿人何某某等人的财物，作出了非常明确的表示：从来没有想过要收受他们的财物，也从来没有想过要利用职权谋

取他人利益，实际上从整个案件来看王某某也没有收取过任何财物。通过其供述可见，其显然没有受贿罪犯罪的主观故意。

经人民法院依法通知出庭作证的何某某、谢某某，当庭证言已经清晰证实，并无向王某某送现金行贿的行为与故意。这再次印证公诉机关指控王某某涉嫌受贿罪明显事实不清、证据不足。

针对何某某、谢某某庭前供述与当庭证言明显矛盾的问题，辩护人认为依法应当采信前述二人的当庭陈述。一方面前述二人均当庭明确表示之前供述与当庭陈述是不一致的，以当庭陈述为准。另一方面结合在案的其他证据可见前述二人在是否行贿王某某一事上，庭前供述明显自相矛盾、相互矛盾，缺乏采信前提；而当庭陈述不仅是在公诉人、审判人员、被告人、辩护人在场的情况下完全自愿作出的，而且与王某某针对该事的供述相互印证。尤其在何某某当庭陈述时其明确表示自己并无给王某某送钱的故意和行为，之所以在之前供述中说自己给王某某送钱是因为自己当时在羁押过程中被他人殴打致肋骨骨折，其错误地认为供述自己给王某某送钱可以尽早得到取保候审，事实上通过在案材料也可以看出，其本人也是在作出了给王某某送钱行贿的供述后才获得了取保候审。因此，不论其所作的“给王某某送钱”的供述是否是因为非法侦查导致，至少其当时的供述明显是虚假的而且其当庭对于为何作出虚假供述已经作出了合理解释。庭审中经人民法院通知何某某出庭作证，在当庭作证时其已经依法对自己的先前供述作出了变更和否定，且其当庭陈述不论从程序还是权益保障上都明显胜过在羁押讯问时的状态，其当庭供述不论从常理还是法律规定上都更具有采信的意义，请求人民法院依法采信其当庭陈述作为定案根据。

同样经人民法院依法通知出庭作证的谢某某，在当庭陈述时也明显否定了之前在侦查阶段的供述，而且其提出在审查起诉阶段就明确否定了在侦查阶段的供述，尤其请求法院予以注意的是，谢某某即或在侦查阶段的供述也是攀附何某某的供述，其对于案件事实的供述完全依托于何某某的供述，用简单的话概括就是何某某记得什么，谢某某就记得什么，何某某记不得什么，谢某某就记不得什么。而且即或在侦查阶段的供述谢某某也仅仅说自己和何某某一起去送钱，自己从未主动联系过王某某，也未准备行贿现金，更没有将行贿现金送交王某某，如今何某某已经明确表示自己既没有想过要给王某某送现金，也没有给王某某准备现金，更没有将现金送交王某某，那么谢某某所谓的同何某某一起给王某某送现金，或者陪同何某某一起给王某某送现金，又从何说起呢？

综上，公诉机关指控王某某涉嫌受贿罪明显缺乏犯罪主观要件。

（二）指控王某某涉嫌受贿罪明显缺乏犯罪的客观要件

受贿罪的客观要件最直接地概括就是收受行贿人的财物或其他财物利益，利用职务为他人谋取利益。结合公诉机关的指控及在案证据而言，公诉机关所谓的王某某利用职务便利为何某某、谢某某的红森木业有限公司谋取的利益为多给林木采伐或者出售的指标和比例。但是前述事实明显均不能成立。

1. 所谓利用职务谋取利益子虚乌有

通过在案的证据显示前述二人在西畴县第一次民族节时向西畴县人民政府捐款 30 万元，于是西畴县人民政府与其签订框架协议承诺必每年须保证把香坪山林场的林木 75% 以上的份额出售给红森木业有限公司，并且在 2005 年西畴县人民政府还专门对此形成了会议纪要，再次确定每年香坪山林场的林木必须保证 75% 以上出售给该公司。同时根据林业行规，林木的出售不是以林木的颗数计算，而是以林木登记的“小班”为单位，因此合同不可能正好约定 75% 的份额，又因为必须保证在 75% 以上，因此只可能比 75% 多。

公诉机关收集在卷的林木销售合同共计三份，试问公诉机关前述证据材料，如何证实王某某为何某某、谢某某或者红森木业有限公司谋取了利益，75% 是必须执行的标准，根据行业管理还只能多不能少，公诉机关出示前述三份合同，并以何某宝的供述认定王某某为其谋取了利益，试问，王某某为其谋取了什么利益？是多卖了 1%，还是多卖了 2%，又或是多卖了 10%？且不论公诉机关至今对于谋取了什么利益不仅没有证据证实，就连基本概念和事实都未明确，就算退一万步来讲，公诉机关明确了实际出售的比例与 75% 的差额，又依据什么认定这是谋取的利益而非行业规则之原因呢？由此可见不仅公诉机关至今从未明确王某某究竟为所谓行贿人谋取了什么利益，更从来没有任何证据能够证实王某某为所谓行贿人谋取了什么利益。因为王某某从来没有收取过贿赂，也从来就没有利用职权为所谓行贿人谋取过任何利益。

2. 关于收受钱款不仅子虚乌有，就连所谓行贿人都当庭否认

关于王某某是否收受了何某某、谢某某送给的 20 万元的事实，王某某从始至终如实、稳定的供述与何某某、谢某某当庭证言已经相互印证，证实这是从来就没有发生过的子虚乌有的指控。

结合对何某某、谢某某侦查阶段虚假供述的分析，更进一步印证了送钱一事，完全是人为加害。

第一，针对侦查阶段供述中何某某供述的诸多疑点，辩护人在此只作简要陈述：首先，行贿的目的自相矛盾。之前何某某供述称，王某某是分管领导，为搞好关系，并且王某某帮过他们的忙，基于感谢而向王某某行贿。但其后又称之所以行贿是因为不向王某某行贿，王某某就不给他们签林木的采伐合同，他是被逼无奈的。所谓的行贿原因明显自相矛盾。其次，行贿方式（怎么送）相互矛盾。何某某最先供述称是自己一个人取了钱送给王某某的，但后面为了印证老板谢某某的说法，又改称送钱是和自己的老板谢某某一起送的，可见其对于所谓的行贿20万元究竟是怎么送的也是自相矛盾的。再次，行贿时间相互矛盾。何某某先供述称两次送钱，是签完合同后为了表示感谢，于合同签订后给王某某送钱；其后又供述之所以送钱是因为不送钱就签不了合同，因此每次都是在签合同之前送钱。最后，贿款来源自相矛盾。关于所送的钱从何而来。何某某先前供述称涉及20万元行贿款是自己从银行取来的，然后直接拿去送给王某某，也就是说是一次性从银行取款而来。但后来因为银行的取款凭证无法印证何某某自己的说法，又改口说是从银行取了一部分钱，自己手头上还有一部分现金，总共凑出10万元。其关于钱的来源陈述也是相互矛盾的。

基于时间的原因，我们可以理解部分案件细节无法相互印证，但前述事实关于有没有送钱、为什么送、怎么送、行贿款从何而来，这些最基本最核心的案件事实，在同一个人身上不可能出现如此重大且不合情理的矛盾。因此通过何某某自相矛盾的供述，可以充分证实其供述的真实性无法得到确保，其供述不客观、不真实。

第二，侦查阶段为了印证送钱事实，所收集的合同与银行流水不仅与案件没有关联性，反而直接证实了所谓送钱的事实虚假。

何某某作为从事木材经营的商人在具体管理红森木业有限公司的过程中，其个人账户存在款项支取的流水是完全正常的生活过程，与所谓的行贿没有任何法律上的关联性，而且其取款的时间与金额更是与所谓的行贿风马牛不相及。

尤其提醒法庭注意的是，即或这些有意拼凑的银行流水也与何某某供述的所谓行贿事实矛盾百出。

何某某在2015年12月10日的供述中依据取款流水单，非常清晰地表示：“我2007年12月28日从账号为4400000046×××的账户取得3万元，2007年12月30日取得4万元，2008年1月7日取得4万元，三笔共计11万元，其中10万元在2007年年底用于送给王某某，送钱的时间是在2008年1月13日签订合同之前。”这种零碎取款与行贿没有关联，不符合生活常识，就连基本的逻辑关系都不成立。2008 年 1 月 7 日才取出的款项是如何在 2007 年年底送出去的？而且谢某某为了印证这一谎言，居然多次强调第一次送钱就是在 2007 年；何某某本人每次讯问的笔录也强调第一次送钱是在 2007 年，由此可见前述两人在侦查阶段的供述不仅会记忆重叠，就连犯错误都是殊途同归，其中缘由已不言自明。

该次笔录还明确：“我 2009 年 5 月 13 日从账号为 4400000046 × × × 的账户取得 3.5 万元，2009 年 5 月 18 日取得 1 万元，2008 年 5 月 27 日取得 1 万元，三笔共计 5.5 万元，当时我手里面有现金，我凑够 10 万元拿去送给王某某，这 10 万元是在 2009 年 6 月 9 日签订合同之前。”既然是以现金加取款凑够 10 万元，现金只有 4.5 万元，为何剩下的 5.5 万元要分三次取款呢？更为离奇的是何某某此前在 2015 年 9 月 29 日、9 月 30 日、10 月 18 日三次笔录都坚定不移地强调，2009 年送 10 万元给王某某的时间是 2009 年 8 月，而且一直讲得绘声绘色，但是此处供述又称在 2009 年 6 月 9 日签订合同之前送的钱，同样讲得绘声绘色，其中缘由已经不言自明。

最后，辩护人要强调的是这些取款记录和本案本来就没有任何关联性。何某某作为一名商人，其日常经营往来必然会涉及取款，而且这些零星的取款用款和所谓的行贿 10 万元完全是人为关联起来的。这种取款记录只是何某某日常的正常开支，和他所谓的取款行贿，在证据上没有关联性，从生活逻辑和生活常识上来看，也明显不能相互印证。从整体来看反而证明了其供述是虚假、编造的，尤其是何某某在羁押期间被人打折肋骨更是值得深思。综上，根据何某某、谢某某的陈述，王某某的供述以及在案涉及受贿罪的其他证据的分析、评判，可以清晰地看到，本案中除了所谓的行贿人何某某和谢某某一厢情愿的诬告和陷害以外，没有其他合法有效、真实可信的证据能够证实所谓的王某某受贿的案件事实。因此，指控王某某涉嫌受贿罪明显事实不清、证据不足。请求人民法院宣告王某某不构成受贿罪。

（三）指控王某某构成受贿罪缺乏犯罪客体要件

受贿罪一则侵害职务行为的廉洁性，二则侵害职务行为的正常履行，为他人谋取利益。本案中，根本没有钱款输送，何来廉洁性被侵害，在此不赘述。本案中至今没有任何证据证实王某某怎样利用职务为行贿人谋取了什么利益，如何侵害公务行为的正常履行，在此不赘述。

三、王某某虽然构成滥用职权罪，但存在诸多法定与酌定的量刑情节，依法可以从轻、减轻处罚

结合王某某本人到案后对滥用职权罪诚恳的认罪、悔罪态度，并且结合案件的证据事实，辩护人对于公诉机关的指控罪名无异议，但辩护人认为王某某虽然涉嫌滥用职权罪，但确实存在诸多法定和酌定的从宽处罚情节，请求人民法院依法予以认定，并在量刑过程中予以体现。

第一，本案中滥用职权罪造成的损失金额未能得到准确认定，请求贵院在量刑时予以综合平衡。

滥用职权罪的构成除了要有滥用职权的行为，还要求滥用职权的行为造成的损害后果达到刑法评价的标准。

公诉机关以套取项目资金的全额作为滥用职权罪导致的损失明显不妥。滥用职权将项目资金套取后放入小金库，主要是擅自改变资金的用途（但是本案中并不构成挪用公款罪，因为构成挪用公款罪必须是挪用公款归个人使用，而本案是归本单位使用）。项目资金被套取并放入小金库后有支付单位办公耗材97万余元；补贴单位工作人员话费21000余元；支付苗木款124万余元；燃油75000余元；受政府安排支付扶贫赞助费用约35000元；单位公务接待36万余元等。前述费用的支付虽然改变了资金的用途，但是系为单位工作支出，不宜直接认定为滥用职权造成的损失。尤其是通过公诉机关提供的司法会计鉴定可见，该鉴定最终的鉴定结论也并未确定整个小金库存续过程中给国家造成的具体损失金额。

第二，依照法律规定对于滥用职权罪王某某依法构成自首，请求人民法院依法认定并在量刑中予以体现。通过立案材料可见，当时侦查机关以受贿罪对王某某进行立案侦查。对于王某某滥用职权设立小金库的事实并未掌握，王某某在归案过后，主动交代了司法机关尚未掌握的滥用职权设立小金库的事实。当其构成滥用职权罪时，因为该罪名与司法机关掌握的受贿罪明显属于不同种类的犯罪，按照法律规定依法属于余罪自首的情形，应当认定自首并在量刑中予以体现。

此外，王某某系经办案机关电话通知后到案，并且如实供述的情形，电话通知不具有抓捕或者控制的强制性，在接到司法机关电话通知后是否自动到案，主要取决于行为人的主动性，电话通知属于“能跑而不跑”的情形，最终是否跑得掉是另外的问题。王某某在接到电话通知后到案的情形明显属于“能跑而不跑”，完全符合自动投案的立法本意，体现出王某某面对问题的决心、勇气和态度，应当依法予以认定。从司法解释规定来分析：1998 年《最高人民法院关于处理自首和立功若干具体问题的解释》规定即使犯罪后逃跑，在被通缉、追捕过程中，主动投案的或者正在投案途中被抓获的，也应当视为自动投案；根据 2010 年《最高人民法院关于处理自首和立功具体应用法律若干问题的意见》的规定，交通肇事后，明知他人已经报警，但是仍然在现场等候抓捕的，也应当视为自动到案，如实供述的应当认定为自首。根据“举重以明轻”刑事司法原理，犯罪事实基本完全被掌握，已经被通缉（其强度远远大于被电话通知）只要是自动到案不是被抓获或者扭送的都应该认定为自动投案，被电话通知的当然更应该认定。

针对是否如实供述的问题，在卷材料已经能够充分印证，辩护人在此不赘述，其对案件法律适用的辩解依法不影响对其供述如实性的认定。综上王某某依法构成自首情节。

第三，虽然在本案中，王某某作为林业局的局长，在单位的日常管理中作用比较明显。但是通过在案证据材料可以清晰地看到，设立小金库，解决职工福利以及项目争取等事项并不是王某某个人决定的，而是由班子会议、班子成员讨论决定的。对此，有副局长王某兵、鲁某光等人的供述予以证实。因此，王某某虽然构成滥用职权罪，但滥用职权并不是王某某的个人行为，而是整个班子成员共同讨论决定的。并且在班子成员共同决定以后，相关的副局长还参与了具体私设小金库的资金来源的相关行为。比如，和供应商签订虚假合同，套取资金等行为，都是由相关副局长参与实施的。这再次印证滥用职权私设小金库是一个集体犯罪行为，不应当由王某某来承担全部的责任。在认定滥用职权罪时应当充分考虑案件的具体背景和具体过程，在量刑过程中作出折中的处理以保证量刑相适应。

第四，王某某虽然构成滥用职权罪，但其主观恶性与动机值得考虑。其主观恶性较小并且具有特殊背景，在量刑过程中，请求法院依法予以考虑。王某某滥用职权私设小金库，并不是为了自己中饱私囊，也不是为了自己或者亲人获得利益而滥用职权。其当时的主观出发点在班子成员讨论会上已经非常明确，首先是鉴于资金紧张，单位职工工作积极性不高，为了调动单位员工的工作积极性而增加福利发放。其次是当时考虑到西畴县地处偏远地区并且贫穷，争取相关项目比较困难，为了能够积极争取更多的项目，需要进行项目对接和接洽，需要支出相关费用。最后是为了解决部门开支不足，包括扶贫和单位日常工作开支不足的问题。从滥用职权私设小金库的动机上来看，确实系为公不为私。在整个过程中，王某某也没有为自己的利益作出某种行为。综上，其主观恶性较小，动机不卑劣，恳请法院在量刑过程中予以体现。

第五，本案发生的背景特殊请求人民法院在案件处理时综合考虑和体现。云南属于全国较为贫困的省份，而文山又是云南较为贫困的地区，西畴县在文山中较为落后。为了地域经济的发展，其实在实践过程中，每逢年过节的时候，相关领导都会鼓励相关部门人员积极争取项目。也是希望通过这种方式，能够为地方多争取一些补贴，从而促进地方经济的发展。通过州林业局相关人员的证言可知，西畴县林业局所获得的项目也确实比其他县份的多，那么王某某的行为确实为地方经济的发展作出了一定的贡献。虽然其方式和手段是不对的，但是我们也应当注意其主观动机，典型的说就是好心办坏事。我们不能够在出事之前，鼓励他们勇敢甚至冒险地做，而在他们出事以后又不察因由，“一棍子打死”，忽略行为当时的主观动机和地方经济发展的客观结果，片面追究行为人的刑事责任。恳请法院在合议时予以充分的考虑。

此外，在案证据也清晰反映，县林业局小金库资金中有至少 80 万元是按照州林业局的安排将套取的资金交给州林业局小金库，除此之外还有帮助州林业局处理的其他过账资金，这一方面客观印证了在当时的情形下，设立小金库解决单位实际问题是一种惯用的做法，具有特殊时期的现实因素。另一方面通过公诉机关对案件的侦查处理可见，对于州林业局的前述行为既未依法追究，也未移送案件线索。由此产生的结果是司法实践中个案处理的严重失衡，辩护人及被告人并非以此要求追究州林业局的相关责任，而是恳请法庭在案件最终处理时，充分考量这种行为虽然确实构成犯罪，但是在当时的特殊背景下行为人具有很强的被动性，也希望贵院在案件最终处理时综合考虑，以期在个案处理的过程中通过司法实践体现个案公正和罪刑相适用。

第六，王某某存在酌定量刑情节，请求人民法院在案件处理时综合考虑和体现。

王某某作为一名农民子弟，艰苦求索、刻苦上进，经过不懈的努力进入公务员队伍，在长期工作中其思想素质及业务能力都得到了组织的肯定与认可，并多次获得表彰。王某某的行为虽然依法可能构成滥用职权罪，但是其根源、动机和具体表现既受到当时特殊环境的影响，也有其不能规避的障碍，用通俗的话讲，其为了单位工作的良好运转及地方经济的发展所使用的手段确实违反了法律的规定；但是在当时如果为了一己私利，懒政耍滑，无所作为，虽然可能避免今天的案件发生，但是单位的工作可能会受到影响。

针对公诉机关指控的滥用职权罪王某某自愿认罪并且自首，归案后表现了非常诚恳的认罪、悔罪态度。从刑法的角度而言不能说王某某是一个大好人，但是从道德的角度其也不是一个大坏人。王某某为国家工作近20年，兢兢业业，已无其他技能可依靠，即或贵院对其判处缓刑，其也将被开除公职，连最基本的生活保障亦不复存在。恳请贵院在案件最终处理时充分考虑法律宽严相济的政策，以及法理与情理的结合，对其免予刑事处罚。

综上所述，辩护人认为，王某某不构成指控的贪污罪、受贿罪，请求人民法院依法宣告针对该罪的指控不成立，被告人无罪。最终成立的只有滥用职权罪。针对滥用职权罪的具体量刑，辩护人认为王某某虽构成滥用职权罪，但存在诸多法定与酌定的量刑情节，依法可以从轻、减轻或者免予刑事处罚，恳请人民法院对其滥用职权罪免予刑事处罚或者宣告同时适用缓刑。

此 呈

文山州中级人民法院

辩护人：汤光仁

云南天外天律师事务所

2018年1月29日

一审补充辩护词

王某某涉嫌贪污罪、受贿罪、滥用职权罪
一审辩护词（补充）

云天律刑字2018（0128－1）号

尊敬的法庭：

云南天外天律师事务所接受被告人王某某的委托，指派汤光仁律师担任其辩护人，在依法参加本案的庭审后，现对本案定罪与量刑过程中的事实认定与法律适用发表如下辩护意见，望法庭在合议时予以采纳。

因在本案第二次起诉后又第二次开庭时，公诉机关申请何某某出庭作证并

提交何某某之前的供述作为新证据，辩护人在此对前述证据一并发表质证及辩护意见。

对公诉机关出示的前述新证据真实性不认可，证明目的不认可。简要理由如下：

一、何某某关于行贿王某某的供述内容明显自相矛盾因此缺乏客观真实性

何某某针对是否行贿王某某这一事实，先后有截然相反的供述，其在侦查过程中虽曾供述有行贿的事实，但是在第二次起诉后先后两次到庭作证的证言，均明确表示之前的供述不实；其并未给王某某行贿，也没有给过王某某所谓的20万元钱款，因此其供述本身明显自相矛盾，缺乏客观真实性。

二、何某某关于行贿王某某20万元的供述与在案其他证据相互矛盾，缺乏客观真实性

何某某供述行贿王某某的口供中对于行贿原因、行贿目的、参与行贿的人员、行贿的时间、行贿款的来源与组成等核心事实的供述与在案的取款记录、合同、同案人谢某某的供述等明显相互矛盾并且违背常情、常理，进一步印证其关于行贿王某某20万元的供述不客观、不真实。

三、何某某对于之前供述不真实的解释具有合理性

何某某两次当庭作证均明确表示之前关于行贿王某某20万元的供述不真实，对于为何作出前述不真实的供述何某某当庭解释为：自己在配合调查时，在看守所内被他人殴打致多处骨折，其自认为供述自己向王某某行贿20万元能够尽早获得取保候审治病疗伤的机会，因此才作出虚假供述。何某某在砚山县看守所羁押过程中被他人殴打致多处骨折，并且被送往医院救治是客观事实，在其供述向王某某行贿后，侦查机关为其办理取保候审也是客观事实，这也印证了何某某辩解的真实性。

同时通过公诉机关第二次开庭时出示的新证据“砚山县人民检察院讯问笔录”及“何某某行贿案庭审笔录”中何某某供述的变化再次印证了何某某辩解的合理性。通过比较可以清晰地看到：何某某在羁押期间对于向王某某行贿的供述作出具体明确的细节供述，可谓绘声绘色，虽然这些细节与在案其他证据明显相互矛盾，但是在砚山县检察院公诉部门讯问时，其对所谓向王某某行贿一事未作任何具体细节的供述，仅仅表述为“给王某某送了30多万元，具体细节记不清了”。而在何某某行贿案庭审过程中，其对所谓向王某某行贿一事的供述则变化为，具体细节记不清了，不仅连细节记不清了，就连所谓的金额也未作任何供述；在两次出庭作证时，其明确表示之前关于向王某某行贿的供述不真实，其并未向王某某行贿。

前述供述的变化过程，直接与何某某人身自由受限制的状态相互对应，在其人身自由受到严厉控制与危害（受伤且得不到有效救治）时，其作出了虽然虚假但是非常具体和详细的有罪供述或者指证，伴随着人身自由限制的减弱，其不断修正自己之前的不实供述，并在两次庭审作证中最终说出案件真相与虚假供述的隐情。前述变化不仅可以得到在案相关证据的印证，也符合常情常理。

何某某最终关于未向王某某行贿的供述或者证言，与王某某自归案后一直如实、稳定的供述相互印证。王某某从归案至今一直供述自己从未收取过何某某或者谢某某的任何钱款，真相最终浮出水面，也最终得到印证。

因此，有充分的理由相信何某某之前关于行贿王某某20万元的供述是在非自愿的背景下作出的虚假供述，至少无法排除这种合理怀疑。

四、不论供述还是证言，其真实与否均应该结合全案证据审查认定，本案中结合全案证据综合审查，何某某关于行贿王某某的供述明显虚假

认定供述或者证言的真假不是以供述次数多少，或者供述的先后，抑或是否录音录像为依据。简言之，假的供述就算说了一千遍也不会变成真的；虚假的供述不要说录音录像，就是拍成电影也不会变成真实的；虚假的供述就算在之前的审判中已经用于定罪量刑了也不会因此而变成真的，业已纠正平反的众多公开报道的冤假错案对此已经作出了深刻的诠释，就算最高人民法院已经核准并且执行死刑的案例也不例外，在此不赘述。

辩护人仅补充说明一点，砚山县检察院公诉科讯问何某某时并无同步录音录像，相反何某某两次在庭审中作证说没有给王某某行贿时，法庭一直全程录音录像，若以录音录像这一形式要件判断证据的真假，又当何去何从？

归根结底，判断证据的真假必须结合全案证据综合审查认定，而本案中结合全案证据综合审查，何某某关于行贿王某某的供述明显虚假，关于未向王某某行贿的供述或者证言方才真实，详细理由见之前提交的辩护词，在此不赘述。

综上，指控王某某涉嫌受贿罪，明显事实不清、证据不足，依法不能成立，恳请人民法院依法主持公道，坚守正义的底线。

本案办理至今，两次起诉，四次开庭，历时两年半有余，案件事实早已清明在心，就是为了解决林业部门实际问题私设小金库一事。对此王某某已主动交代并毫不回避遮掩，究竟系违法犯罪还是违反财经纪律敬待法院公正裁处。

恳请法庭在最终处理时充分考虑以下因素。

第一，私设小金库解决职工福利及项目争取与单位其他开支的事宜，在王某某就任林业局局长之前已是既成做法，王某某就任后针对该问题的处理，系林业局班子成员共同讨论决定，并沿袭之前的做法。

第二，该做法不仅是沿袭林业局之前的做法，而且是林业部门为解决实际问题的通行做法。在案证据已经明确显示西畴县林业局小金库资金的账目中，有至少 80 万元是为文山州林业局小金库解决资金问题，并且前述资金已经交付文山州林业局小金库使用。一方面，如果对县林业局前述行为以滥用职权罪裁判，则根据法律规定不论检察机关还是人民法院均应依法将州林业局违法犯罪的线索移送相关部门查处，否则当有渎职之嫌；另一方面，如对州林业局私设小金库行为视为违纪行为不予移送查处，或者移送后未作为犯罪处理，但同时又对县林业局私设小金库行为以犯罪查处，如何体现法律的公平公正，如何让人民在个案中感受司法的公正?

第三，王某某因为沿袭林业局之前的做法及林业部门为解决实际问题的通行做法，经班子成员集体讨论后私设小金库，至今羁押已经两年半有余，即或构成犯罪亦属于自首，不论以何种方式终结案件，都恳请人民法院在刑罚适用时充分考虑并体现罪刑相适应的原则。

第四，不论王某某前述行为最终认定为违纪还是犯罪，其 20 余年的工作不当因此而被否认，一旦认定有罪，即或适用缓刑也将导致其面临开除公职的后续处罚，恳请人民法院在案件的最终处理时，充分考虑宽严相济的司法政策。

此呈

文山州中级人民法院

辩护人：汤光仁

云南天外天律师事务所

2018 年 5 月 18 日

一审刑事判决书

云南省文山壮族苗族自治州中数人民法院
刑事判决书

（2018）云26刑初5号

公诉机关：云南省文山壮族苗族自治州人民检察院

被告人：王某某，……（略）

辩护人：汤光仁，云南天外天律师事务所律师

辩护人：王文祥，云南七乡律师事务所律师

云南省文山壮族苗族自治州人民检察院以文州检公诉刑诉（2016）99号起诉书，指控被告人王某某犯受贿罪、滥用职权罪、贪污罪，于2017年12月28日向本院提起公诉。本院依法组成合议庭，公开开庭对本案进行了审理。文山壮族苗族自治州人民检察院指派检察员林某某、何某出庭支持公诉，被告人王某某及其辩护人汤光仁、王文祥到庭参加诉讼。现已审理终结。

云南省文山壮族苗族自治州人民检察院指控：……（同起诉书内容，此处略）

为证明指控事实，公诉机关当庭列举了书证、证人证言……应以受贿罪、滥用职权罪、贪污罪追究其刑事责任。

被告人王某某对公诉机关指控其犯滥用职权罪的罪名和犯罪事实均无异议；对公诉机关指控其犯贪污罪不认可，辩称钱是经班子研究后用于发放职工福利，并非被其个人占有，且发放的数额是26.58万元而非30.58万元，其个人所得是18100元；对公诉机关指控其犯受贿罪不认可，辩称其从未收过何某某、谢某某二人的任何钱款。

辩护人汤光仁提出，被告人王某某构成滥用职权罪，但其到案后主动交代侦查机关尚未掌握的滥用职权犯罪事实，成立自首；被告人王某某主观上对西畴县林业局班子成员集体讨论决定后当作单位福利发放的30.58余万元没有非法占有的目的，客观上没有采用不易被人察觉的方式进行发放，不符合贪污罪的构成要件，且发放30.58万元是私设“小金库”的目的行为，与滥用职权罪具有手段与目的的牵连关系，应以一罪论处；两名行贿人当庭作证证实没有向被告人王某某行贿，且二人在侦查机关的供述对于行贿目的、行贿过程、参与人员等内容相互矛盾，故在案证据无法证实被告人王某某犯受贿罪。

辩护人王文祥提出，西畴县林业局私设小金库是集体讨论决定，属于单位行为，且实际造成的损失不明，故被告人王某某不构成滥用职权罪；被告人王某某安排财务人员从“小金库”中支取30.58万元单独发放给班子成员、财务人员的行为符合私分国有资产罪的构成要件，不符合贪污罪的构成要件，不构成贪污罪。被告人王某某主动交代了司法机关没有掌握的私分国有资产罪的犯罪事实，成立自首；证人何某某、谢某某当庭否认向被告人王某某行贿，且二人在侦查机关的证言前后矛盾，被告人王某某也从未供述收受过二人贿赂，在案证据无法证实被告人王某某犯受贿罪。

经审理查明：……（略）

针对公诉机关的指控及被告人王某某与辩护人的辩解理由与辩护意见，根据本案事实、证据及相关法律，本院评判如下：

1. 关于辩护人王文祥提出被告人王某某的行为不构成滥用职权罪的辩护意见。经查，在案证据证实被告人王某某组织班子成员开会研究套取林业项目资金6454005元并使用完毕，根据《最高人民法院、最高人民检察院关于办理渎职刑事案件适用法律若干问题的解释（一）》第一条“国家工作人员滥用职权造成经济损失150万元以上的，应当认定为刑法第三百九十七条规定的情节特别严重”及第五条第二款“以‘集体研究’形式实施的渎职犯罪，应当依照刑法分则第九章的规定追究国家机关负有责任的人员的刑事责任”的规定，时任西畴县林业局局长的王某某对西畴县林业局集体研究套取林业项目资金并造成国家林业项目资金严重损失的情况负有最直接和最主要的责任，应以滥用职权罪对王某某定罪处罚，公诉机关指控被告人王某某犯滥用职权罪成立，王文祥的辩护意见与法律规定和案件事实不符，本院不予采纳。

2. 关于公诉机关指控王某某安排财务人员从“小金库”中支出30.58万元单独发放给单位班子成员、财务人员等，其中王某某分得3.51万元，其行为构成贪污罪。为证明指控事实，公诉机关当庭列举了以下证据：（1）2009年下半年至2013年3月西畴县林业局“小金库”收支分类统计表，西畴县林业局班子成员及财务人员、驾驶员、办公室人员发放福利统计表，刘某义提供的资金结余情况、文件，用以证实2009年至2013年，西畴县林业局从小金库中支取了30.58万元用于向林业局班子成员、财务人员等人发放福利，王某某分得3.51万元；（2）证人刘某义、刘某德、周某、王某兵、鲁某光、杨某友、杨某南、程某、赵某才、田某德的证言，证实西畴县林业局除用“小金库”资金给全局干部职工发放福利外，还通过班子会讨论决定另行给班子成员、财务人员等人发放福利，每次发钱都由刘某义制作花名册并通知相关人员签字领取；（3）被告人王某某供述每年中秋和春节前林业局都召开班子会讨论决定，班子成员、财务人员等人在全局职工发放福利基础上再单独发放福利，刘某义会根据班子会决议制作花名册后由领款人签字领取或找人代签领取。发放的单独福利总额为26.58万元，其领取了1.81万元。

关于贪污数额的认定问题，公诉机关指控被告人王某某贪污30.58万元，列举了2009年9月30日至2013年1月23日发钱的十份表册及相关人员的证言予以证实。但2011年1月26日发放4万元的表册上，仅列有班子成员王某某、鲁某光、王某兵、程某、杨某南、田某德及财务人员赵某才、刘某义共8人的名字，却没有领款人的签名。被告人王某某辩称班子没有研究过发放这笔钱，其也没有领过这笔钱；程某证实其没有领过这笔钱；其他人证实均领过这笔钱，对于为什么没有签名已经记不清。本院认为，证实西畴县林业局班子讨论研究并发放了这笔钱的证据不足，对被告人王某某的该辩解予以采纳，数额应当认定为26.58万元。关于被告人王某某个人所得数额的问题，2013年1月23日发的18000元，证人刘某义证实是其拿到王某某的办公室给王某某的，王某某没有签字。被告人王某某则辩称，其于2013年1月15日选为副县长，已经到政府上班，对该不该领这笔钱很纠结，有点担心，所以没有领这笔钱。本院认为，指控王某某领到这笔钱的证据不足，对被告人王某某的该辩解予以采纳，数额应当认定为26.58万元。

关于被告人王某某个人所得数额的问题，2013年1月23日发的18000元，证人刘某义证实是其拿到王某某的办公室给王某某的，王某某没有签字。被告人王某某则辩称，其于2013年1月15日选为副县长，已经就任，对该不该领这笔钱很纠结，有点担心，所以没有领这笔钱。本院认为，指控王某某领到这笔钱的证据不足，对被告人王某某的该辩解予以采纳。

上述事实证明，被告人王某某担任西畴县林业局局长期间每年的中秋节和春节，均主持林业局领导班子成员开会，讨论决定用“小金库”中的资金给全体职工发放福利。在研究发放职工福利的同时，认为班子成员、办公室主任、财务人员、驾驶员比其他人员更辛苦，可以多发一点，在其任职期间，上述人员共多发放福利26.58万元，被告人王某某分得18100元。本院认为，被告人王某某组织单位班子成员开会研究决定单独给班子成员、办公室主任、财务人员、驾驶员发放福利26.58万元的行为，属于在单位意志的支配下违规发放福利，并非王某某等人以非法占有为目的共同利用职务之便贪污公共财物，被告人王某某主观上没有贪污的故意，客观上没有贪污的行为，其行为不符合贪污罪的构成要件，不构成贪污罪，公诉机关的指控不能成立。被告人王某某及辩护人提出王某某的行为不构成贪污罪的辩解理由和护意见成立，本院予以采纳。

3. 关于公诉机关指控王某某为木材老板何某某、谢某某提供帮助，收受二人送给的现金20万元的问题。公诉机关当庭列举了以下证据：(1) 杉原木购销协议、销售合同，证实2007年2月3日、2008年1月13日及2009年6月9日，西畴县国营香坪山林场分别与红森公司签订了方量不等的原木购销协议；(2) 银行交易明细，证实2007年至2009年何某某在西畴县莲花塘信用社的存取款情况；(3) 何某某、谢某某的讯问笔录和行贿案庭审笔录，谢某某的自书材料。证实二人为感谢王某某，分别于2007年和2009年两次到王某某家中送给王某某现金共20万元。

经查，上述证据存在以下矛盾：(1) 何某某出庭作证时当庭否认其在侦查阶段的证言，称从未向被告人王某某行贿过，同时何某某在侦查机关供述的主要内容互相矛盾，先供述其是签订合同后为感谢王某某而送钱，后又称是王某某不签订合同，没有办法才去送钱。何某某先供述是从自己的银行卡取了10万元后一个人去送给王某某的，后来又称分多次去信用社取了部分现金，加上自己手上的现金凑足10万元后和谢某某一起去送钱；(2) 谢某某出庭作证及在侦查阶段都只是供述跟何某某去过王某某家，看见何某某拿一个包给王某某，不知道包里是什么，没有看见何某某拿钱给王某某；(3) 银行交易明细记录的取款情况在时间和金额上与何某某的证实不能相互对应，导致钱的来源不清；(4) 王某某对指控其收受何某某、谢某某贿赂的事实不予认可。

综上所述，何某某当庭否认了行贿的事实，其在侦查阶段的供述又相互矛盾；谢某某供述跟何某某去过王某某家，但是没有看见何某某拿钱给王某某；在案证据达不到确实、充分的证明标准，不能排除合理怀疑，指控王某某犯受贿罪的事实不清、证据不足，指控的罪名不能成立。对辩护人提出本案证据不足以证实王某某犯受贿罪的意见，本院予以采纳。

4. 关于辩护人提出王某某具有自首情节的意见。经查，王某某被检察机关以受贿罪立案侦查，其到案后如实供述了滥用职权的犯罪事实，成立自首。对辩护人的该意见，本院予以采纳。

本院认为，被告人王某某在担任西畴县林业局局长期间违反法律规定，召集领导班子成员集体讨论，决定通过签订虚假合同、虚开发票等方式套取国家林业项目资金6454005元，存入单位“小金库”并使用完毕，致使国家财产遭受重大损失，其行为已构成滥用职权罪，且属情节特别严重。公诉机关指控被告人王某某犯滥用职权罪的事实清楚，证据确实、充分，罪名成立，应依法惩处。鉴于其在接受调查期间主动供述了办案机关尚未掌握的滥用职权的犯罪事实，具有自首情节，依法可从轻处明。公诉机关对王某某犯贪污罪、受贿罪的指控不能成立，本院不予支持。据此，依照《中华人民共和国刑法》第三百九十七条第一款，第六十七条第二款；《最高人民法院、最高人民检察院关于办理渎职刑事案件适用法律若干问题的解释（一）》第一条，第五条第二款；《中华人民共和国刑事诉讼法》第七十四条，第一百九十五条第（一）项、第（二）项、第（三）项之规定，判决如下：被告人王某某犯滥用职权罪，判处有期徒刑三年（刑期从判决执行之日起计算。判决执行以前先行羁押的，羁押一日折抵刑期一日；判决执行以前被指定居所监视居住的，监视居住二日折抵刑期一日；即自2016年1月7日起至2018年11月26日止）。

审判长　彭某某
审判员　龙某某
审判员　廖某某
2018年9月10日
书记员　张某某

检察院抗诉书

云南省文山壮族苗族自治州人民检察院
刑事抗诉书

文州检公诉诉刑抗（2018）2号

文山壮族苗族自治州中级人民法院以（2018）云26刑初5号《刑事判决书》对被告人王某某涉嫌受贿罪、贪污罪、滥用职权罪一案判决：被告人王某某犯滥用职权罪，判处有期徒刑3年。本院依法审查后认为，一审判决认定犯罪事实错误，适用法律错误，量刑畸轻，理由如下。

一、一审判决认定犯罪事实错误

（一）一审判决认为行贿人何某某、谢某某的供述矛盾，认定被告人王某某构成受贿罪的事实不清、证据不足，不构成受贿罪错误

1. 被告人王某某受贿的犯罪事实，何某某在侦查阶段的供述与谢某某自书的自首材料和供述能够相互印证，二人两次一起到王某某家，每次送了10万元，时间、地点、金额等内容吻合。同时，二人供述的送给戚某兴30万元的事实亦相互印证。经查二人在侦查阶段的供述无刑讯逼供、威胁等非法取证情况，且在涉嫌行贿犯罪的审查起诉、审判阶段都对送钱给王某某予以供认，三个机关的讯问人、讯问地点等均已变更，反映出何某某、谢某某系自愿客观供述，应当采信作为定案的依据。而二人在取保候审期间为王某某案出庭作证时翻供，不能作出合理解释，不应采信。

2. 从何某某的供述可以看出，其2006年至2015年中秋节和春节向王某某送钱共计34万元，每次送5000元至1万元不等，同时还向戚某兴、税某西等人行贿，其送钱的时间跨度长，送的次数多、人员多，对于一些细节存在供述不一致的情况属客观现象，也可以反映出侦查人员取证是客观真实的。对于送钱的目的，何某某和谢某某的供述稳定，一方面是为了感谢王某某签订合同多给指标，另一方面是为了跟王某某搞好关系便于以后得到更多采伐指标，不存在前后矛盾的情况，也符合二人长期在西畴县从事木材生意的客观实际。

3. 从杉木购销协议、销售合同、银行交易明细可以看出，2007年2月3日签订协议后，2月4日何某某取款9.5万元；2009年6月9日签订协议后，2010年2月1日、2日（春节前）何某某取款14万元，与何某某供述2007年、2009年签订合同后为感谢王某某分别送了10万元的情况能够印证。同时，何某某供述的取款情况符合常理，手上有现金就少取，没现金就多取，取款多少并不影响何某某送钱事实的认定。

综上，何某某、谢某某在侦查阶段的供述客观真实，应当采信作为定案的依据，结合在案的书证等证据，足以证实被告人王某某收受何某某、谢某某20万元的犯罪事实成立。

（二）一审判决认定被告人王某某主观上没有贪污的故意，客观上没有贪污的行为，不构成贪污罪错误

1. 被告人王某某的供述及西畴县林业局班子成员的证言证实王某某在班子会上提出虚套国家林业项目资金的目的在于发放职工福利、到省州跑项目和办

公开支三个方面。且记账凭证、合同、发票、“小金库”流水账和相关老板的证言证实林业局虚套项目资金是长时间多次套取后统一放到“小金库”中保管，并非套取一笔资金后就用于发放福利或者跑项目，王某某伙同班子成员等小范围人员从“小金库”中单独领取资金属另起犯意。

2. 被告人王某某在班子会上提出小范围人员单独发放的意见，其他班子成员主观上已明知单独发放的情况下表示同意，与王某某形成了共同侵吞“小金库”资金的故意，客观上单独发放的部分单独造册，私下领取，单位其他职工并不知情，具有侵吞和秘密窃取的性质，与私分国有资产中的“公开性”显然不同，符合贪污罪的构成要件。同案的班子成员王某兵、鲁某光已由砚山县人民检察院向砚山县人民法院提起公诉。

3. 办公室主任、财务人员和驾驶员虽不属于班子成员，未参与商量，但给这三类人员领取资金是被告人王某某等班子成员共同贪污后钱款的处分行为，不影响贪污罪的构成。同时，因为办公室主任参与班子会记录、财务人员管理“小金库”资金、驾驶员陪同王某某使用资金，均熟知单位虚套国家项目资金私设“小金库”及使用资金情况，被告人王某某将该三类人员纳入小范围人员单独发放更反映出其秘密性。

综上，被告人王某某主观上具有贪污的故意，客观上伙同班子成员侵吞公款30.58万元的行为构成贪污罪。

二、一审判决认定犯罪事实不当导致适用法律错误，量刑畸轻

被告人王某某在担任西畴县国营香坪山林场场长期间，利用职务便利为他人谋取利益，收受他人送给的现金人民币20万元；利用担任西畴县林业局局长的职务便利，伙同班子成员共同侵吞公款30.58万元，其行为触犯了《中华人民共和国刑法》第三百八十五条、第三百八十二条第一款之规定，犯罪事实清楚，证据确实、充分，应当以受贿罪、贪污罪追究其刑事责任。根据《最高人民法院、最高人民检察院关于办理贪污贿赂刑事案件适用法律若干问题的解释》第二条的规定，被告人王某某受贿20万元，应在三年以上十年以下有期徒刑量刑，并处罚金或者没收财产；被告人王某某共同贪污30.58万元，数额巨大，应在三年以上十年以下有期徒刑量刑，并处罚金或者没收财产。被告人王某某的行为构成滥用职权罪、贪污罪、受贿罪，根据《中华人民共和国刑法》第六十九条的规定，应实行数罪并罚。一审判决认定犯罪事实不当导致适用法律错误，量刑畸轻。

综上所述，一审判决认定事实错误，适用法律错误，量刑畸轻。为维护司法公正，准确惩治犯罪，依照《中华人民共和国刑事诉讼法》第二百一十七条的规定，特提出抗诉，请依法判处。

此致

云南省高级人民法院

2018年9月21日

撤回抗诉申请书

王某某涉嫌贪污罪、受贿罪、滥用职权罪一案
撤回抗诉申请书

云天律刑字2019（001）号

尊敬的案件审查检察官：

云南天外天（临沧）律师事务所接受被告人王某某的委托，指派汤光仁律师担任其辩护人，在依法参加本案第一次、第二次起诉所涉及的四次庭审后，针对文山州人民检察院对文山州中级人民法院一审判决所提出的抗诉，特于庭前提出如下辩护意见及申请，望贵院在讨论时予以采纳。

辩护人认为文山州人民检察院对文山州人民法院（2018）云26刑初5号刑事判决书，所提出的文州检公诉诉刑抗（2018）2号刑事抗诉书，明显事实不清、证据不足、法律适用错误，不仅未能体现检察机关的公正、严谨，也未能体现法律的公正、威严。恳请贵院全面审查案件后，依法撤回文山州检察院的前述抗诉。

一、案件诉讼的简要经过

本案经文山州检察院反贪部门侦查终结，以王某某涉嫌贪污、受贿、私分国有资产、滥用职权罪移送审查起诉。审查期间经两次退侦，文山州人民检察院于2016年12月22日以文州检公诉刑诉（2016）99号起诉书向文山州中级人民法院提起公诉。经两次开庭审理后，文山州人民检察院于2017年11月30日以证据发生变化为由，制作文州检公诉撤诉（2017）1号撤回起诉决定书，向文山州中级人民法院撤回起诉。文山州中级人民法院于2017年12月1日作

出（2017）云26刑初1号刑事裁定书，准许文山州人民检察院撤回该院文州检公诉刑诉（2016）99号起诉。

2017年12月25日文山州人民检察院以之前案号文州检公诉刑诉（2016）99号起诉书向文山州中级人民法院再次起诉，罪名变为“贪污罪、受贿罪、滥用职权罪”。经两次开庭审理，并分别由辩护人及公诉人两次申请法庭通知证人出庭接受询问，法庭均依法通知证人出庭接受询问；文山州中级人民法院于2018年9月10日作出（2018）云26刑初5号刑事判决书，判决公诉机关指控王某某构成贪污罪不成立；指控王某某构成受贿罪不成立；王某某构成滥用职权罪，并判处有期徒刑三年。

2018年9月21日，文山州人民检察院以一审法院判决王某某不构成贪污罪、受贿罪，系事实认定与法律适用错误提出抗诉。

二、一审人民法院认定王某某不构成贪污罪，事实认定与法律适用正确，文山州检察院的抗诉既无事实基础，也无法律依据

本案先后两次起诉，共计四次开庭审理，历时近三年。作为公诉机关的文山州人民检察院，之前起诉王某某涉嫌四项罪名，其后又自行撤诉，指控其涉嫌三项罪名，并对所谓贪污罪的涉案金额由第一次起诉时的190.18万元变成后续指控的30.58万元，从这一具体变化已经可以清晰地看出，究竟是公诉机关事实认定与法律适用错误，还是人民法院事实认定与法律适用错误。

具体到案件而言，公诉机关指控王某某涉嫌贪污罪的案件事实为：2009年至2013年，王某某违反相关财务规定和林业项目资金管理规定，采取与苗木老板签订虚假合同的方式，套取国家林业项目资金共计6454005元存入单位小金库，改变资金用途，造成国家林业项目资金损失6454005元。其间，王某某安排财务人员从“小金库”支出30.58万元，单独发放给单位班子成员、财务人员等，其中王某某个人分得3.51万元。

针对前述指控，一审人民法院结合公诉机关出示的相关证据查明的相关事实，概括如下：

1. 2009年至2013年，每年中秋节和春节，林业局领导班子成员开会，讨论决定用“小金库”中的资金给全体职工发放福利。在研究发放职工福利的同时，认为班子成员、办公室主任、财务人员、驾驶员比其他人员更辛苦，可以多发一点，在王某某任职期间，上诉人员共多发放职工福利26.58万元，被告人王某某分得18100元。

2. 前述人员领取前述款项的具体方式为：共计 9 次福利发放；每次款项发放之前，都是经班子成员开会集体讨论决定；每次都是在讨论单位职工福利发放同时一并讨论决定；每次发放都与发放全体职工福利一样制定详细表格，并由领款人员实名签字领取（详细内容见一审判决书 P7—10）。

一审人民法院认定，指控前述行为构成贪污罪，缺乏犯罪主观故意及客观要件，指控不成立。

对于一审人民法院的该项裁判，文山州人民检察院抗诉书 P3—4，以三项理由提出抗诉：

1. 发放前述班子成员的福利是王某某伙同班子成员等小范围人员从"小金库"单独领取资金，属另起犯意；

2. 客观上单独发放的部分单独造册，私下领取，单位其他职工并不知情，具有侵吞和秘密窃取的性质，与私分国有资产中的"公开性"显然不同，符合贪污罪的构成要件。

3. 虽然办公室主任、财务人员和驾驶员不属于班子成员，但给这三类人员领取资金是被告人王某某等班子成员共同贪污后钱款的处分行为，不影响贪污罪的构成，而且将该三类人员纳入小范围人员单独发放更反映出其秘密性。

由上可见，抗诉机关对于一审人民法院认定的案件法律事实并无实质异议，抗诉所提出的是对于相同法律事实的法律评价，即法律适用的异议。相关辩护意见在一审时已经详细陈述并书面提交，在此仅针对抗诉机关的抗诉观点简要陈述。

1. 抗诉机关认为单独发放班子成员的福利是另起犯意。如此则前述班子成员至少不约而同地另起了九次犯意，而且每次另起的犯意都完全相同，都是针对不足三万元的总数，十人不约而同地另起了一次犯意。这种认定不仅与在案的证据不符，与基本的常情常理也相违背。

在案证据充分证实，每次单独发放的福利，都是与全单位职工福利发放一并讨论，而且有客观签领记录及相互印证的同案供述相互印证，何来另起犯意？

2. 抗诉机关认为单独制表、单独领取是被告人贪污犯罪侵吞及秘密窃取的表现。既然是秘密窃取，为何还要单独制表？不仅单独制表而且领取时还要实名签字？这样的秘密窃取不仅违背本案基本的证据和事实，也同样违背基本的常情常理。

在案证据充分证实，这仅仅是职工福利发放的一种变通处理方式：一方面贯彻绩效考核、多劳多补的基本原则；另一方面避免在同一张表上出现不同福利而影响内部团结和工作积极性。

抗诉机关以单独制表、单独发放就是贪污的逻辑认定案件事实，简单粗暴，违背定罪量刑主客观相统一的基本原则。本案中单独发放的福利，不论福利资金的来源、福利资金发放的原因、讨论的程序还是福利资金发放的方式，都与全体职工福利发放一模一样，不过是制作在两张表格上的区别。换言之，抗诉机关认为，如果前述金额与全员职工福利发放制作在同一张表格上，就不是贪污罪；因为没有制作在同一张表格就认定为贪污罪，这样的客观归罪，如何体现定罪量刑的主客观统一？

3. 通过抗诉机关的第 3 项理由可见，即或抗诉机关认为指控前述人员形成了共同贪污的犯罪故意，也存在事实和证据的矛盾。一方面，部分领取单独福利的人员并非班子成员，也并未参与福利发放的讨论决定，他们怎么可能形成抗诉机关所谓的共同犯罪故意？另一方面，如果王某某是基于非法占有公共财产的故意贪污公款，岂不是越少的人知道越好？且分到的钱越多？王某某和管理小金库的刘某义两人密谋岂不是更好？何须班子开会讨论、制表、签字？

这再次印证，单独发放的福利其本质只是对单位工作人员完成工作量的绩效奖励，而非班子成员利用职务便利非法占有公共财产。

此外，任何单位在职工福利发放时，都不可能完全一样，出现差别是极其正常而且合理的现象。职工福利发放本身就受到职位、级别、职称、绩效等多种原因的影响。如果因为某些人的福利高于平均数就将多出的部分视为贪污，不仅违背基本的法律规定，也违背基本的常情常理。

综上，抗诉机关将单位福利发放时高于平均数的职工福利部分断章取义地认定为贪污犯罪，明显属于事实认定与法律适用错误。

三、一审人民法院认定王某某不构成受贿罪，事实认定与法律适用正确，文山州检察院的抗诉既无事实基础，也无法律依据

公诉机关指控王某某涉嫌受贿罪的事实为：2007 年至 2009 年，被告人王某某利用担任西畴县国营香坪山林场场长的职务便利，在分配木材砍伐指标、签订木材购销合同等方面为木材老板何某某、谢某某提供帮助，收受二人送给的现金共计人民币 20 万元。

针对前述指控，一审人民法院结合公诉机关出示的相关证据，查明的相关事实，概括如下：

1. 何某某出庭作证时当庭否认其在侦查阶段的证言，称从未向被告人王某某行贿过。同时何某某在侦查机关的供述主要内容相互矛盾。

2. 谢某某出庭作证及在侦查阶段都只供述跟何某某去过王某某家，看见何某某拿一个包给王某某，不知道包里有什么，并没有看见何某某拿钱给王某某。

3. 银行交易明细记录的取款情况在时间和金额上与何某某的证实不能相互对应，导致钱的来源不清。

4. 王某某对指控其收受何某某、谢某某贿赂的事实不予认可。

一审人民法院认定，指控前述行为构成受贿罪，事实不清、证据不足，指控不成立。

对于一审人民法院的该项裁判，文山州人民检察院抗诉书 P1—3，以三项理由提出抗诉：

1. 何某某在侦查阶段的供述与谢某某自书的自首材料和供述能够相互印证；同时二人供述的送给戚某兴30万元的事实亦能相互印证；二人在侦查阶段的供述无刑讯逼供、威胁等非法取证情况，且二人在涉嫌行贿犯罪的审查起诉、审判阶段都对送钱给王某某予以供认。因此，二人在取保候审阶段出庭作证时翻供，不能作出合理解释，之前的供述系自愿客观的供述，应当作为定案依据。

2. 二人送钱的时间跨度长，送的次数多、人员多，对于一些细节存在供述不一致的情况属客观现象；二人的供述不存在前后矛盾的情况，也符合二人在西畴县从事木材生意的客观情况。

3. 取款记录与合同签订时间及供述能够印证，同时何某某供述的取款情况符合常理。

由上可见，抗诉机关对于一审人民法院认定的证据客观情况不持异议，抗诉所提出的是对于相同证据的法律评价，即证据证明标准的异议。相关辩护意见在一审时已经详细陈述并书面提交，在此仅针对公诉机关的抗诉观点简要陈述。

1. 抗诉机关不否认何某某作为本案唯一直接证人当庭翻供称自己并未给王某某送钱的客观事实；不否认谢某某从始至终没有亲自给王某某送钱，也没有亲眼看见何某某给王某某送钱的客观事实；也不否认王某某从始至终否认收受何某某、谢某某钱款的客观事实。

抗诉机关对此的异议主要是，何某某虽然在出庭作证时当庭翻供，否认给王某某送钱，但还是应该采信之前的供述，而不能采信当庭的供述。

何某某、谢某某在王某某案第二次起诉后，先后两次经法庭依法通知，出庭作证。第一次由辩护人申请人民法院依法通知，何某某当庭作证证明自己从未给王某某送钱，之前供述给王某某送钱是不真实的，原因是自己在羁押期间肋骨被同监室人员打断，为了尽快获得取保候审外出就医的机会，其认为需要供述自己给王某某送钱才能办理取保候审，于是虚假供述给王某某送了钱，其实没有送钱，其之前的供述虚假，即当庭的供述才是真实的，取保候审后继续供述给王某某送钱，是因为害怕不这样供述又会被抓回去。且其在看守所肋骨被打断的事实有相关拍片及诊疗记录客观印证。

第二次出庭作证由一审公诉机关即现抗诉机关申请人民法院依法通知，何某某再次作出了与上次一样的陈述，明确表示之前的供述是虚假的，当庭的供述才是真实的，自己并未给王某某送钱；之所以供述送钱是因为肋骨被打断后为了尽快取保候审获得就医治疗的机会。

抗诉机关对何某某羁押期间肋骨被打断的事实视而不见，以侦查阶段没有刑讯逼供或者威胁等非法取证情况认定侦查阶段的证言自愿、客观、应该采信。那么试问，在法庭审判阶段何某某两次出庭作证时，明确强调没有给王某某送过钱的证言，又有刑讯逼供或者威胁的违法手段吗？在法庭之上，有谁通过刑讯或者威胁的手段让何某某否定之前的供述吗？其在法庭之上的证言有一点不自愿、不客观吗？为何不应当采信审判机关、检察机关、辩护人均在场，而且全程录音录像时的证言，而采信侦查阶段仅仅检察机关单方在场时作出的证言？

证人具有不可替代的身份属性，究竟之前的证言真实还是之后的证言真实，不论从法理还是常理，均只有证人自身有权评价，抗诉机关怎么能够替代证人作出选择？这种选择又有何效力和前提？

通过后续的行为纠正之前行为的错误，不仅符合法律程序也符合基本生活常识与逻辑，抗诉机关对本案的起诉也充分体现了后续行为对之前错误的纠正过程，抗诉机关在第一次起诉时对本案起诉了四项罪名，撤诉后又起诉了三项罪名，部分纠正了之前的错误，为何抗诉机关自己可以通过后续行为纠正之前的错误，而不允许证人何某某纠正之前的错误？

抗诉机关特别强调何某某当庭翻供是在取保候审期间作出的。试问在人身自由受到强力限制时作出的供述或者证言更真实，还是在人身自由没有受到强力限制时作出的供述或者证言更真实？这本是毋庸置疑的常识，抗诉机关却以此作为不应当采信何某某当庭供述或者证言的理由，着实让人费解和遗憾。

证据采信，除了需要合法性的前提，还必须以真实和关联为前提，即或非法证据排除也需要以是否真实为核心要件，因此证据采信真实与否是首要考虑的必须要件，本案中不应采信何某某侦查阶段供述的深层理由就是其侦查阶段的供述明显缺乏客观真实性，这不仅有其后期的明确陈述予以证实，而且有在案证据充分印证。

2. 抗诉机关对于庭审及在案证据已经充分显示的，何某某侦查阶段对主要案件事实供述自相矛盾、相互矛盾，明显缺乏客观真实性，轻描淡写、避重就轻，以时间长、次数多、人数多一笔带过，不得不让人深感遗憾！甚至在涉及款项来源的问题上，何某某供述自己将2008年才从银行取出的款项，于2007年送给了王某某，抗诉机关仍然视而不见，并坚定地认为取款流水与供述相互印证，这种穿越时空的印证不得不让人万分遗憾！

通过在案证据及一审庭审，可以充分看出何某某侦查阶段对于为何送钱、何时送钱、如何送钱、几人送钱、钱从何来、有没有送钱的供述不仅自相矛盾而且相互矛盾，对此其本人也无法作出其他合理的解释，只有其当庭翻供如实陈述自己从来没有给王某某送过钱，才是唯一合理的解释。

抗诉机关罗列何某某对戚某兴、税某西的送钱事实，意欲佐证何某某侦查阶段对于给王某某送钱的供述的真实性。但恰恰相反，何某某供述给前述二人的款项，不仅本人供述没有相互矛盾、自相矛盾的地方，而且得到了受贿人对于款项金额的明确印证；但是供述给王某某送钱不仅无法得到所谓受贿人的印证，自己也自相矛盾并且相互矛盾。这一方面充分证实抗诉机关的解释何其多余，真正的送钱行为并没有因为所谓的时间长、人数多、次数多而颠倒错乱；另一方面也证实何某某后续的纠正供述行为客观可信，何某某为何仅仅纠正了对于王某某的送钱供述，而没有纠正对于戚某兴、税某西等人送钱的供述呢？其已经当庭陈述，是因为其确实从未给王某某送过钱！

3. 抗诉机关认为从杉木销售协议、销售合同、银行流水可以印证何某某送钱合情合理，这更是牵强附会的假设。首先关于银行流水及合同不仅不能印证何某某送钱的供述，反而直接证实了其所谓送钱的供述明显虚假且与其他证据相互矛盾，一审辩护词已经详述，在此不赘述。

在此仅补充说明所谓受贿罪关于利用职权谋取利益的犯罪构成要件问题。构成受贿罪不仅要有利益输送，还必须具备利用职权为行贿人谋取利益的前提，即广义的权钱交易。抗诉机关在一审起诉书中指控王某某在分配木材采伐指标、签订木材购销合同方面提供帮助。但是从始至终没有出示任何有效证据证实王某某利用了什么职权，为所谓的行贿人谋取了何种利益。本案中，所谓行贿人系木材经营企业，而王某某当时担任香坪山林场场长，签订合同是王某某正常工作职责，这如何成为给行贿人谋取利益或者构成受贿罪的“提供帮助”？

保障前述企业75%以上的林木供给比例，系西畴县政府2005年12月27日《关于安徽无为红森木业有限公司到我县投资建设大芯板厂有关问题会议纪要》的明确要求，该会议纪要执行的时间为2005年至2010年；同时2010年9月30日《西畴县人民政府关于国营坪寨林场香坪山林场与西畴县皖江林产品有限公司木材购销有关问题的会议纪要》还有同样的明确规定，其执行时间从2010年至2015年。抗诉机关却认为前述行为系在分配指标时“提供帮助”或者谋取利益，如此认定事实西畴县人民政府情何以堪？难道要认定西畴县人民政府单位受贿吗？

综观全案，针对所谓受贿罪的指控，除了对何某某的指控自相矛盾、相互矛盾，还有何某某当庭两次明确表示从未给王某某送过钱的供述或者证言以外，没有其他真实有效或者相互关联印证的证据证实本案中存在金钱往来，也没有其他证据证实本案中存在钱权交易。没有利益输送，没有利益谋取，受贿罪从何而来？所谓的事实清楚如何清楚？所谓的证据充分如何充分？

综上，一审人民法院判决王某某不构成贪污罪和受贿罪，事实认定清楚、法律适用正确。恳请贵院依法审查并撤回文山州人民检察院错误的抗诉，践行检察机关对于法律正确实施的尊重和维护。

此 呈

云南省人民检察院

辩护人：汤光仁
云南天外天（临沧）律师事务所
2019年1月3日

二审辩护词

王某某涉嫌受贿罪、滥用职权罪
二审辩护词

尊敬的法庭：

云南天外天（临沧）律师事务所接受被告人王某某的委托，指派汤光仁律师担任其二审辩护人，在依法参加本案的庭审后，现对本案定罪与量刑过程中的事实认定与法律适用发表如下辩护意见，望法庭在合议时予以采纳。

因本案一审时文山州中级人民法院对公诉机关指控的罪名经审理，依法判决指控王某某犯贪污罪事实不清、证据不足，不能成立；指控王某某犯受贿罪事实不清、证据不足，不能成立。王某某犯滥用职权罪，判处有期徒刑三年。一审判决宣告后，王某某对罪名无异议但是认为量刑过重而提出上诉，并在上诉期间提交新证据；原公诉机关文山州人民检察院以判决王某某不构成贪污罪、受贿罪事实认定错误，案件应当判决构成指控的三项罪名，并应当数罪并罚而提出抗诉；二审开庭时云南省人民检察院当庭宣读的支持抗诉意见书为：对文山州人民检察院就贪污罪提出的抗诉，认为事实不清、证据不足，依法不予支持抗诉；对文山州人民检察院就受贿罪提出抗诉，予以支持抗诉。故辩护人结合案件情况就是否构成受贿罪，以及滥用职权罪是否量刑过重分别发表辩护意见。

受贿罪

一审人民法院作出的云南省文山壮族苗族自治州中级人民法院（2018）云刑初5号刑事判决书认定“指控王某某构成受贿罪事实不清、证据不足，指控不能成立”，事实认定客观公正、法律适用准确无误。云南省人民检察院部分支持云南省文山壮族苗族自治州人民检察院文州检公诉诉刑抗（2018）2号刑事抗诉书，认为王某某构成受贿罪，明显缺乏事实基础与法律依据，其支持的抗诉依法不能成立，恳请贵院依法驳回抗诉。

一、抗诉机关指控王某某构成受贿罪，缺乏基本的事实与证据，事实不清、证据不足

结合一审判决书及抗诉书可见，抗诉机关对于一审人民法院认定的证据客观情况不持异议，抗诉所提出的是对于相同证据的法律评价，即证据证明标准的异议。相关辩护意见在一审时已经详细陈述并书面提交，在此仅针对公诉机关的抗诉观点简要陈述。

1. 抗诉机关不否认何某某作为本案唯一直接证人当庭翻供称自己并未给王某某送钱的客观事实；不否认谢某某从始至终没有亲自给王某某送钱，也没有亲眼看见何某某给王某某送钱的客观事实；也不否认王某某从始至终否认收受何某某、谢某某钱款的客观事实。

抗诉机关对此的异议主要是，何某某虽然在出庭作证时当庭翻供，否认给王某某送钱，但还是应该采信之前的供述，而不能采信当庭的供述。该抗诉理由不能成立……（理由同撤回抗诉申请书，此处略）

2. 抗诉机关对于庭审及在案证据已经充分显示的，何某某在侦查阶段对主要案件事实供述自相矛盾、相互矛盾，明显缺乏客观真实性，轻描淡写、避重就轻，以时间长、次数多、人数多一笔带过，不得不让人深感遗憾！甚至在涉及款项来源的问题上，何某某供述自己将2008年才从银行取出的款项，于2007年送给了王某某，抗诉机关仍然视而不见，并坚定地认为取款流水与供述相互印证。该抗诉理由不能成立……（理由同撤回抗诉申请书，此处略）

3. 抗诉机关认为从杉木销售协议、销售合同、银行流水可以印证何某某送钱合情合理，这更是牵强附会的假设。关于银行流水及合同不仅不能印证何某某送钱的供述，反而直接证实了其所谓送钱的供述明显虚假且与其他证据相互矛盾，一审辩护词已经详述，在此不赘述……（同撤回抗诉申请书，此处略）

4. 庭审中抗诉机关出示证据时宣读检察机关对于谢某某的讯问笔录："谢某某称自己关于案件情况的陈述主要是听何某某说的。"由此可知，谢某某陈述的案件事实本身只是传来证据，从形式上而言传来证据具有不可靠性，是否能够作为定案的根据本身就存在疑问；从实质上而言，传来证据的客观真实必须以传来源的客观真实为前提，不能确保传来源的客观真实，就永远无法确保传来证据的客观真实，这是典型的皮与毛的关系。而本案中现有证据已经能够充分证实所谓的传来源本身就不真实，何某某不仅两次当庭作证明确表示自己并未给王某某送过钱，直接明确地否定了传来源的真实性；而且不论从证据是否自相矛盾以及是否相互矛盾的角度，也足以看出本案中无法确保来源的客观真实。在此前提之下，又如何保证传来证据的客观真实呢？

再者，抗诉机关一直称何某某之前的供述与谢某某的供述在一些细节上能够印证。对此恳请法庭重视的是，谢某某本身就是听何某某陈述后而作的供述，是明显的照猫画虎、攀供附供，由此而来的所谓印证还具有什么意义呢？再次恳请法庭重视的是，何某某、谢某某在有罪供述时，对于所谓的细节印证，能回忆的两人都能回忆，不能回忆的两人都同时失忆不能记忆，失忆都能同档同步，这再次印证两人的供述是虚假的攀供、附供，缺乏真实性，依法不能作为定案根据。

综观全案，针对所谓受贿罪的指控，除了对何某某的指控自相矛盾、相互矛盾，还有何某某当庭两次明确表示从未给王某某送过钱的供述或者证言以外，没有其他真实有效或者相互关联印证的证据证实本案中存在金钱往来，也没有其他证据证实本案中存在钱权交易。没有利益输送，没有利益谋取，受贿罪从何而来？所谓的事实清楚如何清楚？所谓的证据充分如何充分？

二、抗诉机关指控王某某犯受贿罪明显缺乏受贿罪基本构成要件，指控依法不能成立

（一）公诉机关指控王某某犯受贿罪明显缺乏犯罪的主观要件

具体到受贿罪而言，犯罪的主观要件主要是故意收受他人财物，并且有意利用职权为他人谋取私利，包括承诺谋取或实际谋取利益的主观故意。该故意的证据主要来源于被告人的供述与行贿人的供述，无论是哪一个证据都应当达到证据确实、充分，符合证据三性并足以认定案件事实的标准，才能作为定案依据。

王某某本人的供述中对于是否收受行贿人何某某等人的财物作出了非常明确的表示：从来没有想过要收受他们的财物，也从来没有想过要利用职权谋取他人利益，实际上从整个案件来看王某某也没有收取过任何财物。通过其供述可见，其显然没有受贿罪犯罪的主观故意。

（二）指控王某某涉嫌受贿罪明显缺乏犯罪的客观要件

受贿罪的客观要件最直接的概括就是收受行贿人的财物或其他财物利益，利用职务为他人谋取利益。结合抗诉机关的指控及在案证据而言，抗诉机关所谓的王某某利用职务便利为何某某、谢某某的红森木业有限公司谋取的利益为多给林木采伐或者出售的指标和比例。但是前述事实明显均不能成立。

1. 所谓利用职务谋取利益是子虚乌有

在案证据显示，前述二人在西畴县第一次民族节时向西畴县政府捐款 30 万元，于是西畴县政府与其签订框架协议承诺每年保证把坪寨林场和香坪山林场两个国有林场的林木75%以上的份额出售给红森木业有限公司，并且2005年西畴县人民政府还专门对此形成了会议纪要，再次确定每年坪寨林场和香坪山林场两个国有林场的林木必须保证将75%以上出售给该公司，同时根据林业行规，林木的出售不是以林木的棵数计算，而是以林木登记的“小班”为单位，因此任何合同都不可能正好为75%，又因为必须保证在75%以上，因此只可能比75%多。

公诉机关收集在卷的林木销售合同共计三份，试问公诉机关前述证据材料如何证实王某某为何某某、谢某某或者红森木业有限公司谋取了利益？75%是必须执行的标准，根据行业管理只能多不能少，公诉机关出示前述三份合同，并以何某某供述认定王某某为其谋取了利益，试问，王某某为其谋取了什么利益？且不论公诉机关至今对于谋取了什么利益不仅没有证据证实，就连基本概念和事实都未明确，就算公诉机关明确了实际出售的比例与75%的差额，又依据什么认定这是谋取的利益而非行业规则之要求呢？由此可见，不仅公诉机关至今从未明确王某某究竟为所谓行贿人谋取了什么利益，更没有任何证据能够证实，因为王某某从来就没有收取过贿赂，也从来就没有利用职权为所谓行贿人谋取过任何利益。

2. 关于收受钱款不仅是子虚乌有，就连所谓行贿人都当庭否认

第一，关于王某某是否收受了何某某、谢某某送给的20万元的事实，王某某从始至终如实、稳定的供述与何某某、谢某某的当庭证言已经相互印证的证实，这是从来就没有发生过的子虚乌有的指控。

第二，侦查阶段为了印证送钱事实所收集的合同与银行流水不仅与案件没有关联性，反而直接证实了所谓送钱的事实虚假。何某某作为从事木材经营的商人在具体管理红森木业有限公司的活动中，其个人账户存在款项支取的流水是完全正常的，与所谓的行贿没有任何法律上的关联性，而且其取款的时间与金额更是与所谓的行贿无关。

尤其提醒法庭注意的是，即或这些有意拼凑的银行流水也与何某某供述的所谓行贿事实矛盾百出。

何某某在2015年12月10日的供述中表明，取款流水单非常清晰地显示：“我2007年12月28日从账号为4400000046×××的账户取得3万元，2007年12月30日取得4万元，2008年1月7日取得4万元，三笔共计11万元，其中10万元在2007年年底用于送给王某某，送钱的时间是在2008年1月13日签订

合同之前。”这种零碎取款与所谓行贿没有关联，不符合生活常识，就连基本的逻辑关系都不成立。2008 年 1 月 7 日才取出的款项是如何在 2007 年年底送出去的？而且谢某某为了印证这一谎言，居然多次强调第一次送钱就是在 2007 年；何某某本人每次讯问的笔录也强调第一次送钱是在 2007 年，由此可见前述两人在侦查阶段的供述不仅会记忆重叠，就连犯错误都是殊途同归，其中缘由已不言自明。

该次笔录还明确：“我 2009 年 5 月 13 日从账号为 4400000046 × × × 的账户取得 3.5 万元，2009 年 5 月 18 日取得 1 万元，2008 年 5 月 27 日取得 1 万元，三笔共计 5.5 万元，当时我手里面有现金，我凑够 10 万元拿去送给王某某，这 10 万元是在 2009 年 6 月 9 日签订合同之前。”既然是以现金加取款凑够 10 万元，现金只有 4.5 万元，为何剩下的 5.5 万元要分三次取款呢？更为离奇的是何某某此前在 2015 年 9 月 29 日、9 月 30 日、10 月 18 日三次笔录都坚定不移地强调，2009 年送 10 万元给王某某的时间是 2009 年 8 月，而且一直讲得绘声绘色，但是此处供述又称在 2009 年 6 月 9 日签订合同之前送的钱，同样讲得绘声绘色，其中缘由已经不言自明。

最后，辩护人要强调的是这些取款记录和本案本来就没有任何关联性。何某某作为一名商人，其日常经营往来必然会涉及取款，而且这些零星的取款用款和所谓的行贿 10 万元完全是人为关联起来的。这种取款记录只是何某某日常的正常开支，和他所谓的取款行贿，在证据上没有关联性，从生活逻辑和生活常识上来看，也明显不能相互印证。从整体来看反而证明了其供述是虚假、编造的，尤其何某某在羁押期间被殴打致骨折更是值得深思。

综上，根据何某某、谢某某的陈述、王某某的供述以及在案涉及受贿罪相关的其他证据的分析、评判，可以清晰地看到，本案中除了所谓的行贿人何某某和谢某某一厢情愿的诬告和陷害以外（而且事后已经在两次出庭作出时明确纠正），没有其他合法有效、真实可信的证据能够证实所谓的王某某受贿的案件事实。因此，指控王某某涉嫌受贿罪明显事实不清、证据不足。恳请人民法院宣告王某某不构成受贿罪。

（三）指控王某某构成受贿罪缺乏犯罪客体要件

受贿罪一则侵害职务行为的廉洁性，二则侵害职务行为的正常履行，为他人谋取利益。本案中根本没有钱款输送，何来廉洁性被侵害，在此不赘述。本案中至今没有任何证据证实王某某怎样利用职务便利为所谓的行贿人谋取了什么利益，如何侵害公务行为的正常履行，在此不赘述。

综上，一审人民法院判决王某某不构成受贿罪，事实认定清楚、法律适用准确；抗诉机关对此提出的抗诉缺乏证据基础、缺乏法律依据，依法不能成立。恳请贵院依法驳回抗诉机关针对行贿罪的抗诉。

滥用职权罪

上诉人王某某对一审人民法院判决其构成滥用职权罪，定罪无异议；但是认为针对该罪的量刑明显过重，二审期间依法提交了相关新证据，能够进一步证明本案一审量刑过重，恳请二审人民法院依法对滥用职权罪改判免予刑事处罚。

一、一审人民法院将6454005元款项认定为滥用职权致使国家遭受的财产损失，并以此认定属于情节特别严重的情形，存在事实认定错误

一审人民法院认定："被告人王某某在担任西畴县林业局局长期间，违反法律规定，召集领导班子成员集体讨论，决定通过签订虚假合同、虚开发票等方式套取国家林业项目资金6454005元存入小金库并使用完毕，致使国家财产遭受重大损失，其行为已构成滥用职权罪，且属情节特别严重。"同时结合一审时公诉机关的指控，2009年至2013年，被告人王某某担任西畴县林业局局长期间，违反相关财务规定和林业项目资金管理规定，采取与老板签订虚假合同或者虚开发票的方式套取国家林业项目资金，共计将人民币6454005元存入单位小金库，改变资金用途，造成国家林业项目资金损失6454005元。前述两机关均认为改变资金用途就是造成国家财产损失，这是明显违背法律和常理的错误逻辑。

首先，套取资金改变资金用途是滥用职权的行为，王某某对此从不否认，辩护人也无异议。但是否改变资金的用途就等于造成资金的损失，则是必须另行评价的事实，尤其是在将其作为滥用职权罪定罪与量刑因素予以考虑的时候。举个简单的例子：将甲项目的剩余资金用于乙项目的缺口资金，毫无疑问是改变资金的用途，但是否这就造成了资金的损失呢？显然不能如此武断地认定。

其次，前述项目资金套取后统一放入小金库中，而通过小金库资金的支付和使用明细可见，小金库的资金有数百万元是用于对公事项，包括支付苗木款120余万元、办公开支近100万元，按照政府工作要求支付扶贫开支30余万元、上交州林业局80万元等，前述工作均系因公开支，而国家财产本身的使用目的也是办理相关公共事务，虽然改变了资金的用途，但是并未改变资金使用的本身目的，对应款项如何能够直接认定为损失？如若认定前述款项的支付是滥用职权犯罪行为产生的后果，是否应当追回？比如，苗木款是否要追回？支付的扶贫款是否要追回？办公设备等是否要变卖？

最后，用简单的话概括，改变资金用途本身是错误的或者滥用职权的行为无可争议，但是否改变用途就一定造成国家财产损失则不能一概而论，结合在案证据及一审中公诉机关的指控与人民法院的裁判也能够直接印证。在案证据显示小金库资金总数为9843406.94元，前述款项放入小金库毫无疑问是违反财务管理规定的，但是即或在一审指控时公诉机关也没有将全部小金库资金作为损失的金额认定，其根源就在于资金放入小金库仅仅是改变了存放方式，但是不能直接等同于已经损失，是否最终认定为损失，必须结合款项的最终使用结果再评价。

综上，一审将通过签订合同等方式套取并放入小金库的资金直接认定为滥用职权造成的国家财产损失，明显违背证据、法律及常情常理，是明显错误的逻辑运用和事实认定，恳请二审人民法院予以纠正。

二、结合案件情况本案中滥用职权罪的量刑不应该适用“情节特别严重”的量刑档次

如上所述，是否是滥用职权行为造成的损失，不能仅凭行为表象认定，应当结合款项的最终使用情况评价。但是本案中小金库资金并非收支一一对应，故此无法具体认定某项资金是否被损失，而只能通过计算及综合评价的方式认定可能的损失总数。本案中，小金库的资金除单位获得的奖励、收取林木砍伐作业设计费、因公报销费用等外，主要为套取的项目结余资金。因此，为了准确认定前述款项是否最终被损失，应当充分了解林业项目与林业资金的特性。

育林基金：根据明确的文件规定，育林基金由上级林业部门下达征收任务，由县级林业局实施征收。其中一部分交上级部门统筹管理，剩余部分给下级单位用于开展林业各项工作及安排各个林业项目的配套资金等，即育林基金本身就是用于林业工作。同时根据文件的规定，对于完成征收任务的予以一定比例的奖励，超额完成的部门再给予一定比例的奖励，这种奖励也是用于林业工作的一个方面，经费从育林基金中支出。

项目整合实施：林业项目实施必须坚持总体规划、分步实施的原则，项目资金投入执行省、州、县三级配套筹集资金的规定，项目建设采取“以奖代补、先建后补”等模式。具体而言，国家级和省级下达的林业项目计划从来都不是百分之百的投资补助，州、县两级政府必须配套相应的资金，才能确保项目的顺利完成，但是由于地方财政困难导致所需要的配套资金不能按时足额到位。比如，10000亩核桃种植项目总投资需要100万元，上级下达任务时就明确只补助30%或50%（30万元或50万元），不足部分由州、县两级筹集配套，县林业局据此分别向州县政府或相关部门提出资金补助申请，政府或相关部门则要根据地方财政状况和育林基金征收完成情况等安排资金补助，如果财政宽裕则多安排，配套资金就多；如果财政吃紧则少安排甚至不安排，配套资金就少，甚至根本没有配套资金。如各级资金配套比例高并按时足额到位则项目实施后会有结余，如各级资金配套比例低则项目实施必然会出现资金缺口。但因为各级配套资金不可能同时下达和拨付到位，也不可能等各级配套资金全部拨款到位了才开展项目实施，因此在具体工作时会对项目整合实施，所谓的项目整合实施，包含三个大的方面：一是项目的具体实施要整合各级配套资金实施；二是针对具体的项目，有的配套资金能足额到位，有的配套资金严重不足，实践中会将配套资金充裕的项目结余下的资金填充到资金配套不足的项目中使用；三是各级部门对项目配套的资金不可能同时下达，在配套资金尚未到位但项目已经在实施的情况下，会挪用其他项目到账的资金推动正在实施的项目。

项目资金结余：1. 在各级对林业项目配套资金足额按时到位的项目中，会形成项目资金结余。2. 林业项目的实施，尤其是绿化、造林、退耕还林等项目的实施，必然具有周期性，通常持续2—3年。具体而言：前述项目都涉及栽种树木，但并不是将树木栽种了就算完成了项目，必须连续抚育管理3年，以保证达到国家规定的存活率及检查验收标准，即项目规划时不仅要计划安排栽种时的苗木、运输、劳务等费用，还必须预留管护、施肥、补种等费用。故此，在提前落实和保障栽种质量，加强日常管护的情况下，就会降低后续补种、管护等费用，也会形成一定的项目资金结余。

在案证据“文山州人民检察院鉴定书——文州检技鉴〔2016〕16号”P2—16中记载：2011年支付2009年巩固退耕还林项目薄膜款；2011年11月29日支付2009年扩大内需项目薄膜款；2011年11月29日支付2008年防护林工程薄膜款；2013年1月6日支付2008年苗木培育合同款；2012年8月2日支付2010年中低产林改造工程款；2012年8月2日支付2008年防护林、2010年防护林工程款；2010年12月13日支付2008年新增防护林苗木款；2010年12月

16日支付2008 苗木款；2010 年 12 月 13 日支付 2008 年新增防护林苗木款；2010 年 12 月 16 日支付 2008 新增防护林苗木款；2011 年 12 月 31 日支付 2009 年巩固退耕还林成果；2011 年 12 月 31 日支付 2008 年防护林苗木款……（不再一一列举，详见鉴定报告记载）

结合前述证据，一是能够直观证实，林业项目确实存在明显的周期性，而且配套资金不可能一次性同时到位，具有明显的时间错位；二是结合小金库资金出入账明细，也能直观证实，套取后放入小金库的结余资金，在使用时至少有 160 余万元又用于垫付在其他资金未到账的林业项目；三是结合全案的证据可见，西畴县林业局是在各个项目都完全实施完毕并且通过上级的检查验收后，尚有剩余资金时，才将项目剩余资金放入小金库，并未影响到林业项目的实施，也未因所实施项目没有通过上级检查验收而造成其他任何损失。

综上，在前述背景下，要认定滥用职权行为导致的损失，一方面可以通过小金库总资金扣减非公开支的方式计算；另一方面也可以通过小金库资金具体支付明细的方式验算。

结合小金库资金保管人刘某义的供述及提供的相关文档资料。

小金库资金总收入 9843406. 94 元。各项开支及扣减理由如下：

1. 支付苗木款：1243848. 8 元，支付苗木款是林业局开展林业工作的基本前提，不论资金放在小金库还是放在项目账户中，都必然应当支付，而且将林业款项用于支付苗木款，不论从用款的目的还是常情常理而言，都不应该认定为造成国家财产损失，故此该款项应当扣除。

2. 办公支出：979567. 7 元，该款项用于购买林业局办公设备设施，一方面是开展林业工作的前提，另一方面现有设施设备仍然属于林业局的财产，也是国家财产，其本质只是国家财产由钱款转变为实物的形态变化，不论从法律还是常理上，均不应当认定为损失，故此该款项应当扣除。

3. 过账支出：1641650. 49 元，该款项为项目实施时资金到达错位，而先用小金库资金垫付项目款，待项目款下拨后又返还小金库；或者项目款先放在小金库中，事后又支付给项目中使用而对应形成的。一进一出的过账过程，本身就不会发生资金的实际损耗，因此更不可能发生国有财产的损失，此外，过账本身就是为了解决项目资金到账的时间错位问题，即最终款项还是用于项目实施，用于项目实施的款项于法于理都不应当认为造成国家财产损失。又因为前述过账资金在小金库入账总额中已经计算，因此在出账金额中应当直接扣除。

4. 赞助支出：349500 元，前述款项为根据同级人民政府定点扶贫及对口扶贫要求而开展的工作，款项最终用于扶贫工作，将其认定为造成国家财产损失，于情于理不符。如果认定为损失，那么是否还存在追缴的义务？故此该项资金应当予以扣除。

5. 话费支出：21066 元，为单位日常工作的正常开支，不在小金库中列支也要在公账中列支，放入小金库中列支不过是简化发放程序而已，不应该认定为损失，应当予以扣除。

6. 燃油支出：75246 元，配备交通工具保障日常工作开展是国家部门的基本工作保障，尤其在积极争取项目后，对应必然产生更多的交通燃油消耗，既要积极争取更多的项目（必然对应产生更多的工作任务），又连基本的燃油都不供给，是典型的“既要马儿跑，又不给马吃草”的逻辑矛盾，故此前述费用为单位日常工作的必要开支，将其认定为给国家财产造成的损失明显不当，应当予以扣除。

7. 其他支出：3398743 元，因刘某义的记账明细及统计表没有详细罗列前述款项的具体内容，无法具体评价和解释。但是根据存疑利益归于被告的原则及刑事诉讼举证责任分配的原则，在没有确切证据证实前述款项系被用于非公支出的前提下，不能用有罪推定的思维将其纳入损失范围，故此前述款项根据司法原则及举证责任应当予以扣除。

8. 接待费支出：367261 元，根据司法原则及举证责任应当扣除；此外，在卷证据也直接证明西畴县林业局确实比其他林业部门争取了更多的项目，每个项目的实施最终都会对应各项检查、验收工作，也相应地会产生更多的正常因公接待，这样的因公接待本身也是项目实施的正常内容，如一方面要增加项目实施，但是另一方面又限制项目实施对应产生的因公接待费用，同样是典型的“既要马儿跑，又不给马吃草”的逻辑矛盾，故此从常情常理中也应当扣除前述款项。

9. 小金库结余款：47343.95 元，前述款项在王某某离任林业局局长时，尚未使用于法于理都不应当认定为系王某某造成的损失，依法应当扣除。

10. 慰问各级领导支出：2214800 元，前述款项主要包括三部分：第一部分为根据州林业局的安排提取的林业工作经费，共计 800000 元，前述款项直接交给州林业局单位；第二部分为有关单位的有关人员帮助县林业局争取项目资金过程中产生的一些燃油、接待等开支和县林业局对困难企业、困难党员、扶贫挂钩点贫困户等帮扶经费，共计270700元；第三部分为逢年过节之际对拜望上级有关部门工作人员慰问金1144100元。前述款项中80万元系根据上级林业部门提取的工作林业工作经费，包括州林业局收取的林业作业设计费等，而且交付对象为上级林业部门，上级林业部门无疑是国家机关，将国家财产交付上级国家机关不能直接等同于使用或者消耗，更不能认定为造成了国家财产的损失，因此应当扣除。第二部分270700元资金的性质和刘某义分项统计第四项、第六项、第八项支出的性质完全一样，但是被刘某义错误统计在慰问支出中，应当予以扣除。而第三部分对于拜望上级部门工作人员的慰问金1144100元，本意是为了便于对接工作项目，但是毕竟违反法律规定，因此如法院认为前述款项系造成了国家财产损失，上诉人及辩护人不持异议，但是恳请法院充分考虑背景与原因。

11. 发放职工福利：2564380元。前述款项仅为全体职工发放的部分，而未包含班子成员单独发放的部分（加上班子成员单独发放的20多万元，该项金额总数应为2816080。但是因为二审中云南省人民检察院当庭发表的支持抗诉意见书已明确表示，文山州检察院对贪污罪——班子成员单独发放的部分——的抗诉不予支持抗诉。又因为刘某义记录的小金库流水账分类统计时未附细目，前述班子成员部分应当已经纳入其他项目统计，故在此仅作说明，对班子成员发放的20多万元不作重复扣减）。

针对本项金额结合在案证据及案件情况恳请二审人民法院在认定滥用职权造成的损失时全部扣除，具体理由如下：

1. 前述款项发放福利的本质是兑现西畴县林业局实施的目标责任奖，而不是普通福利（如津补贴之类的）。该制度的设置系为了更好地开展林业工作而由班子成员集体讨论决定，在单位内部依据不同岗位设置明确的责任目标，签订明确的责任目标书、保证书，通过监督考核责任目标的方式，保障整个单位工作的协同、有序、有效开展，并且得到了上级党委政府和各个上级部门从不同角度和方式的肯定，也为单位的林业各项工作开展及作风转变取得了良好效果，发放前述款项是开展和落实日常林业工作的具体措施，属于实实在在地将国家财产用于行政单位的行政工作，不应当认定为造成国家财产损失。

2. 发放奖励的款项有一部分本身就是按照上级文件规定，应该用于发放林业工作突出的个人或集体奖励的，最终前述款项作为奖励也用于发放林业工作表现突出的人员，不论从目的和性质上看，都不是造成国家财产损失。在此着重说明三个问题：第一，西畴县林业局在育林基金征收工作中表现突出，根据文件的规定每年都应该获得对应的奖励金额，累计约70万元，但是因为前述奖励款项具体如何兑付没有进一步的细则明确，因此在实际执行时通过项目资金配置予以平衡，即考虑林业育林基金征收工作突出应当予以奖励，在项目资金配置时适当提高配置比例。第二，根据文件规定育林基金征收奖励发放对象为在该项工作中表现突出的个人或者集体，但是在西畴县林业局内部因为实行了岗位目标责任制度，因此各项工作协调进行，于情于理不能仅仅奖励从事育林基金征收工作的个别人员或者集体，最终是在兑现目标责任奖时，予以统筹体现。第三，关于争取项目获得的奖励，按照文件规定其中固定比例30%用于奖励单位班子成员、30%用于弥补办公经费、40%用于奖励干部职工，但是同样考虑到单位已经实行了目标责任制度，因此从未按照文件进行过单独奖励，而是纳入兑现目标责任奖时一起统筹体现。

前述款项均存在本身就应当用于奖励、最终也用于奖励的客观事实，其使用目的与结果均不是造成国家财产损失。

3. 林木采伐作业设计费，系林业局工作人员提供采伐作业设计劳务而获得的报酬，其本身不是国家财产，同时因为单位实行岗位责任制度，各项工作的完成均系协同工作的结果，于情于理不能单独支付给提供林木采伐作业设计劳务的个别人员，故最终也是在兑现目标责任奖时统筹考虑，前述款项的属性本身就不是国家财产，不存在造成国家财产损失的前提。

4. 通过数额计算可知，兑现目标责任奖时可能使用到一部分项目资金，但是仍不应视为造成国家财产损失。原因是：林业项目均具有周期性，其项目资金的计划和分配不仅要配套安排种植时的苗木、运费、劳务等费用，而且要预留后期管护及补种的费用，因为实行严格的岗位目标责任制度，通过提高种植时的成活率及后续抚育管理的方式保障存活率和生长率，节省出后期补种、管护的费用，并纳入目标责任奖励时统筹体现。该做法并未造成国家财产的损失。具体而言，因为林木种植存在存活率及管护效果的自然规律，项目资金规划时都预留了后期补种费用，但是因为西畴县林业局实施岗位目标责任制度，提高了苗木一次性种植存活率，因此减少了后期的补种开支，结余出部分项目资金，并将其用于兑现目标责任奖。苗木一次性种植存活率不高，在后期将预留的补种费用全额用来补种，以达到验收标准，与前述做法是殊途同归。既定的项目款项已完成对应的项目，并不会造成国家财产的损失，换言之如果不通过有效的激励机制调动员工的工作积极性，要完成预定的项目，不仅会全额花费项目资金，这是因为达不到国家的验收标准必须重新种植还可能产生更多的资金消耗，反而真正造成国家财产损失。

综上，本案中相关款项中可认定为造成国家财产损失的情况大致如下：

总收入 9843406.94 元 - 支付苗木款：1243848.8 元 - 办公支出 979567.7 元 - 过账支出 1641650.49 元 - 赞助支出 349500 元 - 话费支出 21066 元 - 燃油支出 75246 元 - 小金库结余款 47343.95 元 - 其他支出 338743 元 - 接待费支出 367261 元 - 发放职工福利（兑现目标责任奖）2564380 元 - 慰问金中上级部门提取款 800000 元 - 错误统计成慰问金支出 270700 元 = 1144100 元。

从相反方面而言，本案中小金库资金绝大部分均未改变资金用途，但是滥用职权导致国家财产损失不论从法律的明确规定还是从法理而言，都未直接将改变资金用途视为导致国家财产损失，尤其改变用途后实际的资金用途还是为了处理公共事务时，更不应该认定为造成了国家财产损失。国家财产取之于民用之于民，同为国家公共事务而使用国家财产，就如同从左口袋换到右口袋，从常情常理也不能简单视为财产损失了。

而结合证据可见从法律和情理上可能认定为造成损失的，主要为逢年过节时拜望上级机关工作人员的支出，结合刘某义记录和整理的账册可见，应为 2214800 元 - 800000 元 - 270700 元 = 1144100 元。

故此，一审人民法院认定本案造成国家财产损失 6454005 元，系将改变资金用途错误地认定为造成资金损失，既不符合法律的规定也不符合案件的实情；本案滥用职权造成国有财产的损失约为 114 万元，依法属于情节严重的情形，而非一审人民法院认定的情节特别严重的情形。其法定刑幅度为 3 年有期徒刑以下刑罚，而非一审人民法院认定的 3—7 年有期徒刑，一审人民法院最终量刑明显过重。

三、结合一审依法认定的自首情节，依法可以从轻、减轻处罚，犯罪较轻的可以免予刑事处罚

一审人民法院对王某某构成的滥用职权罪依法认定了自首，二审抗诉机关对此亦无异议，前述认定具有事实基础和法律依据。在此仅作简要陈述。

通过立案材料可见，当时侦查机关以受贿罪对王某某进行立案侦查。对于王某某滥用职权设立小金库的事实并未掌握，王某某在归案后主动交代了司法机关尚未掌握的滥用职权设立小金库的事实。当其构成滥用职权罪时，因为该罪名与司法机关掌握的受贿罪明显属于不同种类的犯罪，按照法律规定依法属于余罪自首的情形，应当认定自首并在量刑中予以体现。

此外，王某某系经办案机关电话通知后到案，并且如实供述的情形也符合自首的法律规定。电话通知不具有抓捕或者控制的强制性，在接到司法机关电话通知后是否自动到案，主要取决于行为人的主动性，电话通知属于“能跑而不跑”的情形，最终是否跑得掉是另外的问题。王某某在接到电话通知后到案的情形明显属于“能跑而不跑”，完全符合自动投案的立法本意，体现出王某某面对问题的决心、勇气和态度，应当依法予以认定。针对是否如实供述的问题，在卷材料已经能够充分印证，辩护人在此不赘述，其对案件法律适用的辩解依法不影响对其供述如实性的认定。

主要说明的是：根据法律规定自首依法可以从轻、减轻处罚，犯罪较轻的可以免予刑事处罚。结合本案具体情况，尤其是损失金额的改变，本案依法属于犯罪较轻的情形，恳请人民法院依法对其免予刑事处罚。

四、虽然本案中上诉人构成滥用职权罪，但是考虑全案情况当时的背景明显属于情节较轻的情形，可以免予刑事处罚

王某某虽然是林业局局长，但是通过在案证据材料可以清晰地看到，设立小金库、解决职工福利以及项目争取等事项并不是王某某个人决定的，而是由班子会议、班子成员讨论决定的。对此，有副局长王某兵、鲁某光等人的供述予以证实。因此，王某某虽然构成滥用职权罪，但滥用职权并不是王某某的个人行为，而是整个班子成员共同讨论决定的。并且在班子成员共同决定以后，相关的副局长还参与了具体私设小金库的资金来源的相关行为。比如，和供应商签订虚假合同，套取资金等行为，都是由相关副局长参与实施的。这再次印证滥用职权私设小金库是一个集体犯罪行为，不应当由王某某承担全部的责任。在认定滥用职权罪时应当充分考虑案件的具体背景和具体过程，在量刑过程中作出折中的处理以保证量刑相适应。

王某某虽然构成滥用职权罪，但其主观恶性与动机值得考虑。其主观恶性较小并且具有特殊背景，在量刑过程中，请求法院依法予以考虑。王某某滥用职权私设小金库，并不是为了自己中饱私囊，也不是为了自己或者亲人获得利益而滥用职权。其当时的主观出发点在班子成员讨论会上已经非常明确，首先是鉴于资金紧张，单位职工工作积极性不高，为了调动单位员工的工作积极性而实施岗位目标责任并兑现目标责任奖的制度。其次是当时考虑到西畴县地处偏远地区并且贫穷，争取相关项目比较困难，为了能够积极争取更多的项目，需要进行项目对接和接洽，需要支出相关费用。最后是为了解决部门之间，包括扶贫和单位日常工作开支不足的问题。从滥用职权私设小金库的动机上来看，确实系为公不为私。在整个过程中，王某某也没有为自己的利益作出某种行为。综上，其主观恶性较小，动机不卑劣，恳请法院在量刑过程中应当予以体现。

本案发生的背景特殊请求人民法院在案件处理时综合考虑和体现。云南属于全国较为贫困的省份，而文山又是云南较为贫困的地区，西畴县在文山中较为落后。为了地域经济的发展，每逢年过节的时候，相关领导都会鼓励相关部门人员积极争取项目，该跑的跑、该走的走。也是希望通过这种方式，无论是人情沟通还是其他方面的专业沟通，尽量为地方多争取一些项目，多争取一些补贴，从而促进地方经济的发展，而且西畴县人民政府还以文件的形式作出了硬性的要求。

通过州林业局相关人员的证言可知，西畴县林业局所获得的项目也确实比其他县份多，那么王某某的行为确实为地方经济的发展作出了一定的贡献。虽然其方式和手段是不对的，但是我们也应当注意其主观动机，用通俗的话说就是典型的好心办坏事。我们不能够在出事之前鼓励他们勇敢甚至冒险地做，但在他们出事以后又不察因由，“一棍子打死”，忽略行为当时的主观动机和地方经济发展的客观结果，片面的追究行为人的刑事责任。恳请法院在合议时予以充分的考虑。

王某某作为一名农民子弟，艰苦求索、刻苦上进，经过不懈的努力得以进入公务员队伍，在长期的工作中其思想素质及业务能力，都得到了组织的肯定与认可，还多次获得表彰，连续当选文山州第十一届、十二届、十三届人大代表。其行为虽然依法可以构成滥用职权罪，但是其根源、动机和具体表现既受到当时特殊环境的影响，也有其不能规避的障碍，用通俗的话讲，其为了单位工作的良好运转及地方经济的发展所使用的手段确实违反了法律的规定；但是在当时如果为了一己私利，懒政怠政，无所作为，虽然可能能避免今天的案件发生，但是单位的工作可能会受到影响。

针对公诉机关指控的滥用职权罪，其自愿认罪并且系自首，归案后表现了非常诚恳的认罪、悔罪态度。从刑法的角度而言不能说其是一个大好人，但是从道德的角度而言其也不是一个大坏人。其为国家工作近 20 年，兢兢业业，在纷繁复杂的社会中已无其他技能可供依靠，即或贵院对其判处缓刑其也将被开除公职，连最基本的生活保障亦不复存在。恳请贵院在案件最终处理时充分考虑法律宽严相济的政策，以及法理与情理的结合，对其免予刑事处罚。

辩护人与上诉人都深知，在国家强力反腐的背景下，在检察机关对此案已经事先扩大化处理的前提下，判处王某某免予刑事处罚必然阻力重重。但是即或中央文件也一再要求处理案件必须重证据、讲法律，坚持宽严相济；就本案而言，证据清晰明了，若王某某真的是为了一己私利滥用职权，以权谋私或者腐化堕落，即或上诉人本人也无颜在法庭上申辩。相反，本案证据明晰地证实王某某滥用职权罪的核心就是法律知识的欠缺、好心办理坏事。让人民在每个案件中体会到公平正义，不仅针对普通的公民，也包括公务人员；对三某某改判免予刑事处罚，不仅有证据和法律的支持，也经得起时间和历史的检验。恳请尊敬的人民法官运用崇高的司法良知，对本案作出真正公正的裁判。

综上所述，辩护人认为，王某某不构成指控的受贿罪，请求人民法院依法驳回抗诉，宣告针对该罪的指控不成立。针对滥用职权罪的具体量刑，辩护人认为王某某虽构成滥用职权罪，但存在诸多法定与酌定的量刑情节，依法可以从轻、减轻处罚，犯罪较轻的可以免予刑事处罚，恳请人民法院对其滥用职权罪免予刑事处罚。

此 呈

云南省高级人民法院

辩护人：汤光仁
云南天外天（临沧）律师事务所
2019 年 5 月 23 日

二审刑事裁定书

云南省高级人民法院
刑事裁定书

（2018）云刑终 1227 号

抗诉机关：云南省文山壮族苗族自治州人民检察院

上诉人（原审被告人）：王某某，……（略）

辩护人：汤光仁，云南天外天（临沧）律师事务所律师

辩护人：刘威，云南天外天律师事务所律师

云南省文山壮族苗族自治州中级人民法院审理文山壮族苗族自治州人民检察院指控原审被告人王某某犯受贿罪、滥用职权罪、贪污罪一案，于2018年9月10日作出（2018）云26刑初5号刑事判决。宣判后，原审被告人王某某不服，提出上诉。文山壮族苗族自治州人民检察院提出抗诉。云南省人民检察院部分支持抗诉。本院依法组成合议庭，于2019年5月23日公开开庭审理了本案。云南省人民检察院指派检察员徐薇出庭履行职务上诉人王某某及辩护人汤光仁到庭参加诉讼。现已审理终结。

……

宣判后，云南省文山壮族苗族自治州人民检察院抗诉认为，一审认定王某某不构成受贿罪、贪污罪错误，导致本案适用法律错误，量刑畸轻。云南省人民检察院支持刑事抗诉意见认为，被告人王某某受贿20万元的事实清楚，证据确实、充分，文山壮族苗族自治州人民检察院的抗诉意见和理由成立，应予支持，但所提王某某构成贪污罪的抗诉意见和理由不能成立，不予支持。王某某构成滥用职权罪、受贿罪，应当数罪并罚。原判认定犯罪事实错误，导致定罪错误、适用法律不当、量刑畸轻，建议依法纠正。原审被告人王某某以量刑过重为由提出上诉，请求从轻改判，其辩护人提出，指控王某某构成受贿罪的事实不清、证据不足；原判将通过签订合同等方式套取并放入“小金库”的资金直接认定为滥用职权造成的国家财产损失，明显违背证据、法律及常情常理，应结合款项的最终使用情况计算，据此计算造成的损失约为114万元，依法应在三年有期徒刑以下量刑；王某某有自首情节，鉴于本案属于犯罪较轻的情形，建议对其免予刑事处罚。

二审庭审中上诉人王某某及其辩护人向法庭提交了文山州林业局关于西畴县提取育林基金征收奖的请示、批复，西畴县林业局2010年林业各项工作目标管理责任书，2011年度造林绿化、林政管理、农村能源、森林防火工作目标管理责任状等证据。

本案二审查明的事实与原裁判认定事实相同。

关于云南省文山壮族苗族自治州人民检察院抗诉及云南省人民检察院支持抗诉认为，一审认定王某某不构成受贿罪系错误的意见。经查，为证实王某某构成受贿罪，检察机关当庭出示了企业法人营业执照、西畴县人民政府会议纪

要、杉原木购销协议、银行交易明细以及何某某、谢某某的供述等证据。但上述证据未能形成证据锁链，没有达到确实、充分的证明标准，故证据不足，指控的犯罪不能成立，本院不予认定。关于抗诉机关认为王某某构成贪污罪的意见，因云南省人民检察院不予支持，本院不再予评判。综上，文山壮族苗族自治州人民检察院的抗诉意见，以及云南省人民检察院支持抗诉认为王某某构成受贿罪的意见不能成立，本院不予采纳。辩护人所提指控王某某构成受贿罪的事实不清、证据不足的辩护意见予以采纳。

关于王某某上诉提出量刑过重，辩护人提出王某某滥用职权犯罪不属于情节特别严重，建议对其免予刑事处罚的上诉理由和辩护意见。经查……辩护人所提王某某滥用职权犯罪不属于情节特别严重的辩护意见与本院查明事实及法律规定不符，不予采信。二审中，王某某及辩护人当庭提交了西畴县林业局2010年林业各项工作目标管理责任书等多份证据，意图证实王某某在任时发放的职工福利有相关政策依据，可据此对其从轻判处。经查，不排除该林业局利用“小金库”资金发放的部分福利与单位绩效考核有关，但综合考量本案具体情形，该情节不足以影响对王某某的量刑。综上，原判根据本案的事实及王某某具有自首情节，对其判处有期徒刑三年并无不当。王某某及辩护人请求再予从轻判处的意见不予采纳。

本院认为，上诉人王某某身为国家机关工作人员，滥用职权致使公共财产、国家和人民利益遭受重大损失，情节特别严重，其行为已构成滥用职权罪，应依法惩处。原判认定事实清楚，证据确实、充分，定罪准确，量刑适当，审判程序合法。依照《中华人民共和国刑事诉讼法》第二百三十六条第一款第（一）项之规定，裁定如下：

驳回云南省文山壮族苗族自治州人民检察院文州检公诉刑抗（2018）2号刑事抗诉，驳回上诉人（原审被告人）王某某的上诉，维持云南省文山壮族苗族自治州中级人民法院（2018）云26刑初5号刑事判决。

本裁定为终审裁定。

审判长　杨某某

审判员　黎某某

审判员　赵　某

2019年7月1日

书记员　梁　某

黄某1涉嫌贩卖、运输毒品罪案

案件简评

本案是一审开庭前辩护律师才介入的案件，通过起诉书及案件事实可见，毒品数量非常大而且审判地在重庆，其实际掌握标准比辩护律师所在的云南更加严格。

公诉机关认定的卖家，包括当事人在内共计四人。宗某某被列为第一被告人；黄某2被列为第四被告人（其作用地位明显不会高于我方当事人）；黄某3被列为第五被告人，其不仅有从犯情节，还有重大立功情节；起诉书认定的买家郑某某，被列为第二被告人，但是其具有重大立功情节；我方当事人黄某1被列为第三被告人，虽然当事人在起诉书中已有从犯的情节认定，但是通过对案件事实的描述其并非处于有利的地位。

本案中常理上可能判处两人死刑，当事人位列第三被告，但是认定为买家的第二被告具有重大立功情节。因此当事人的从犯情节可能不被法院采信而判处死刑；即或认定当事人的从犯情节，其通常也会被判处死缓刑。

在辩护的过程中，辩护人通过对于案件证据的梳理和重组，力求重建指控的犯罪事实，即第一章“刑事辩护理念”中所谓的拆散公诉机关指控的小木屋，并且就地重建一座木塔。提出当事人仅构成运输毒品罪不构成贩卖毒品罪，这本身只是对选择性罪名如何选择的辩护，看似没有实际意义，但是根本的出发点是对从犯情节的辩护，是要通过这一辩护过程让法庭坚定从犯情节的认定，并且进一步看到当事人在犯罪过程中作为“从犯”作用明显较轻的具体表现和层次，以便在量刑时考虑。

虽然最终法庭并未直接采信对于选择性罪名的辩护，但是在量刑时直接判处无期徒刑而不是死缓，客观地体现了对于当事人作用的评价。尤其应当注意的是全案最终还是判处了两个死刑，除了第一被告被判处死刑以外，起诉时的第八被告也被判处了死刑。这也是为何辩护人在辩护过程中要特别增加对全案判处死刑数量应当予以控制的辩护内容的原因。辩护意见是否直接被采信不是律师辩护的归宿，对当事人有利才是律师辩护的出发点与归宿。

文书摘录

起诉书

重庆人民检察院第三分院

起诉书

渝检三分院刑诉（2016）14号

被告人：宗某某，因犯盗窃罪，于1994年10月18日被云南省昭通市威信县人民法院判处有期徒刑一年；因犯盗窃罪，于1998年8月4日被云南省新平彝族傣族自治县人民法院判处有期徒刑五年；因涉嫌贩卖毒品罪，于2015年12月13日被重庆市南川区公安局刑事拘留，2016年1月19日经重庆市南川区人民检察院批准逮捕，以涉嫌运输毒品罪于同日由重庆市南川区公安局执行逮捕。

被告人：郑某某，因犯容留卖淫罪，于2005年12月5日被重庆市渝北区人民法院判处有期徒刑一年；因犯容留卖淫罪于2009年6月18日被重庆市渝北区人民法院判处有期徒刑一年六个月；因涉嫌贩卖毒品罪，于2015年月13日被重庆市南川区公安局刑事拘留，2016年1月19日经重庆市南川区人民检察院批准逮捕，于同日由重庆市南川区公安局执行逮捕。

被告人：黄某1，因犯故意伤害罪、故意毁坏财物罪，于2012年5月18日被云南省威信县人民法院判处有期徒刑二年，缓刑三年；因涉嫌贩卖毒品罪，于2015年12月13日被重庆市南川区公安局刑事拘留，2016年1月19日经重庆市南川区人民检察院批准逮捕，以涉嫌运输毒品罪于同日由重庆市南川区公安局执行逮捕。

被告人：黄某2，因犯破坏电力设备罪、盗窃罪，于2005年12月9日被云南省峨山彝族自治县人民法院判处有期徒刑六年；因涉嫌贩卖毒品罪，于2015年12月13日被重庆市南川区公安局刑事拘留，2016年1月19日经重庆市南川区人民检察院批准逮捕，以涉嫌运输毒品罪于同日由重庆市南川区公安局执行逮捕。

被告人：黄某3，因涉嫌贩卖毒品罪，于2015年12月13日被重庆市南川区公安局刑事拘留，2016年1月19日经重庆市南川区人民检察院批准逮捕，以涉嫌运输、贩卖毒品罪于同日由重庆市南川区公安局执行逮捕。

被告人：雷某某，因犯贩卖毒品罪，于2008年7月16日被重庆市江北区人民法院判处有期徒刑六个月；因犯贩卖毒品罪，于2010年9月29日被重庆市渝中区人民法院判处有期徒刑一年八个月；因涉嫌贩卖毒品罪，于2015年12月13日被重庆市南川区公安局刑事拘留，2016年1月19日经重庆市南川区人民检察院批准逮捕，以涉嫌贩卖、运输毒品罪于同日由重庆市南川区公安局执行逮捕。2016年3月10日，重庆市南川区人民检察院作出撤销逮捕决定，同日以涉嫌非法持有毒品罪被重庆市南川区公安局刑事拘留，2016年4月15日，经重庆市南川区人民检察院批准逮捕，于同日由重庆市南川区公安局执行逮捕。

被告人：张某，因涉嫌贩卖毒品罪，于2015年12月13日被重庆市南川区公安局刑事拘留，2016年1月19日经重庆市南川区人民检察院批准逮捕，于同日由重庆市南川区公安局执行逮捕。

被告人：徐某某，因犯贩卖毒品罪，于2011年3月3日被重庆市江北区人民法院判处拘役四个月；因涉嫌贩卖毒品罪，于2015年12月24日被重庆市南川区公安局刑事拘留，2016年1月29日经重庆市南川区人民检察院批准逮捕，于同日由重庆市南川区公安局执行逮捕。

被告人：唐某某，因犯抢劫罪，于2008年8月被重庆市南川区人民法院判处有期徒刑四年；因涉嫌贩卖毒品罪，于2015年12月24日被重庆市南川区公安局刑事拘留，2016年1月29日，由重庆市南川区公安局变更强制措施为取保候审，2016年6月27日，经重庆市南川区人民检察院批准逮捕，于同日由重庆市南川区公安局执行逮捕。

被告人：李某某，因涉嫌贩卖毒品罪，于2015年12月18日被重庆市南川区公安局刑事拘留，2016年1月19日，经重庆市南川区人民检察院批准逮捕，于同日由重庆市南川区公安局执行逮捕。

被告人：周某某，因犯抢劫罪，于2004年9月13日被原重庆市南川区人民法院判处有期徒刑七年六个月；因犯非法持有毒品罪，于2012年9月5日被云南省沾益区人民法院判处有期徒刑三年；因涉嫌贩卖毒品罪，于2016年1月7日被重庆市南川区公安局刑事拘留，同年1月29日经重庆市南川区人民检察院批准逮捕，于同日由重庆市南川区公安局执行逮捕。

被告人：任某某，因涉嫌贩卖毒品罪，于2016年1月7日被重庆市南川区公安局刑事拘留，同月29日经重庆市南川区人民检察院批准逮捕，于同日由重庆市南川区公安局执行逮捕。

本案由重庆市南川区公安局侦查终结，以被告人宗某某、郑某某、黄某1、黄某2、黄某3、张某、徐某某、李某某、周某某、任某某等人涉嫌运输毒品罪、贩卖毒品罪，于2016年3月16日向重庆市南川区人民检察院移送审查起诉，该院于同月28日转至本院审查起诉。本院受理后，于次日告知被告人有权委托辩护人，依法讯问了被告人，听取了辩护人的意见，审查了全部案件材料。因案情重大、复杂，本院于2016年4月28日延长审查起诉期限十五日，并于同年5月13日因事实不清、证据不足退回重庆市南川区公安局补充侦查，该局于同年6月13日重报我院审查起诉。因案情重大、复杂，本院于2016年7月12日延长审查起诉期限十五日，并于2016年7月27日因事实不清、证据不足退回重庆市南川区公安局补充侦查，该局于同年8月27日重报我院审查起诉。因案情重大、复杂，本院于2016年9月27日延长审查起诉期限十五日。因实施的犯罪存在关联，并案处理有利于查明案件事实，被告人雷某某、唐某某涉嫌贩卖毒品罪分别于2016年6月23日、10月10日并入本案审查起诉。

经依法审查查明：2015年11月1日，被告人郑某某通过电话联系被告人黄某3交易甲基苯丙胺片剂（俗称“麻古”），其间，被告人郑某某与被告人雷某某共谋筹集交易甲基苯丙胺片剂的资金，后被告人郑某某和黄某3于次日凌晨在重庆市江北区渝通宾馆附近交易疑似甲基苯丙胺片剂72000颗。被告人张某明知被告人郑某某出售的是甲基苯丙胺片剂而帮助其记账、收钱。

2015年12月初，被告人郑某某与黄某3电话联系交易甲基苯丙胺片剂。同月11日凌晨，被告人宗某某、黄某1、黄某2、黄某3四人驾车前往重庆，其中，黄某3和黄某1驾驶云AN2R××金色凯迪拉克轿车负责在前面探路，宗某某和黄某2驾驶云FZ××黑色别克轿车运载疑似甲基苯丙胺片剂在后。其间，被告人郑某某电话联系被告人雷某某，从雷某某处筹集交易资金25万元。当日17时多，被告人黄某3和黄某1携带从宗某某所驾驶车辆处拿出的3包疑似甲基苯丙胺片剂，驾驶云AN2R××凯迪拉克轿车在重庆市大足区邮亭高速收费站下道，并在该收费站附近将该疑似甲基苯丙胺片剂（18000颗）卖给被告人李某某。

当日20时左右，被告人宗某某、黄某1、黄某2、黄某3四人抵达重庆，被告人黄某3电话联系被告人郑某某，约定在重庆市九龙坡区石桥铺街道科园三路附近见面。被告人郑某某驾驶从被告人雷某某处借来的冀A133××宝马轿车单独前往，见面后，被告人黄某1将装有15块疑似甲基苯丙胺片剂的格子旅行袋放入郑某某驾驶车辆的后备箱，后郑某某驾车返回重庆市江北区东海岸小区。到达小区后，郑某某从格子旅行袋内拿出9块甲基苯丙胺片剂放入之前准备的紫红色箱子内，随即提着皮箱上楼，同时电话通知被告人雷某某到该小区取车。

被告人雷某某驾车离开该小区时被重庆市南川区公安局民警抓获，当场从车后备箱内查获用黑色塑料袋包装的6包疑似甲基苯丙胺片剂，经称量和鉴定，净重3386.4克，含有甲基苯丙胺和咖啡因成分，其中甲基苯丙胺含量为12.4%—14.9%。被告人郑某某在重庆市江北区东海岸小区其出租屋内被重庆市南川区公安局民警抓获，从该出租屋内查获紫红色皮箱，箱内装有黑色塑料袋包装的5包疑似甲基苯丙胺片剂，从卧室衣柜抽屉内查获相同包装的4包疑似甲基苯丙胺片剂，经称重和鉴定，净重5069.1克，含有甲基苯丙胺和咖啡因成分，其中甲基苯丙胺含量为12.9%—15.0%。被告人张某在重庆市渝北区佳仕丽小区其出租屋内被重庆市南川区公安局民警抓获，并从该房屋卧室衣柜内查获现金158万余元，从该房屋楼下的平台处查获疑似甲基苯丙胺，经张某指认，该疑似甲基苯丙胺是民警进门前从房间内扔出的，系被告人郑某某用于自己日常吸食，经称量和鉴定，净重37.3克，含有甲基苯丙胺成分，含量为75.2%。被告人宗某某、黄某1、黄某2、黄某3在重庆市九龙坡区申基索菲特酒店被重庆市南川区公安局民警抓获，随后在宗某某驾驶的云FZ××别克轿车车尾箱内查获66包黑色塑料袋包装的疑似甲基苯丙胺片剂，经称重和鉴定，净重37309.7克，含有甲基苯丙胺和咖啡因成分，其中甲基苯丙胺含量为14.5%—15.1%。2015年12月17日19时50分许，被告人李某某在重庆市大足区步行街被重庆市南川区公安局民警抓获，随后民警在李某某住所衣柜内查获2包疑似甲基苯丙胺片剂，经称重和鉴定，净重939.9克，含有甲基苯丙胺和咖啡因成分，其中甲基苯丙胺含量为14.5%—15.1%。

认定上述事实的证据如下：

1. 依法从被告人处扣押的甲基苯丙胺、甲基苯丙胺片剂、手机、银行卡、现金等物证；

2. 立案决定、抓获经过、办案说明、刑事判决书等书证；

3. 证人李某然、刘某光、张某凤等人的证言；

4. 被告人宗某某、郑某某、黄某1、黄某2、黄某3、雷某某和张某的供述与辩解；

5. 鉴定意见：重庆市公安局毒品检测中心渝公禁（毒检）（2016）0011号、0012号、0013号、0016号、0020号物证检验报告，西南政法大学司法鉴定中心西政司法鉴定中心（2016）鉴字第3709号司法鉴定意见书；

6. 现场勘验、检查笔录、称量笔录、辨认笔录、扣押物品清单及照片；

7. 技术侦查、视听资料。

2015年12月22日，被告人徐某某在重庆市渝北区蓝静月小区其出租屋内与被告人唐某某交易疑似甲苯丙胺和甲基苯丙胺片剂时被重庆市南川区公安局民警抓获。该出租屋内查获疑似甲基苯丙胺（净重4953.9克，甲基苯丙胺含量为75.1%—76.4%）和疑似甲基苯丙胺片剂（净重270.1克，含有甲基苯丙胺和咖啡因成分）。

认定上述事实的证据如下：

1. 依法扣押的甲基苯丙胺、甲基苯丙胺片剂、现金等物证；

2. 常住人口登记表、抓获经过、刑事判决书等书证；

3. 证人吴某、严某志等人的证言；

4. 被告人徐某某、唐某某的供述与辩解；

5. 鉴定意见：重庆市公安局毒品检测中心渝公禁（毒检）（2016）40081号物证检验报告；

6. 现场勘验、检查笔录、称量笔录、辨认笔录、扣押物品清单及照片；

7. 技术侦查、视听资料。

2015年10月左右，被告人周某某和任某某商量由任某某联系购买甲基苯丙胺，然后储存在周某某出租屋用于共同出售。2016年1月4日，被告人任某某在重庆市万盛区以24000元购买甲基苯丙胺，并将其运回重庆市南川区金佛B区被告人周某某的出租屋内。2016年1月6日17时许，被告人周某某在其出租屋门口被重庆市南川区公安局民警抓获，民警从周某某身上和房内查获疑似甲基苯丙胺（净重934.1克，甲基苯丙胺含量为74.0%—7.3%）和少许疑似甲基苯丙胺片剂（经鉴定含有甲基苯丙胺和咖啡因成分）。当日18时32分许，被告人任某某在重庆市万盛区花园小区被重庆市南川区公安局民警抓获归案，经搜查其身体查获少许疑似甲基苯丙胺（经鉴定含有甲基苯丙胺成分）。

认定上述事实的证据如下：

1. 依法扣押的甲基苯丙胺、甲基苯丙胺片剂等物证；

2. 常住人口登记表、抓获经过、刑事判决书等书证；

3. 被告人周某某、任某某的供述与辩解；

4. 鉴定意见：重庆市公安局毒品检测中心渝公禁（毒检）（2016）40079号、40080号物证检验报告、西南政法大学司法鉴定中心西政司法鉴定中心（2016）鉴字第3709号司法鉴定意见书；

5. 现场勘验、检查笔录、称量笔录、辨认笔录、扣押物品清单及照片；

6. 技术侦查、视听资料。

本院认为，被告人宗某某、黄某1、黄某2、黄某3违反国家毒品管理规定，明知是毒品而运输、贩卖，数量巨大，其行为触犯了《中华人民共和国刑法》第三百四十七条第二款之规定，应当以贩卖、运输毒品罪追究其刑事责任。被告人宗某某在共同犯罪中起主要作用，系主犯，被告人黄某1、黄某2、黄某3在共同犯罪中起次要作用，系从犯，根据《中华人民共和国刑法》第二十七条之规定，应当从轻处罚。被告人郑某某、雷某某、张某违反国家毒品管理规定，贩卖以及为贩卖而购买毒品，数量巨大，其行为触犯了《中华人民共和国刑法》第三百四十七条第二款之规定，应当以贩卖毒品罪追究其刑事责任。被告人郑某某在共同犯罪中起主要作用，系主犯，被告人雷某某、张某在共同犯罪中起次要作用，系从犯，根据《中华人民共和国刑法》第二十七条之规定，应当从轻处罚。被告人徐某某违反毒品管理规定，明知是毒品而贩卖、储存，数量巨大，其行为触犯了《中华人民共和国刑法》第三百四十七条第二款之规定，应当以贩卖毒品罪追究其刑事责任。被告人李某某违反毒品管理规定，为贩卖而购买毒品，其行为触犯了《中华人民共和国刑法》第三百四十七条第二款之规定，应当以贩卖毒品罪追究其刑事责任。被告人唐某某违反毒品管理规定，为贩卖而购买毒品，其行为触犯了《中华人民共和国刑法》第三百四十七条第一款之规定，应当以贩卖毒品罪追究其刑事责任。被告人周某某、任某某违反毒品管理规定，明知是毒品而贩卖、储存，数量巨大，其行为触犯了《中华人民共和国刑法》第三百四十七条第一款之规定，应当以贩卖毒品罪追究其刑事责任。

被告人郑某某、雷某某、周某某等被判处有期徒刑以上刑罚的犯罪分子，刑罚执行完毕或者赦免以后，在五年内再犯应当判处有期徒刑以上刑罚之罪的，是累犯，根据《中华人民共和国刑法》第六十五条之规定，应当从重处罚。被告人雷某某、徐某某、周某某因贩卖毒品罪或者非法持有毒品罪被判过刑，又犯毒品犯罪，系毒品再犯，根据《中华人民共和国刑法》第三百五十六条之规定，从重处罚。被告人唐某某已经着手实施犯罪，由于其意志以外的原因而未得逞，系犯罪未遂，根据《中华人民共和国刑法》第二十三条之规定，可以比照既遂犯从轻或者减轻处罚。被告人郑某某、黄某3被抓获后协助抓捕其他犯罪嫌疑人，根据《中华人民共和国刑法》第六十八条和2010年《最高人民法院关于处理自首和立功若干具体问题的意见》第五条的规定，系重大立功，可以减轻处罚。被告人黄某3、李某某到案后如实供述自己罪行，根据《口华人民共和国刑法》第六十七条第三款规定，可以从轻处罚。

根据《中华人民共和国刑事诉讼法》第一百七十二条的规定，提起公诉，请依法判处。

此致

重庆市第三中级人民法院

检察员　黄某某

代理检察员　何　某

2016年10月12日

一审辩护词

黄某1涉嫌贩卖、运输毒品罪一案
一审辩护词

尊敬的法庭：

云南天外天律师事务所接受被告人黄某1的委托，指派汤光仁、王丽媛律师担任其辩护人。在依法参加今天的庭审过后，现就本案定罪和量刑过程中的事实认定和法律适用发表如下的辩护意见，望法庭在合议时予以采纳。

一、定罪

首先，对于公诉机关指控黄某1构成运输毒品罪，鉴于黄某1自愿认罪并结合案件的证据事实，辩护人没有异议。但是，对于公诉机关指控其构成贩卖

毒品罪，辩护人认为明显事实不清，证据不足，依法不能成立。虽然在本案指控的贩卖、运输毒品罪中，贩卖毒品罪只是选择性罪名中的一个选择项，但每个选项的最终选择都应该尊重事实和法律，在没有事实及证据的前提下确实不应当任意选择。关于黄某1不构成贩卖毒品罪的意见，辩护人从以下五个方面向法庭进行简要陈述。

（一）贩卖毒品是黄某3个人单独的犯罪，不能将个人单独的犯罪行为想当然地等同于所有人的共同犯罪行为

之所以认为公诉机关指控黄某1构成贩卖毒品罪事实不清、证据不足，是因为公诉机关在指控此罪名时明显忽视了毒品犯罪的特殊性，将黄某3个人的犯罪行为想当然地认为是所有人共同的犯罪行为。

毒品犯罪是众所周知的非常隐秘的犯罪行为，在犯罪过程中不仅出现各种反侦查手段，而且基本都是单线联系，其隐秘性导致即使是最亲近的亲属或者夫妻之间也未必知晓对方的故意及行为。通过庭审查明的事实，我们已经很清楚地看到：本案中黄某3和郑某某达成了毒品交易的共识，黄某3要向郑某某出售毒品。同时黄某3与郑某某的供述，尤其是郑某某的供述清晰地显示，其明确拒绝了黄某3要求自己到昭通取货的想法，直接明了地要求黄某3把毒品送到重庆，而且毒品在重庆的交易价格与在昭通的交易价格也明显不一样。也就是说在黄某3与郑某某的毒品买卖过程中卖货方黄某3要承担把毒品运输到重庆的义务。那么怎么送呢？基于运输毒品的风险，不可能自己一个人既探路又运输，人货分离是最基本的反侦查手段，因此至少需要几个人帮助探路及驾车，所以黄某3邀约了包括黄某1在内的其他的三个人参与运输毒品的工作，把毒品一起送到重庆，以便实施他贩卖毒品的目的。

因此对于运输毒品的行为，本案中黄某3、宗某某、黄某2、黄某1四人确实形成了共同的犯罪故意。但是在运输毒品的过程中，黄某3有没有将贩卖毒品的故意告知其他人，则是另一个问题，而且必须依靠证据才能够认定。

通过庭审，我们可以非常清楚地看到黄某3并没有将贩卖毒品的故意告诉其他三人，其他三人也并不知晓黄某3贩卖毒品的故意。从昭通运输毒品到重庆的人员总共四个所谓的同案嫌疑人，对于运输毒品时的犯罪故意，其他三人均相互印证地证实，自己只是负责运输毒品，也只有运输毒品的犯罪故意，既不知晓黄某3贩卖毒品的故意，自己也没有形成与黄某3共同贩卖毒品的故意。在整个运输过程中黄某3也从来没有将自己贩卖毒品的故意告知其他三人，其

他三人又从何知晓呢？

辩护人举一个最常见的例子：一对夫妻，男方贩毒，难道女方就当然知道并且构成共犯吗？显然不是！我们不能因为他们是一个家庭，就认为男方的行为女方一定完全知道。同样的情况，不能因为黄某 1 等人是与黄某 3 一起实施运输毒品的行为，就想当然地认为黄某 1 等人对黄某 3 贩卖毒品的故意一定知道，并且一定形成了贩卖毒品的共同故意。因此，本案的指控明显忽视了毒品犯罪的特殊性，将一个人的犯罪行为和故意等同于所有人的犯罪行为和故意。

（二）公诉机关的指控，明显混淆了毒品运输到目的地的交接和毒品买卖交易的概念，错误地将毒品运输到目的地的交接行为认定为贩卖毒品的交易行为

1. 将毒品运输到目的地的交接行为混淆为毒品贩卖的交易行为明显违背事实认定的主客观统一要求

运输毒品通常都是在约定地域或约定的人员之间的毒品流动，当毒品运输到指定地点时必然要进行脱手和交接，要么是将毒品放置在指定的地点，要么是将毒品交接给指定的人员。这和所谓的毒品交易在表象上有一定的相似，但绝对不是同一个概念。

公诉人在庭审质证的时候，称看到黄某 1、黄某 2、黄某 3 三个人一起把毒品放到郑某某的车后备箱，便认为这就是黄某 1 等人一直参与毒品交易的一个证据。但事实上我们忽视了此时这三个人交接毒品的主观故意。黄某 1 等人与黄某 3 事先达成了运输毒品的共同犯罪故意，把毒品运输到重庆后，总是要处理的，就如同黄某 1 与黄某 2 所说，自己的任务就是把毒品运到重庆，然后黄某 3 说交给谁就交给谁。因此黄某 1 等人按照黄某 3 的安排不论是将毒品交给指定的人员还是交到指定的地点都只是毒品运输至目的地的脱手行为、毒品运输终结的交接行为，而非毒品贩卖的交易行为。

2. 将毒品运输到目的地交付脱手的行为视为毒品贩卖的交易行为，是一种明显的重复评价的行为，为法律所明确禁止

毒品运到目的地就要交出去，不可能一直存放在运输人员手中，对于这个脱手的交接行为如果同时又认定为毒品贩卖的交易行为，则无疑对一个行为进行了两次评价，这是典型的重复评价，对被告人不公平，也不符合法律的要求。

（三）指控黄某 1 构成贩卖毒品罪，明显缺乏犯罪的主客观构成要件

1. 指控黄某1构成贩卖毒品罪缺乏犯罪的主观要件

贩卖毒品罪犯罪故意的具体表现，就如公诉人在辩论时所陈述，要么是出卖毒品，要么是以出卖为目的而购买毒品，因此其必然包含对于毒品出卖的内容和想法。而这种犯罪故意的形成方式也主要表现为两种，一是个人单独形成犯罪故意，二是与他人在共同犯罪法理下共同形成犯罪故意，但辩护人要特别说明的是上述两种方式的犯罪故意黄某1均不具备。

(1) 黄某1没有单独形成贩卖毒品的犯罪故意

从黄某1本人最直接的供述中我们可以看到，自黄某1归案以后一直稳定、全面地供述案件事实。他一直强调自己只具有运输毒品的犯罪故意，并无贩卖毒品的犯罪故意。对此不仅有黄某1本人的供述直接予以证实，也与宗某某、黄某2二人的供述相互印证。三人的证言相互印证，他们都不知道要贩卖毒品，只知道要运输毒品。由此可见，黄某1没有产生贩卖毒品的犯罪故意。

在庭审中，公诉机关为了证明黄某1具有贩卖毒品的故意，出示了一些证据，如第一组就提到了郑某某的供述，认为黄某1以合伙人的身份与黄某3一起到重庆和郑某某谈过毒品交易的价格。公诉机关认为该供述证明黄某1具有贩卖毒品的犯罪故意，但是通过庭审质证，我们清晰地看到郑某某的这份供述明显不符合案件的客观事实，也相互矛盾、无法相互印证。为什么呢？根据郑某某之前的供述，其与黄某3一共见过两次面，就是两次交货时。在庭审过程中，郑某某当庭陈述“我跟黄某3见面，总共就是两次”，在庭审中他又增加了一次，说有三次，那么这所谓的三次是干什么的呢？郑某某具体解释为：两次交货时共计见面两次，还有一次是黄某3介绍所谓的三名同案犯与自己认识。由此可见，即使根据郑某某在庭审中的供述，也根本没有黄某1与黄某3一起去与郑某某谈毒品交易价格的空间和时间条件，所以，关于黄某1跟着黄某3一起去谈过毒品的价格，因此具有贩卖毒品的故意的认定，明显是无稽之谈。黄某1连见面的机会都没有，何来谈判的可能？

庭审中，公诉机关还出示了郑某某对于黄某1的辨认笔录，笔录中郑某某说：“这个人（黄某1）就是与黄某3一起跟我谈价的。”但是通过庭审的质证可见，这份辨认笔录明显不具有采信的前提：首先，郑某某辨认的时间与空间违背基本常识，缺乏客观性与合法性。通过辨认笔录的明确记载可见，辨认的时间为2015年12月13日1：40—1：55，而通过郑某某第二次讯问笔录可见，2015年12月13日0：40—3：22，郑某某正在接受讯问，并且该讯问笔录中从来没有提到暂停或者中断以进行辨认的情况，因此该份辨认笔录明细缺乏基本的时间与空间条件，真实性更无从谈起，因为真实性的缺乏，该辨认笔录依法不能采信作为定案的依据。另外，该辨认笔录与其本人供述的内容明显相互矛盾，其本人在侦查阶段供述自己与黄某3见面总共两次（两次均是交货时，因此不存在为谈价而单独见面的前提，就更不存在黄某3带着黄某1一起为了谈价而与郑某某见面的可能；或者按照郑某某当庭的供述，称与黄某3见面总共三次，两次是交货时，一次是黄某3带领其他三人与郑某某见面认识。这也同样不存在为谈价而单独见面的前提，就更不存在黄某3带着黄某1一起为了谈价而与郑某某见面的可能）。综上，郑某某所辨认的黄某1是与黄某3一起来与自己谈价的合伙人的辨认笔录依法不能采信作为定案的根据。根据以上情况也可以看出，黄某1没有单独形成贩卖毒品的故意。

(2) 黄某1没有与其他人一起因为共同犯罪而形成贩卖毒品的故意

在案证据显示，黄某3确实具有贩卖毒品的故意；而黄某3、宗某某、黄某2、黄某1四个人确实一起实施运输毒品。至于黄某3是否将贩卖毒品的故意告诉其他三人，或者怎样告诉其他三人，应当严格以证据作为依据，既不能简单地主观推断，也不能仅凭黄某3的一面之词，因为黄某3的供述本身就是栽赃陷害、推卸责任。

首先，黄某3供述自己是与郑某某形成了买卖毒品的犯罪故意后，将需求告诉宗某某和黄某1，宗某某和黄某1回复说可以找到货。如此看似证明了黄某1、宗某某的贩卖故意，而公诉机关指控昭通的四人具有共同贩卖毒品的故意，那么黄某2的贩卖毒品的犯罪故意从何而来呢？

其次，所谓的宗某某与黄某1回复说可以找到货，一方面与宗某某、黄某1的供述相互矛盾，另一方面为何没有任何细节呢？关于怎样找货、具体的价格、利润的分配、毒资的筹集，总不可能一字不提。不筹集毒资，就算谁有天大的本事也不可能获得毒品来出卖，几个人冒着杀头的危险贩卖毒品，怎么可能连具体的利润分配也只字不提呢？由此可见黄某3供述自己与其他三人形成共同贩卖毒品的故意，不仅是孤证而且明显与其他证据相互矛盾，甚至连基本常识都不符合，又怎么能够作为定案的根据呢？

再次，前述四人具有共同运输毒品的故意，也共同实施了运输毒品的行为，针对是否具有贩卖毒品的故意，出现明显矛盾的两种说法，黄某3的说法明显不能印证，而其他三人只有运输故意没有贩卖故意的说法，在侦查阶段及今天的庭审中宗某某、黄某2、黄某1三人一直能够相互印证，为什么公诉机关对于相互印证的事实置若罔闻，反而对于自相矛盾的孤证情有独钟？这种有罪推定及重罪思维确实难以契合刑事案件无罪推定、疑罪从无的司法精神，恳请人民法院明察慎断。

最后，公诉机关被假象迷惑，认为黄某3的供述如实，甚至在正式的起诉书中也予以了明确的认定，但是黄某3究竟是如实供述还是有意混淆案件真相？还要恳请法庭明鉴。

第一，庭审时，针对一个非常重要的案件情节即“究竟是谁将装有毒品的旅行包放在了郑某某所驾驶的宝马车后备箱”，黄某3不论是在侦查阶段还是在庭审之中都坚定不移地说，是黄某1将旅行包放在了郑某某驾驶的宝马车的后备箱，在庭审中为了坚持自己的谎话，其甚至不惜编造具体的细节回答辩护人，称：黄某1与黄某2两人是从宝马车的侧面走到尾部，因此自己在副驾驶的位置可以清楚地看到整个过程；黄某1将旅行包放在宝马车后备箱时也是从侧面丢进尾箱，因此自己的视线不会被打开的尾箱盖遮挡。庭审之中黄某3对于该事实的描述言之凿凿。但是通过后来庭审中播放的监控视频可以清晰地确定：将装有毒品的旅行包放进郑某某宝马车后备箱的人是黄某2，而且黄某2是从宝马车正后方将旅行包放进汽车尾箱；黄某1既没有和黄某2一起到达宝马车旁边，更没有在宝马车尾箱内放过任何物品。为此公诉机关对于究竟是谁放了旅行包一事也当庭作出了客观的更正。通过该事实可以清晰地看到黄某3的供述尤其是针对关键事实的供述不仅不是如实供述，反而是明显地恶意构陷其他同案犯。

第二，与上面相同的情形还出现在针对李某某的毒品贩卖过程中。黄某3供述其联系李某某出卖毒品时，没有李某某的电话也不知道李某某是否需要毒品，是黄某1通过朋友问到了李某某的电话，并且指使自己与李某某联系。但是通过公安机关对黄某3手机号码的提取可见黄某3正常使用的手机中早就保存了李某某的电话号码，而且是两个，分别标记为“三峡工程”与“三大运营商”，其所谓的需要黄某1临时向朋友寻找李某某的电话号码又从何谈起呢？而且通过李某某的供述可见，其购买毒品是自己通过云南一名姓唐的男子认识黄某3，同时其当时就与黄某3互留了电话，其购买毒品时也是自己主动联系黄某3，那么黄某3描述的临时获得李某某的电话，临时联系李某某询问是否需要购买毒品，又从何谈起呢？

由此可见黄某3针对案件的关键事实不仅明显说谎，而且是不止一次说谎，可谓谎话连篇！只是公诉机关未能识破。那么，黄某3为何要这样不顾真相、冤枉其他人呢？其实理由很简单，黄某3与郑某某买卖毒品是不争的事实，而其通过虚假的供述将其他三人也牵扯到贩卖毒品的犯罪当中，目的就是减轻自己的罪责。通过其供述也不难看出，其每次供述都在强调自己与郑某某及李某某等人联系购买毒品都是受到宗某某或者黄某1的指使，这是明显的诬陷他人、推卸自己的责任的表现。因此黄某3对于贩卖毒品罪的供述具有明显的利害关系，其直接目的就是构陷他人、减轻自己的罪责。

综上，通过郑某某、李某某等人的供述可知，所谓的毒品交易的谈价过程，完全是通过电话谈成的。而跟郑某某通电话的人，毫无疑问就是本案的黄某3。和李某某电话谈价的又是谁？毫无疑问也是黄某3，郑某某及李某某没有和本案其他三位被告人通过电话，他们怎么谈价格？黄某1等三人如何形成贩卖毒品的故意？因此通过买卖毒品商谈的具体过程及细节，一方面充分证实了贩卖毒品是黄某3个人的故意，另一方面也反证了其他三人没有贩卖毒品的故意。故此，辩护人认为指控黄某1构成贩卖毒品罪，缺乏犯罪的主观要件，依法不能成立。

2. 指控黄某1构成贩卖毒品罪缺乏犯罪的客观要件

首先，黄某1没有贩卖毒品的商谈行为。贩卖毒品的客观行为首先体现在协商谈价的过程。但是通过以上陈述可知，本案中出卖毒品的协商及谈价都是黄某3和郑某某、李某某等人单独进行的，而且是通过电话进行，因此黄某1没有机会和可能实施这些行为。

其次，黄某1没有贩卖毒品的收款行为。贩卖毒品客观行为还体现在收取毒资的过程，但是全案证据全部出示完毕，可知整个毒品贩卖的过程中，除了黄某3收到过钱，其他三个人没有收到过一分钱。那所谓的贩卖又何以立足呢？所有买毒品的人交付毒资的对象都是黄某3，这也从另一个方面印证了黄某1没有贩卖毒品的客观行为。

再次，黄某1没有贩卖毒品的交易行为。贩卖毒品必然涉及一个行为，即货物的交易。辩护人在前文已经分析过，无论是黄某1还是黄某2，他们把毒品交接或者脱手，这个行为只是运输的一个结束行为，而不是在贩卖毒品故意支持下的交易行为。因此，本案中黄某1、黄某2等人均没有交易毒品的行为。这再次印证了黄某1在本案中不存在贩卖毒品的客观要件。

最后，不能对黄某1运输毒品行为进行重复评价。对于公诉人庭审所说的技侦资料仪通话记录所反映的相关情况，我们作以下两点说明：一方面，这明显和毒品贩卖的客观行为没有关联，因为黄某3等四人本来就一起运输毒品，他们之间有通话很正常，没有通话反倒不正常。另一方面，无论是监控资料看到的内容，还是技侦资料里面听到的音频，所谓的要把货拿过去，就是前文说的运输毒品结束时毒品脱手的行为，不能够重复评价为交易的行为。

综上，指控黄某1构成贩卖毒品罪缺乏犯罪的客观要件，依法不能成立。

（四）现有的证据足以反证黄某1没有贩卖毒品的行为和故意，不应当构成贩卖毒品罪

刑事诉讼法要求在侦查过程中既要收集指控被告人有罪及罪重的证据材料，也要收集证明被告人无罪或者罪轻的证据材料。在认定案件事实时既要注意对被告人不利的指控，也要注意对被告人有利的辩解。前述四个人在法庭的调查以及在公安的询问过程中，只有黄某3一人能够说出贩卖的细节，其他三人对于贩卖的细节一无所知。黄某3关于共同贩卖毒品的供述自相矛盾，与在案其他证据也相互矛盾。而其他三人关于仅仅具有运输毒品犯罪故意，没有贩卖毒品犯罪故意的供述，不仅相互印证，而且也能够得到在案其他证据的佐证，并且对于相关疑问能够作出合理可信的解释，在认定具体案件事实时，应当采信其他三人的供述作为定案的根据。

在案件事实认定的过程中应该严格坚持疑罪从无及无罪推定的理念，不应当在有罪推定的影响下先入为主地认定案件事实，对于所谓其他三人共同参与贩卖毒品的供述，如果黄某3是如实供述，为何要在是谁将毒品放在郑某某汽车的尾箱、如何放进汽车尾箱、与李某某联系出售毒品的具体过程等重要案件事实上，作出明显虚假的供述？如果黄某3所供述的内容是真实的，为何会出现这样明显甚至低级的错误！

（五）指控黄某1构成贩卖毒品罪，明显不能够达到刑事案件定罪的证明的标准，即不能排除合理怀疑

公诉人在庭审中也谈到，刑事案件的证据异常严格，我们不仅要形成封闭的证据锁链，环环相扣，而且应当排除一切合理的怀疑，才能够作为定案的根据。本案中，我们已经提到，通过在案证据，已经很充分地证实，本案中确实不排除是黄某3个人和郑某某达成了买卖毒品的故意，并且需要将毒品运输到重庆交货，黄某3为了完成贩卖毒品的行为，又安排了其他人来帮助自己完成

运输行为。这是最典型的毒品交易方式，即虽然知道风险很大，但是仍不想让毒品脱离自己的监控，其他人虽然知道黄某3运输毒品，但是并不知道黄某3同时还贩卖毒品，即案中有案。因此，黄某3既是毒品的贩卖人，又是运输人。其作为毒品运输人的目的就是便于沿途监控货物的安全，保障货物顺利运输到他约定的交易地点，而且一旦事情败露还可以将责任推卸到其他运输人员头上。

现在的指控认为宗某某是主犯，那么毒品下一步怎么处理自然应当按照宗某某的安排进行，但是按照宗某某的说法，又应该由“四哥”来安排，而通过在案证据显示他们都已经交出去两次毒品了，怎么没有见“四哥”的任何安排呢？宗某某也没有做任何安排，那么是谁安排把毒品交出去的？在案证据已经充分证实，就是按照黄某3的安排把毒品交出去的。卖给李某某的毒品是黄某3安排的，卖给郑某某的毒品也是黄某3安排的。如果黄某3仅仅是运输，不是真正的毒品贩卖人，他凭什么来安排呢？

通过毒品的交易过程、交付过程，其实我们可以清晰地看到黄某3对于整个毒品的控制情况，所以黄某3就是他们所运输毒品的真正货主。

显然现有证据不能排除前述合理怀疑，因此指控黄某1构成贩卖毒品罪明显事实不清、证据不足，依法不能成立。

二、量刑

关于本案量刑的意见，辩护人就以下五个方面简要陈述。

（一）本案的死刑数量需要控制

本案中现有的证据整体反映的案件事实不清，然而刑事案件对案件事实认定所要求的证明标准十分严格，尤其是涉及判处死刑的时候，证明标准更加严格。因此，请求人民法院在本案的具体量刑的时候充分考虑案件的具体情况，以及确定其是否判处死刑，以及判处死刑的数量。

为什么辩护人认为部分事实不清呢？其一，这个毒品案件究竟是贩卖毒品还是运输毒品，确实存在很大的争议。我们也看到，本案的毒品，至今来源不清，按照宗某某的说法是一个叫“四哥”的人提供给四名被告人运输，但是此人查无实据。按照黄某3的供述这是宗某某、黄某1为了贩卖组织来的毒品，但是价值数百万元的毒品，为何没见着任何毒资筹集的过程，就凭空出现在四人的犯罪过程中呢？这批毒品究竟从何而来？因何而来？其二，本案毒品去向不明，全案中从昭通运过来的毒品，不管是贩卖还是运输，毒品数量是84块，其中18块按照黄某3的安排交接给李某某及郑某某，但是剩余的66块毒品至今不知要去何处。

（二）黄某1在运输毒品的共同犯罪过程中作用、地位明显系从属、辅助，依法属于从犯的情形，请求依法认定并在量刑中予以体现

按照公诉机关的指控，黄某1在贩卖、运输毒品的犯罪过程中属于从犯。结合在案证据，黄某1本人在运输毒品的过程中仅仅是与黄某3在前面探路，在运输毒品的过程中均受黄某3、宗某某的指挥安排，也是受到宗某某的邀约才参与运输毒品，因此其地位作用明显系从属、辅助，属于从犯情形，鉴于公诉机关已经作出客观的认定并且也有充分的证据证实，因此辩护人不再赘述，请求人民法院依法认定并在量刑中予以体现。

（三）黄某1在本案中属于如实供述，应当依法认定其坦白的情节，并在量刑过程中予以体现

根据《刑法》第六十七条第三款的规定，坦白作为一个法定情节，在量刑过程中依法应当客观认定并具体体现。但是认定坦白情节是否成立，不是看嫌疑人说的内容多还是说的内容少，而是应当如实陈述。本案中因为黄某1本来就没有参与贩卖毒品，当然无法供述贩卖毒品的内容，不能因为其没有供述贩卖的内容就草率地认为他是不如实供述，不构成坦白情节。相反，因为他只参与了运输毒品，而且他对于运输毒品的供述得到了同案犯其他人的相互印证，所以应当客观地认定他对于整个案件事实已经如实供述，并且依法应当认定为坦白情节。

本案中黄某3的供述明显虚假，尤其在涉及其他三人是否共同贩卖毒品的关键案件事实上，其供述明显系有意诬陷其他同案犯，企图减轻自己的罪责，这已经有充分的证据证实。因此不能以黄某3的供述为前提来评价黄某1的供述是否属实，如果以黄某3的虚假供述为前提来评价黄某1是否属实，是本末倒置的做法，必然与刑法所追求的客观公正背道而驰。

（四）黄某1有立功表现，在量刑中依法应予以考虑

在羁押期间黄某1检举、揭发了多起他人犯罪并提供线索，经初步核实后，庭审时的情况主要为两种：

1. 其检举揭发的犯罪事实确实存在并且已经查证属实，但是在黄某1检举之前，嫌疑人已经被抓获，同时办案单位又要求黄某1对检举的犯罪人员进行了辨认，且黄某1准确辨认出了犯罪嫌疑人，该案件虽然不是因为黄某1的检举而破获，但是黄某1事后的辨认行为为侦查机关查清案件事实也发挥了一定

作用，根据立功的立法本意及法理，虽然不构成标准的立功情节，但仍可以参照立功情节予以处理。

2. 黄某1另外检举的两起犯罪，公安机关正在调查核实过程中，虽然至开庭时尚未查实，但其这两起检举也并非一定不存在，侦破案件既存在时间的限制也存在技术等各方面条件的限制，结合其前一起检举最终确实被查实的情况分析，其这两起检举在后期的侦查过程中也不排除最终被查实的可能性，因此在量刑时应当留有余地。同时黄某1的三次检举行为也反映了其愿意积极悔过、改过自新的主观愿望，其主观恶性和社会危害性较小，具有较好的教育挽救条件。

恳请人民法院按照立功法律规定的立法本意和法理，在量刑时予以评价和体现。

（五）对黄某1的最终量刑，恳请人民法院结合全案量刑情节，依法减轻处罚

其一，结合从犯等法定与酌定量刑情节，并充分考虑在从犯中的具体作用地位，最终对黄某1减轻处罚，在十五年有期徒刑以下宣告刑罚。

其二，在共同犯罪的过程中，黄某1的行为和黄某2一样，与宗其某和黄某3相比明显系从属、辅助。虽然黄某1和黄某2在共同运输毒品犯罪的整个过程中的作用相当，但是黄某2在该次犯罪之前曾因刑事犯罪受过刑事处罚，黄某1虽然被定过罪，但是判处缓刑，且缓刑考验期间没有被撤销缓刑，因此属于未受过刑事处罚的情形，而且黄某1还有检举揭发他人犯罪的表现，因此黄某1的主观恶性比黄某2小，在量刑中应当区分和体现，以实现共同犯罪中量刑的梯度和均衡。

综上，恳请人民法院结合黄某1法定和酌定的量刑情节，最终在有期徒刑十五年以下对其宣告刑罚。

此致

重庆市第三中级人民法院

辩护人：汤光仁、王丽媛
云南天外天律师事务所
2016年11月18日

一审刑事判决书

重庆市第三中级人民法院
刑事判决书

（2016）渝03刑初22号

公诉机关：重庆市人民检察院第三分院

被告人：宗某某，……（略）

辩护人：杨宇平，重庆华立万韬律师事务所律师

被告人：徐某某，……（略）

辩护人：朱简兰、周健，重庆渝汇律师事务所律师

被告人：郑某某，……（略）

辩护人：张忠均，北京大成（重庆）律师事务所律师；周夏志，重庆圣石牛律师事务所律师

被告人：黄某1，……（略）

辩护人：汤光仁、王丽媛，云南天外天律师事务所律师

被告人：黄某2，……（略）

辩护人：熊学华，重庆祥永律师事务所律师

被告人：雷某某，……（略）

辩护人：梅兵，重庆智豪律师事务所律师

被告人：唐某某，……（略）

辩护人：郝位立，重庆华升律师事务所律师

被告人：周某某，……（略）

辩护人：杨红伟，重庆祥永律师事务所律师

被告人：黄某3，……（略）

辩护人：朱凯来，重庆智蒙律师事务所律师

被告人：任某某，……（略）

辩护人：吴万寿，重庆春意律师事务所律师

被告人：李某某，……（略）

辩护人：王延，重庆祥永律师事务所律师

被告人：张某，……（略）

辩护人：黎勇，重庆兼善律师事务所律师

重庆市人民检察院第三分院以渝检三分院刑诉（2016）14号起诉书指控被告人宗某某、黄某1、黄某2、黄某3犯贩卖、运输毒品罪，被告人郑某某、雷某某、张某、徐某某、李某某、唐某某、周某某、任某某犯贩卖毒品罪一案，于2016年10月18日向本院提起公诉。本院受理后，依法组成合议庭，公开开庭进行了审理。

重庆市人民检察院第三分院指派副检察长黄常明，代理检察员何方出庭支持公诉，被告人宗某某等12名被告人及其辩护人参加诉讼。本案因补充侦查，公诉机关申请延期审理二次，本院决定延期审理二个月。现已审理终结。

公诉机关指控：……

经审理查明：

1. 被告人宗某某、黄某1、黄某2、黄某3贩卖、运输毒品，被告人郑某某、雷某某、张某贩卖毒品，被告人李某某贩卖毒品的事实

2015年11月1日，被告人郑某某为购买毒品甲基苯丙胺片剂（俗称麻古）用于贩卖，通过电话联系被告人黄某3，约定由黄某3将甲基苯丙胺片剂从云南省运至重庆市贩卖给郑某某，郑某某在重庆市支付黄某3购买毒品的毒资。其间，郑某某向被告人雷某某筹集了购买甲基苯丙胺片剂的资金。2015年11月2日凌晨，在重庆市江北区渝通宾馆附近，郑某某与黄某3交易甲基苯丙胺片剂72000颗（重量6000克）。被告人张某明知郑某某贩卖毒品，帮助郑某某收取毒资并记账。

……

七、被告人的供述与辩解

被告人黄某1供述：2015年11月上旬，宗某某问他和黄某2愿不愿意帮人运输毒品，如果愿意去，宗某某和他、黄某3、黄某2一起去，运输成功后每人可以分得二三十万元，他和黄某2答应一起运输毒品。2015年12月11日凌晨，黄某3驾驶云AN2R××轿在前面探路，宗某某和黄某2开着另一辆车载着毒品跟在后面，从云南省前往重庆市。在行驶的途中，他用黄某3车上的一部手机与后面车上的黄某2联系，通报路途上的情况。

到达重庆市大足境内后，黄某3接了一个电话就开车下了高速路，在高速路口见了一个人。之后，两辆车继续往重庆市区方向行驶，当晚到达九龙坡区申基索菲特酒店。在外吃饭时，他把黄某2递给他一个装着毒品的包放到凯迪

拉克轿车后备箱。

……

合议庭关于公诉机关的指控意见、被告人的辩解意见、辩护人的辩护意见综合评判如下：

1. 关于宗某某、黄某1、黄某2、黄某3贩卖毒品共同犯罪的认定

共同犯罪是指二人以上共同故意犯罪，认定共同犯罪须具备共同的故意和共同的犯罪行为。经查，郑某某与黄某3的通话中反映出黄某3与他人运输毒品至重庆市区贩卖，黄某3供述证明四人之间存在贩卖毒品的意思联系。同时，被告人黄某3、宗某某、黄某1、黄某2、郑某某、李某某的供述、电话录音和视频资料等证据证明，宗某某、黄某1、黄某2、黄某3四人从云南省运输甲基苯丙胺片剂47098.53克到重庆市，宗某某和黄某2驾驶装载毒品的车辆，黄某3和黄某1同车在前面探路，黄某3在途中电话联系李某某和郑某某进行毒品交易。黄某3、黄某1在重庆市大足邮亭收费站下道，把从宗某某运输毒品轿车内取出的3块麻古交付给李某某，在重庆市九龙坡石桥铺街道科园三路，黄某3、黄某2、黄某1配合把15块麻古从宗某某运输毒品轿车内取出交付给郑某某。在交付毒品之后，宗某某、黄某1、黄某2、黄某3一起入住九龙坡区申基索菲特酒店703号房间，等候郑某某支付毒资和贩卖余下的66块麻古。其间，黄某3向郑某某打电话催收毒资，郑某某向黄某3发短信保持联系直到四人被抓获。上述证据充分证明，宗某某、黄某1、黄某2对从宗某某、黄某2运输、控制的车辆上取出18块麻古分别交易给李某某、郑某某是明知的，黄某3联系贩卖给郑某某、李某某毒品的行为不是黄某3个人的单独行为，而是四人的共同行为。在贩卖、运输毒品过程中，四人相互联系，相互配合，形成了一个统一的贩卖、运输毒品的整体。本院认为，宗某某、黄某1、黄某2、黄某3有共同贩卖、运输毒品的犯罪故意和共同贩卖、运输毒品的行为，依法构成贩卖、运输毒品的共同犯罪。宗某某、黄某1、黄某2及辩护人提出认定三人贩卖毒品的证据不足，与黄某3不构成贩卖毒品的共同犯罪的辩解、辩护意见不能成立，本院不予采纳。

2. 关于宗某某、黄某1、黄某2、黄某3共同犯罪中主犯、从犯的划分

经查，被告人的供述、录音资料、查获现场审讯视频等证据印证，宗某某纠集黄某1、黄某2、黄某3参与贩卖、运输毒品，运输和贩卖毒品过程中，宗某某开车装载、运输、保管毒品；黄某3开车探路，联系郑某某和李某某交易

毒品，收取毒资；黄某1与黄某3一起探路，通报路途中情况，将毒品交付给李某某、郑某某；黄某2与黄某1联系，通报路途中情况，交付毒品给郑某某。

本院认为，在宗某某、黄某1、黄某2、黄某3四人同行运输毒品到重庆贩卖给郑某某、李某某中的分工及各行为人的行为中，宗某某在贩卖、运输毒品中起到纠集人员、控制毒品的作用，其作用明显大于其他三人，起主要作用，应当认定宗某某为主犯。黄某1、黄某2、黄某3起次要作用，可以认定为从犯。宗某某和辩护人提出认定宗某某是从犯的意见不能成立，本院不予采纳。

3. 关于宗某某、黄某1到案后供述的认定

辩护人提出宗某某、黄某1具有坦白情节。经查，被告人宗某某、黄某1到案后于2015年12月12日作了供述，仅供述运输被查获的66块毒品，但没有供述毒品的来源，贩卖毒品给李某某、郑某某的行为，以及剩余的66块毒品交易给何人等主要犯罪事实。

本院认为，坦白是指犯罪嫌疑人到案后如实供述自己罪行的行为，且如实供述须具备主动性、彻底性、稳定性。被告人宗某某、黄某1到案后没有如实供述自己贩卖、运输毒品的罪行，不符合坦白的认定条件，不构成坦白。辩护人提出宗某某、黄某1具有坦白情节，建议从轻处罚的辩护意见不能成立，本院不予采纳。

……

11. 关于黄某1、唐某某不构成立功的认定

黄某1、唐某某有检举他人犯罪和向公安机关提供线索的行为，经查证，立功表现不成立。辩护人提出黄某1、唐某某有立功表现，建议从轻处罚的辩护意见不能成立，本院不予采纳。

本院认为，被告人宗某某、黄某1、黄某2、黄某3违反国家对毒品管制的规定，明知甲基丙苯胺片剂是毒品，通过汽车运输的方式从云南省运输到重庆市进行贩卖，运输、贩卖的毒品数量巨大，其行为构成贩卖、运输毒品罪。在宗某某、黄某1、黄某2、黄某3四人同行贩卖、运输毒品的共同犯罪中，被告人宗某某起主要作用，系主犯；被告人黄某1、黄某2、黄某3起次要作用，系从犯。

被告人宗某某贩卖、输毒品数量巨大，系主犯，有犯罪前科，主观恶性深，社会危害性大，罪行极其严重，应当依法严惩。

被告人黄某1、黄某2贩卖、运输毒品数量巨大，有犯罪前科，系从犯，应

从轻处罚。被告人黄某3贩卖、运输毒品的数量巨大，系从犯，有立功表现和坦白情节，应当从轻处罚。

被告人徐某某违反国家对毒品管制的规定，明知甲基苯丙胺和甲基苯丙胺片剂是毒品而贩卖、存储，毒品数量巨大，其行为构成贩卖毒品罪。徐某某贩卖毒品的数量巨大，主观恶性深，社会危害性大，且系毒品再犯，罪行极其严重，应依法从重处罚。

被告人郑某某违反国家对毒品管制的规定，明知甲基丙苯胺片剂是毒品，购买后予以贩卖，贩卖毒品数量巨大，其行为构成贩卖毒品罪。张某明知郑某某贩卖毒品，仍帮助郑某某收取和保管毒资，记录毒品交易账目等，构成贩卖毒品罪。在郑某某与张某的共同犯罪中，郑某某系主犯，张某系从犯。郑某某贩卖毒品的数量巨大，主观恶性深，社会危害性大，罪行极其严重，且系累犯，应依法从重处罚。郑某某到案后虽有协助公安机关抓获其他犯罪嫌疑人的重大立功表现，但根据郑某某犯罪的事实、性质、情节、社会危害程度，对郑某某不予减轻处罚，判处死刑不立即执行。被告人张某系从犯，应当减轻处罚。

被告人雷某某违反国家对毒品管制的规定，明知甲基苯丙胺片剂是毒品而购买并贩卖，其行为构成贩卖毒品罪，雷某某系累犯和毒品犯罪的再犯，应当从重处罚。

被告人唐某某违反国家对毒品管制的规定，明知甲基苯丙胺和甲基苯丙胺片剂是毒品而购买并贩卖，其行为构成贩卖毒品罪。

被告人唐某某在毒品交易时被抓获，犯罪既遂；曹勇系累犯，应当从重处罚。

被告人周某某、任某某违反国家对毒品管制的规定，明知海洛因、甲基苯丙胺和甲基苯丙胺片剂是毒品而贩卖、存储，数量巨大，其行为均已构成贩卖毒品罪。周某某和任某某系贩卖毒品的共同犯罪，对二人不区分主、从犯。被告周某某贩卖毒品的数量巨大，系累犯和毒品犯罪的再犯，应当从重处罚。被告人任某某贩卖毒品的数量巨大，依法处罚。

被告人李某某违反国家对毒品管制的规定，明知甲基苯丙胺片剂是毒品，仍购买后予以贩卖，其行为构成贩卖毒品罪。被告人李某某有坦白情节，可从轻处罚。

综上，依照《中华人民共和国刑法》第三百四十七条第一款、第二款第（一）项、第七款，第三百五十六条，第二十五条第一款，第二十六条第一款、第四款，第二十七条，第四十八条，第五十二条，第五十三条，第五十七条，第五十九条，第六十五条，第六十七条第三款，第六十八条，第六十四条的规定，判决如下：

一、被告人宗某某犯贩卖、运输毒品罪，判处死刑，剥夺政治权利终身，并处没收个人全部财产。

二、被告人徐某某犯贩卖毒品罪，判处死刑，剥夺政治权利终身，并处没收个人全部财产。

三、被告人郑某某犯贩卖毒品罪，判处死刑，缓期二年执行，剥夺政治权利终身，并处没收个人全部财产。

四、被告人黄某1犯贩卖、运输毒品罪，判处无期徒刑，剥夺政治权利终身，并处没收个人财产10万元。

五、被告人黄某2犯贩卖、运输毒品罪，判处无期徒刑，剥夺政治权利终身，并处没收个人财产10万元。

六、被告人雷某某犯贩卖毒品罪，判处无期徒刑，剥夺政治权利终身，并处没收个人财产10万元。

七、被告人唐某某犯贩卖毒品罪，判处无期徒刑，剥夺政治权利终身，并处没收个人财产10万元。

八、被告人周某某犯贩卖毒品罪，判处无期徒刑，剥夺政治权利终身，并处没收个人财产10万元。

九、被告人黄某3犯贩卖、运输毒品罪，判处有期徒刑十五年，并处没收个人财产9万元。

十、被告人任某某犯贩卖毒品罪，判处有期徒刑十五年，并处没收个人财产8万元。

十一、被告人李某某犯贩卖毒品罪，判处有期徒刑十五年，并处没收个人财产7万元。

十二、被告人张某犯贩卖毒品罪，判处有期徒刑八年，并处罚金3万元。

十三、对扣押的毒品海洛因、甲基苯丙胺、甲基苯丙胺片剂予以没收，销毁；扣押的宗某某手机3部，黄某1手机2部；黄某3手机2部，李某某手机2部，郑某某手机2部，雷某某手机3部，张某手机6部、现金158770元、港币2100元、点钞机1台，徐某某手机2部、电子秤2台，唐某某手机2部，周某某手机2部、电子秤1台、手机2部予以没收；对徐某某违法所得15000元、唐某某违法所得1500元予以追缴。

如不服本判决，可在接到判决书的第二日起十日内，通过本院或者直接向重庆市高级人民法院提出上诉。书面上诉的，应当提交上诉状正本一份，副本二份。

审判长　谭　某
审判员　张　某
代理审判员　张某某
人民陪审员　郑某某
人民陪审员　吴某某
人民陪审员　涂某某
人民陪审员　石某某
2017年8月10日
书记员　刘某某
书记员　尹　某

胡某某运输毒品案

案件简评

该案从指控到一审都可能误导辩护人，多数人会认为本案已经在指控时阐述了犯罪嫌疑人受人指使运输毒品，所以判处死缓刑理所当然，但这恰恰是一个陷阱。

一方面从法理上除了为自己运输毒品以外，几乎任何运输毒品行为都是受人指使而为，而运输毒品犯罪本身就有独立的犯罪构成要件及刑罚；另一方面为什么在指控及一审裁判时相关法律文书均明确载明受人指使的情况下仍然判处死刑而不是死缓?

这是毒品犯罪中固有的特殊性的体现，因为毒品犯罪本身的特殊，裁判文书经常不可能全面细致地陈述影响量刑的相关事实，尤其在本案审理之时。这也是为何作者在前文及《“特情引诱”情节在毒品犯罪死刑辩护中的运用》中一再强调不要被公开的裁判案例所引用的裁判理由误导，以及特别注意特情引诱情节在实践中的处理。

本案中二审法院虽然改判了当事人死缓，但是并未引用“受他人指使运输毒品”的理由，而是概括地使用了“结合本案实际情况”这一常见借口，值得深思。

文书摘录

一审判决书

云南省临沧市中级人民法院

刑事判决书

（2014）临中刑初字第404号

公诉机关：云南省临沧市人民检察院

被告人：胡某某，……（略）

辩护人：张海，云南方中律师事务所律师

被告：朱某某，……（略）

辩护人：段福东，云南方中律师事务所律师

云南省临沧市人民检察院以临检公诉刑诉（2014）359号起诉书指控被告人胡某某、朱某某犯运输毒品罪，于2014年8月15日向本院提起公诉。本院依法组成合议庭公开开庭审理了本案。临沧市人民检察院指派检察员刘桂芳出庭支持公诉，被告人胡某某、朱某某及辩护人张海、段福东到庭参加诉讼。本案经合议庭评议并报请本院审判委员会讨论决定，现已审理终结。

公诉机关指控：2014年3月下旬，被告人胡某某受他人雇用运输毒品，胡某某邀约被告人朱某某参与。同月间，胡某某与朱某某到达昆明，以黎某某（不知情）的身份在昆明江东小康城租得一套房屋。此后，二被告人在毒贩的安排下，在昆明白云淘宝城跟一男子接到一藏匿毒品的车，二人将毒品从车里取出后，带到昆明江东小康城的出租房内藏匿，并用保鲜膜、保鲜袋将毒品重新包装。之后，二被告人通过昆明腾兴天天货运部将毒品托运到永善县。然后二人前往永善县接取毒品。同月30日，被告人朱某某驾车到永善县溪洛渡镇腾兴天天货运部，接取藏有毒品的货物时被民警抓获。当场从编号为A205-1、A205-2，收件人为“陈师”的两箱货物中查获毒品甲基苯丙胺25块零75坨。随后，被告人胡某某在永善县溪洛渡镇祥瑞快捷酒店被抓获。经称量，毒品甲基苯丙胺净重22443克。

据上述事实，公诉机关列举了相应的证据并认为，二被告人无视国法，运输大量毒品，其行为已触犯《中华人民共和国刑法》第三百四十七条第二款第（一）项之规定，应当以运输毒品罪追究二被告人刑事责任。在共同犯罪中，二被告人共同承担罪责。

庭审中，被告人胡某某对公诉机关指控的事实、罪名无异议，并在法庭上陈述：是一个叫“陈哥”的人打电话安排他和朱某某在昆明接取毒品后通过货物托运部运到昭通永善县，再到永善县货物托运部提货。辩护人张海提出：1. 对公诉机关指控的事实、罪名无异议；2. 二被告人是受老板谢某平的安排运输毒品，属于从犯，应当从轻或减轻处罚；3. 被告人胡某某主动交代并检举“陈哥”，有立功表现；4. 被告人如实供述犯罪事实，认罪态度较好；5. 本案是在公安机关掌控下进行的犯罪，毒品未流入社会，且被告人系初犯，无犯罪前科；6. 在案证据不足以说明胡某某指使、安排朱某某运输毒品。综上，请法庭对被告人胡某某给予从轻处罚。

被告人朱某某对公诉机关指控的事实、罪名无异议。但陈述：他是受胡某某的邀约，一切都听胡某某安排。其辩护人段福东提出：1. 对公诉机关指控的事实、罪名无异议；2. 本案二被告人是受他人的安排运输毒品，属于从犯，且被告人朱某某又是受胡某某的邀约安排，其地位、作用明显更低；3. 被告人朱某某如实供述犯罪事实，认罪态度较好；4. 被告人系初犯，无犯罪前科，其主观恶性小。综上，请法庭对被告人朱某某给予从轻处罚。

经审理查明：……（略，同公诉机关指控）

上述事实，经法庭质证、认证，确认的证据有：

1. 线索来源及抓获经过：2014 年 3 月 26 日 18 时 30 分许，凤庆县公安局禁毒大队情报获悉：有一伙昭通男子从境外毒贩处购得一批毒品，正雇用“马仔”将毒品贩运到昆明，可能要将毒品运至昭通后贩卖到外省。获此情报后，该大队成立专案组，前往昆明展开侦查。同年 3 月 29 日，经侦查获悉，昭通男子雇用“马仔”已将毒品通过“昆明腾兴天天货运部”发往昭通永善县。该队民警立即赶赴永善县，在当地警方的配合下，对宾馆、旅店进行秘密排查，发现入住溪洛渡镇祥瑞快捷酒店 303、304 房间的两名男子有重大嫌疑，便对其进行监视。同年 3 月 30 日 11 时许，入住 303 房间的男子离开酒店，到溪洛渡镇腾兴天天货运部接取装有毒品的货物时，被民警抓获，当场从编号为 A205－1、A205－2，收件人为“陈师”的两箱货物中查获毒品可疑物 25 块零 75 坨。随后，将入住溪洛渡镇祥瑞快捷酒店 304 房间的嫌疑人胡某某抓获。

2. 毒品称量笔录及鉴定报告证实：毒品属甲基苯丙胺，净重 22443 克。

3. 物证照片：查获的毒品甲基苯丙胺 25 块零 75 坨，经二被告人辨认无误。

4. 提取检材笔录、临沧市公安局刑事科学技术鉴定证实：送检的“8 号”黑色胶带上的附着物应来自被告人胡某某，即证明毒品的包装物上有胡某某的 DNA。

5. 二被告人对运输毒品事实的供述。

6. 二被告人的户口证明材料。

上述证据合法有效并相互形成证据链，足以认定被告人胡某某、朱某某运输毒品的事实，本院予以确认。

本院认为，被告人胡某某、朱某某运输毒品事实清楚，证据确实充分，其行为已触犯刑律，共同构成运输毒品罪。公诉机关指控的事实、罪名成立，本院予以支持。在共同犯罪中，二被告人共同承担罪责。被告人胡某某虽能如实供述犯罪事实，但本案毒品数量特别巨大，且胡某某在犯罪中表现积极，作用和犯罪情节重于被告人朱某某，应依法予以严惩。被告人朱某某是受胡某某的邀约安排，在实施犯罪过程中，其作用和罪行相对较轻，且归案后能坦白犯罪事实，本院依法对其酌情从轻处罚。关于二被告人的护人提出“本案二被告人是受他人的安排运输毒品，属于从犯，应从轻处罚”的辩护意见，其理由不能成立，本院不予采纳。关于被告人朱某某的护人提出“朱某某是受胡某某的邀约安排，其地位、作用明显低于胡某某”的辩护意见，与本案的客观事实相符，予以采纳。据此，本院依照《中华人民共和国刑法》第三百四十七条第二款第（一）项、第二十五条第一款、第四十八条、第六十七第三款、第五十九条、第五十七条第一款、第六十四条之规定，判决如下：

一、被告人胡某某犯运输毒品罪，判处死刑，剥夺政治权利终身，并处没收个人全部财产；

二、被告人朱某某犯运输毒品罪，判处死刑，缓期二年执行（死刑缓期二年执行的期间，从云南省高级人民法院核准之日起计算），剥夺政治权利终身，并处没收个人全部财产；

三、本案查获的毒品甲基苯丙胺22443克予以没收，由凤庆县公安局按规定处理。

如不服本判决，可于接到判决书的次日起十日内，通过本院或直接向云南省高级人民法院提出上诉。书面上诉的，应提交上诉状正本一份，副本二份。

审判长　邵某某

审判员　傅某某

代理审判员　陈某某

2014年9月18日

书记员　张某某

二审辩护词

胡某某运输毒品案二审
辩护词

尊敬的法庭：

云南天外天律师事务所接受上诉人胡某某家属的委托并经其本人同意，指派汤光仁担任其辩护人。在依法参加今天的庭审后，就本案定罪和量刑过程中的事实认定和法律适用问题发表如下的辩护意见，望法庭在合议时予以采纳。

对于定罪方面，鉴于被告人自愿认罪，并且有在案的证据印证，辩护人对此不持疑义。但辩护人认为本案存在诸多的法定与酌定量刑情节，在一审中未能认定与体现，最终量刑明显过重，并且存在明显的程序违法，故此，请求二审人民法院将存疑利益归于被告依法改判其死刑缓期二年执行以下刑罚，或者将本案发回重审。具体理由如下。

一、本案侦查程序严重违法，一审定罪量刑所采信的核心证据缺乏证据合法性，请求二审人民法院依法予以纠正

本案侦查过程中，凤庆县公安局于 2014 年 3 月 27 日在明显没有管辖权的前提下立案侦查，其立案及侦查行为明显违法。

根据《公安机关办理刑事案件程序规定》（中华人民共和国公安部令第 127 号）第一百七十五条规定，公安机关接受案件后，经审查，认为有犯罪事实需要追究刑事责任，且属于自己管辖的，经县级以上公安机关负责人批准，予以立案；认为没有犯罪事实，或者犯罪事实显著轻微不需要追究刑事责任，或者具有其他依法不追究刑事责任情形的，经县级以上公安机关负责人批准，不予立案。对有控告人的案件，决定不予立案的，公安机关应当制作不予立案通知书，并在三日以内送达控告人。第二十一条规定，县级公安机关负责侦查发生在本辖区内的刑事案件。设区的市一级以上公安机关负责重大的危害国家安全犯罪、恐怖活动犯罪、涉外犯罪、经济犯罪、集团犯罪案件的侦查。上级公安机关认为有必要的，可以侦查下级公安机关管辖的刑事案件；下级公安机关认为案情重大需要上级公安机关侦查的刑事案件，可以请求上一级公安机关管辖。第十五条规定，刑事案件由犯罪地的公安机关管辖。如果由犯罪嫌疑人居住地的公安机关管辖更为适宜的，可以由犯罪嫌疑人居住地的公安机关管辖。犯罪地包括犯罪行为发生地和犯罪结果发生地。犯罪行为发生地，包括犯罪行为的实施地以及预备地、开始地、途经地、结束地等与犯罪行为有关的地点；犯罪行为有连续、持续或者继续状态的，犯罪行为连续、持续或者继续实施的地方都属于犯罪行为发生地。犯罪结果发生地，包括犯罪对象被侵害地、犯罪所得的实际取得地、藏匿地、转移地、使用地、销售地。居住地包括户籍所在地、经常居住地。经常居住地是指公民离开户籍所在地最后连续居住一年以上的地方。法律、司法解释或者其他规范性文件对有关犯罪案件的管辖作出特别规定的，从其规定。第十七条规定，行驶中的交通工具上发生的刑事案件，由交通工具最初停靠地公安机关管辖；必要时，交通工具始发地、途经地、到达地公安机关也可以管辖。第十九条规定，对管辖不明确或者有争议的刑事案件，可以由有关公安机关协商。协商不成的，由共同的上级公安机关指定管辖。对情况特殊的刑事案件，可以由共同的上级公安机关指定管辖。

通过以上明确规定可知，公安机关立案的前提是具有犯罪事实并且自己具有管辖权；同时，刑事案件管辖权首先是由县级公安机关管辖自己辖区内的刑事案件；管辖权的形成首先是由犯罪所在地的公安机关管辖，特殊情况下由嫌疑人居住地公安机关管辖；指定管辖的前提是多个公安机关均具有管辖权，并且因为管辖问题发生争议。

在案证据材料显示，本案是依据凤庆县公安局禁毒大队的情报线索而立案的，线索的具体内容为：有一伙云南昭通男子从境外毒贩处购买到一批毒品，正雇用“马仔”将毒品贩运至昆明，可能要将毒品贩运至昭通后贩卖到内地省份。这个线索发现的时间为 2014 年 3 月 26 日，凤庆县公安局于 2014 年 3 月 27 日正式立案，于 2014 年 3 月 30 日将本案的嫌疑人抓获；随后采取了刑事强制措施，提取了毒品可疑物样品，将毒品可疑物样品送检，对毒品可疑物进行称量，组织嫌疑人进行指认辨认，并先后进行多次讯问，收集了一审定罪量刑的核心证据。

根据在案的证据材料显示，本案中两位在案的被告人，系受到老板谢某平的雇用与安排，于 2014 年 3 月 26 日从广东省连州市驾车前往昭通永善，到达昭通永善并与谢某平见面后，又按照谢某平的安排驾车到昆明，在昆明接取毒品后将毒品通过快递发往昭通永善，并于次日驾车从昆明前往昭通永善，等待接取毒品，在接取毒品的当场抓获朱某某，在宾馆抓获胡某某。简单地说，整个犯罪过程中，任何法律规定的犯罪所在地都不在临沧市辖区内，更不在立案侦查的凤庆县辖区内；同时，在案嫌疑人的居所地均是湖南省江华瑶族自治县。因此凤庆县公安局2014年3月27日对本案的立案及侦查明显程序违法。

本案中，嫌疑人犯罪行为所在地及住所地均不在凤庆县，凤庆县公安局对本案根本没有管辖权，因此，要求指定管辖的前提不存在。通过在案卷中材料可见，凤庆县公安局正式立案的时间为2014年3月27日，而云南省公安厅指定管辖决定书下达的时间是2014年4月29日。因此即或假定本案中省公安厅指定管辖没有错误，在省公安厅指定管辖之前，凤庆县公安局的立案也因为没有管辖权而明显错误，是非法的侦查行为，其因此而取得的证据明显缺乏合法性要件，依法不能采信。

二、本案毒品可疑物提取程序、称量程序存在重大瑕疵，并将直接影响最终量刑，请求贵院予以充分注意，并将存疑利益归于被告，依法对其从轻处罚

毒品犯罪之所以要判处严厉的刑罚，是因为它对于社会的危害性极大，本案中涉嫌的毒品为甲基苯丙胺，甲基苯丙胺表现为两种状态：第一种状态为纯度非常高的甲基苯丙胺结晶体，也就是我们通常所说的“冰毒”；第二种状态是甲基苯丙胺的混合体（片剂），也就是我们常见的“小麻”“麻果”，它是由甲基苯丙胺作为主要制毒成分，包括吗啡、香精等不同成分的辅料。因为毒品的毒性就是以其制毒成分的含量来决定的，因此我们要定性毒品，确定毒品社会危害性，均需要对毒品进行定性、定量的鉴定。要形成科学公正的鉴定意见，必须有科学严格的提取过程。

本案是涉及死刑适用的重大刑事案件，定性、定量均至关重要，本案查获的毒品可疑物共计100包，且分开独立包装。根据公安机关关于办理毒品类刑事案件的规定，对于同种类的毒品可疑物样品随机提取。因此针对本案中共计100包单独包装的毒品可疑物，不论是定性还是定量鉴定的样品均应该区分种类并且随机提取，即最基本的要求应该是对每包可疑物随机提取样品并送检，因此至少应该提取样品100份、100颗，并且分别进行定性、定量检测，分别进行称量。

通过在案证据证实本案中公安机关提取并送检的样品不到2.0克，数量总共不超过20颗；而且人为地将100包毒品可疑物混装后进行称量。既然连每包提取一颗的最基本要求都没有达到，分别称量的最基本要求也没有达到，凭什么证实所查获的所有物品都是毒品呢？所谓的毒品平均含量又有什么意义呢？

程序公正是实体公正的前提与保障，提取、称量过程的重大瑕疵致使对于当事人定罪量刑的核心证据存在重大瑕疵，既无法准确反映毒品可疑物的数量，也无法准确反映毒品可疑物的含量，作为适用死刑的重大刑事案件，相关司法解释及规范明确要求，定罪与量刑的证据均必须查证属实，未经查证属实或者无法查证属实的，在适用死刑时应当留有余地。因此请求贵院在二审过程中依法考虑并在量刑中予以体现。

三、本案存在“特情”介入的合理怀疑不能排除，一审对胡某某量刑明显过重，请求贵院依法予以纠正

（一）侦查程序印证本案存在特请介入的合理怀疑不能排除

本案侦查程序明显违法，并且不能作出合理的解释。让我们有充分的理由相信本案不能排除特情介入的合理怀疑。因此在量刑过程中，对于被抓获的“马仔”适用死刑立即执行的刑罚，明显量刑过重。

本案立案和侦查的程序严重违法是不可否认的事实，对此辩护人已经于前文作了陈述，此处不赘述。辩护人认为尤其应该关注的是为什么经验丰富的侦查机关会出现这样明显的程序违法？

一者，侦查机关明知自己没有管辖权，但是故意违法办案并且非法拘禁当事人，显然可能性不大。

二者，立案的前提是有犯罪事实存在并且具有管辖权。通过在卷的公安机关出具的“案件线索来源”可见根本无法确定存在犯罪事实，但是公安机关还是在抓捕前3天就正式立案了。因此其在抓获嫌疑人前3天就知道犯罪事实是确实存在的，公安机关是如何未卜先知的呢？

同样，虽然在立案时没有管辖权，但是侦查机关未卜先知地确定，自己将来一定会有管辖权。怎么做到的呢？答案只有一个，那就是整个所谓的犯罪过程其实早就在侦查机关凤庆县公安局的掌控之下，本案具有明显的特情介入。

（二）在案人员的情况，印证本案存在特情介入的合理怀疑不能排除

本案中有两个神秘的涉案人员没有到案，一个是在案嫌疑人老板的谢某平；另一个是在昆明市白云路淘宝城给在案人员送毒品可疑物的开哈弗车的男子，即公安机关所谓的“送毒品的穿绿色上衣的男子”。

谢某平：1. 通过公安机关自己出具的“案件线索来源”及“受理案件登记表”等文件证实，本案的幕后老板是一个昭通男子。在案嫌疑人胡某某与朱某某归案后均及时进行了指认、辨认，确定所谓的昭通男子就是谢某平，锁定了

谢某平的身份，也印证了公安机关的线索，但是公安机关未进行任何抓捕行为。2. 在抓获胡某某的当天，胡某某就带着公安机关到了谢某平住的小区门口，请求公安机关抓捕幕后老板，但公安机关未进行任何抓捕，这个问题在庭审中胡某某再次进行了确认，而且在卷证据，即公安机关于2014年3月31日出具的“情况说明”也予以了印证；3. 为了掩饰公安机关特情介入的事实，对于为何不抓捕幕后老板，也就是胡某某、朱某某交代的谢某平（“陈哥”“陈天”），公安机关不惜歪曲事实出具虚假证明。公安机关为掩饰和保护幕后老板，于2014年4月17日出具“情况说明”称之所以无法抓捕谢某平、邱某辉、“送毒品的穿绿色上衣的男子”，是因为上述人员活动地址及身份情况不明，无法抓捕。但是在案的辨认笔录清晰地证实：2014年4月2日，胡某某与朱某某均已经准确地辨认、指认出谢某平，公安机关已经完整地掌握了谢某平的身份情况，何来身份情况不明呢？

“送毒品的穿绿色上衣的男子”：在案证据显示，一个穿绿色上衣的男子在白云路淘宝城附近，通过将毒品藏匿在哈弗车里，并将哈弗车交给朱某某，完成毒品交付，简单地说毒品的来源就是这个穿绿色上衣的男子。毒品案件的重点是打击毒品来源与源头，釜底抽薪，而不是抓几个“马仔”，扬汤止沸。当时公安机关早已立案，并且已经对案情了如指掌，但是对于这毒品的源头，却当作没有看见，既不抓捕也不控制，除了他是公安的特情人员以外，还能有合理的解释吗？

综上可见，本案到案人员的蹊跷情况再次印证了本案特情介入的合理怀疑不能排除，请求贵院在案件最终处理时，予以充分考虑。

四、本案毒品含量明显较低，请求二审人民法院在最终量刑时，从轻处罚并在量刑中予以体现

不同含量的甲基苯丙胺片剂具有不同的社会危害性，因此虽然在定罪过程中可以不重视毒品的纯度，但是在决定是否适用死刑立即执行时应当充分考虑甲基苯丙胺片剂的含量与纯度。结合本案毒品鉴定与含量的具体情况，本案不宜适用极刑。

1. 本案毒品检材的提取、称量是一个根源性的问题，前述问题的存在，致使本案决定是否适用死刑立即执行的关键证据无法查清。根据存疑利益归于被告的原则及审慎适用死刑的政策，本案不宜判处上诉人死刑立即执行。对此辩护人在前文程序问题中已经作了明确的说明，此处不再赘述。

2. 通过公安机关以不规范的取样方式所得出的鉴定意见显示，本案毒品含量大约是16.1%，甲基苯丙胺片剂的制毒成分是甲基苯丙胺，是典型的新型合成毒品。根据实践惯例，在考虑是否适用死刑立即执行时，一般对于新型种类的毒品或者含量较低的毒品，应该参照25%的纯度标准进行折算，本案毒品数量经折算后，远远小于查获时的数量。请求贵院在决定最终量刑时予以充分考虑。

五、本案存在重要的涉案人员未到案，对胡某某参照从犯处理，符合法律的精神

本案的重大涉案人员未到案，导致本案嫌疑人在犯罪过程中的作用、地位无法认定，在量刑过程中应当予以考虑，并且将存疑的利益归于被告人，作出公正的处罚。公安机关出具的线索情况报告反映，涉案的两名人员是"马仔"，都是受谢某平的安排，而且现在谢某平没有到案，对于胡某某、朱某某的作用、地位确实无法划分，因此他们的行为虽然构成运输毒品罪，但毕竟系受人指使、安排，在共同犯罪的过程中应当属于从属或辅助的地位，依法应当按照从犯进行处理，并在量刑过程中予以体现。

毒品案件重点打击的是毒品的源头与所有者，釜底抽薪，而不是抓几个小"马仔"，扬汤止沸。在案证据充分证实本案毒品的提供者是穿绿色上衣的男子，毒品的幕后老板是谢某平。如果前述人员不是公安机关的特情人员，就应当是公安机关延伸办案，进一步打击的对象。但是毒品犯罪隐秘性强，多数为单线联系，对胡某某改判死刑缓期二年执行以下的刑罚，既能够惩罚、教育罪犯，也能够为将来打击与指控幕后老板留有余地，具有积极意义。如果草率地判处胡某某死刑，则毒品的上家、真正的主犯，从此便可以高枕无忧、逍遥法外。

六、胡某某有重大立功表现，应得到宽大处理

胡某某本人的陈述及公安机关的"到案经过"证实，胡某某在归案后带领公安机关抓捕幕后老板，事后又对幕后老板进行了辨认，具有重大立功的表现。一审宣判后，胡某某在看守所羁押期间举报了两起他人犯罪的情况，其中一起是涉枪犯罪，另一起是涉毒犯罪，庭审中检察机关也明确表示，对于前述情况将会向相关的机关进行调查核实，按照法律规定，也应当进行调查核实，尤其是适用死刑的案件，不仅要调查核实，而且要保留必要的时间，在一时无法调查核实清楚时，应当将存疑的利益归于被告，作出留有余地的判决。故此，请求人民法院和检察机关依法核实，经核实依法构成立功的情节的，应当在量刑过程中予以体现。

七、胡某某认罪、悔罪态度诚恳，请求人民法院依法对其从轻处罚

上诉人胡某某自归案后，一直如实、稳定、全面地供述犯罪事实，具有诚恳的认罪、悔罪态度。刑事司法政策主张“坦白从宽”，法律也明确规定，如实供述自己犯罪事实的可以从轻处罚。胡某某从被抓获到今天的庭审，一直如实、稳定、全面供述犯罪事实，没有翻供、悔供的情形，其诚恳的认罪悔罪态度也反映了其具有教育挽救的可能性。同时我们看到朱某某之前认罪态度不错，今天却全盘否定，根本不承认自己构成犯罪，但法庭对其最终判处死缓，这不仅没有体现坦白从宽的政策与规定，反而印证了“抗拒从严，回家过年”的讹传。因此请求贵院在二审的裁判过程中能充分考虑案件法定和酌定的量刑情节以及特殊的情况，作出公正的处理，依法对胡某某改判死缓以下的刑罚，或者将本案发回重审，真正彰显法律的公正和威严。

此呈

云南省高级人民法院

辩护人：汤光仁
云南天外天律师事务所
2015 年 5 月 13 日

二审刑事判决书

云南省高级人民法院
刑事判决书

（2014）云高刑终字第 1663 号

原公诉机关：云南省临沧市人民检察院
上诉人（原审被告人）：胡某某，……（略）
辩护人：汤光仁、王传彬，云南天外天律师事务所律师
上诉人（原审被告人）：朱某某，……（略）
指定辩护人：邹启群，云南天外天律师事务所律师

云南省临沧市中级人民法院审理临沧市人民检察院指控原审被告人胡某某、朱某某犯运输毒品罪一案，于2014年9月18日作出（2014）临中刑初字第404号刑事判决。原审被告人胡某某、朱某某不服，分别提出上诉。本院受理后，依法组成合议庭公开开庭审理了本案。云南省人民检察院指派检察员刘勇、张枚玫出庭履行职务。上诉人胡某某、朱某某及其辩护人均到庭参加诉讼。现已审理终结。

原判认定：……（同一审判决书，此处略）

二审庭审中，上诉人胡某某及其辩护人提出：本案有“特情”存在的合理怀疑不能排除；胡某某系从犯，归案后认罪态度较好，如实供述犯罪行为和交代毒品幕后老板谢某，有立功情节；查获的毒品含量较低。请求二审从轻处罚或发回重审。

上诉人朱某某及其辩护人除提出与胡某某及其辩护人相同的理由外，还提出：朱某某虽客观上参与了运输毒品的行为，但没有主观故意，不构成运输毒品罪，请求二审法院公正判决。

云南省人民检察院出庭意见：原判定罪准确，量刑适当。审判程序合法。建议驳回上诉，维持原判。

经审查查明，……（同一审证据认定，此处略），上述证据均经法庭庭审质证、认证，足以认定被告人胡某某、朱某某运输毒品的事实，本院予以确认。

本院认为，……（同一审事实认定，此处略）。

关于胡某某、朱某某及其辩护人所提：本案中侦查机关使用“特情”，不能排除诱人犯罪的意见，与查明的事实不符，该意见不予采纳；关于胡某某、朱某某系从犯的意见，无事实和法律依据，亦不予采纳；关于查获毒品含量较低，可酌定从轻处罚的意见，没有法律依据，本院不予采纳。关于胡某某及其辩护人所提胡某某有立功情节的意见，经查，胡某某归案后认罪、悔罪态度较好，如实供述犯罪行为，本院已充分注意，依法可从轻处罚，但不符合立功的法律规定。关于朱某某及其辩护人提出朱某某虽客观上参与了运输毒品的行为，但没有主观故意，不构成运输毒品罪的意见，经查，二上诉人对其来昆明运输毒品作了可相互印证的供述，在此过程中采用秘密手段接取毒品，用保鲜膜对毒品进行包装，采取人货分离的方式托运接取毒品，朱某某无毒品犯罪故意的辩解不符合常理，该意见不予采信。

综上，本案二上诉人虽然运输毒品甲基苯丙胺片剂数量大，但鉴于胡某某认罪、悔罪态度较好，归案后能如实供述犯罪行为，并结合本案的实际情况，可依法对其从轻处罚。原判定罪准确，审判程序合法，但对胡某某量刑失当。据此，依照《中华人民共和国刑法》第六十七条第三款和《中华人民共和国刑事诉讼法》第二百二十五条第一款第（一）项、第（二）项之规定，判决如下：

一、维持云南省临沧市中级人民法院（2014）临中刑初字第404号刑事判决的第一项中对上诉人（原审被告人）胡某某的定罪部分、第二项对朱某某的定罪量刑部分及第三项对涉案毒品的处理部分。

二、撤销云南省临沧市中级人民法院（2014）临中刑初字第404号刑事判决的第一项中对上诉人（原审被告人）胡某某的量刑部分；本判决为终审判决。

三、上诉人（原审被告人）胡某某犯运输毒品罪，判处死刑，缓期二年执行，剥夺政治权利终身，并处没收个人全部财产。

根据《中华人民共和国刑事诉讼法》第二百三十七条之规定，本判决即为核准以运输毒品罪判处上诉人（原审被告人）朱某某死刑，缓期二年执行，剥夺政治权利终身，并处没收个人全部财产的刑事判决。

审判长　孔某
代理审判员　刘某某
代理审判员　周某
2015年7月6日
书记员　杨某

马某1运输毒品案

案件简评

本案是死刑复核阶段接受委托的案件，笔者当时看到的资料仅有二审裁定书，裁定书并不能直观地显示可能的辩护空间。而且在二审裁定书中，提到了技术侦查证据及外围监控的情况，笔者当时首先考虑的辩护思路是是否可能存在特情引诱的情节。

笔者在正式参与案件辩护并阅卷后，发现物证存在严重缺陷，理性分析这种缺陷可能存在地域因素。一方面当然不可能因为地域因素而放弃对物证问题的辩护，另一方面如果仅仅着眼于物证问题的辩护，也可能因为系地域因素而最终不能产生有效结果。

正如笔者于前文《“特情引诱”情节在毒品犯罪死刑辩护中的运用》所提到的那样，特情引诱情节是滋生其他情节的温床，也可以最大限度地收纳其他的有效辩护观点。为此笔者结合特情引诱情节的特性，将物证缺陷的辩护观点及其他辩护观点顺利地融入特情引诱情节辩护之中。

文书摘录

甘肃省高级人民法院
刑事裁定书

（2018）甘刑终72号

原公诉机关：甘肃省兰州市人民检察院。

上诉人（原审被告人）：马某1，曾因犯销售赃物罪，于2004年8月30日被甘肃省兰州市中级人民法院判处有期徒刑一年八个月，并处罚金5000元。因本案于2015年12月20日被兰州市公安局西固分局刑事拘留，2016年1月26日被逮捕。现羁押于兰州市第三看守所。

辩护人：高某、曹某，甘肃某某律师事务所律师。

上诉人（原审被告人）：马某2，因本案于2015年12月20日被兰州市公安局西固分局刑事拘留，2016年1月26日被逮捕。现羁押于兰州市第三看守所。

辩护人：芦某，甘肃某某律师事务所律师。

甘肃省兰州市中级人民法院审理甘肃省兰州市人民检察院指控原审被告人马某1、马某2犯运输毒品罪一案，于2017年12月2日作出（2017）甘01刑初9号刑事判决。原审被告人马某1、马某2不服，提出上诉。本院受理后，依法组成合议庭，于2018年9月27日公开开庭审理了本案。甘肃省人民检察院指派检察员夏某某、李某出庭履行职务，原审被告人马某1及其辩护人高某、曹某，原审被告人马某2及其辩护人芦某到庭参加诉讼。现已审理终结。

原审判决认定，被告人马某1伙同被告人马某2，于2015年12月17日在云南省昆明市购买“北汽幻速S2”型汽车一辆（临时牌照为云A1C×××）及手机等物后，将毒品藏匿于该车内。后被告人马某2驾驶该车前往兰州，被告人马某1乘飞机返回兰州。同年12月19日4时许，被告人马某2驾驶云A1C×××汽车行驶至甘肃省陇南市武都区三河镇附近时，被公安人员抓获，当场从该车内查获块状毒品可疑物22块。同日21时许，被告人马某1乘飞机抵达兰州中川机场时被公安人员抓获。经鉴定，查获的22块毒品可疑物净重11069.14克，均检出海洛因成分，海洛因含量为65.73克/100克。

原审判决认定上述事实的证据有案件来源及抓获经过、破案经过，提取毒品笔录、扣押物品清单及照片，辨认笔录及照片，银行电话结算系统交易回单，汽车购销合同、汽车销售登记资料、机动车销售统一发票、住宿发票、通话清单、鉴定意见、听音笔录、证人证言及二被告人的供述等证据。

原审法院认为，被告人马某1、马某2共同运输毒品的行为均已构成运输毒品罪。二被告人运输毒品数量巨大，被告人马某1在共同犯罪中的作用更为突出；被告人马某2的犯罪作用比被告人马某1小。依照《中华人民共和国刑法》第三百四十七条第二款第（一）项、第二十五条、第五十七条第一款、第五十九条、第六十一条、第六十四条之规定，以被告人马某1犯运输毒品罪，判处死刑，剥夺政治权利终身，并处没收个人全部财产；以被告人马某2犯运输毒品罪，判处死刑，缓期二年执行，剥夺政治权利终身，并处没收个人全部财产；

从被告人马某1处查扣的NOKIA手机一部、号码为131×××的电话卡一张、号码为622926×××姓名为马某某的身份证一张，依法予以没收；从被告人马某1处查扣的现金2270元、从被告人马某2处查扣的白色“北汽幻速S2”型临时牌照云A1C×××越野一台、黑色直板手机一部、现金2800元，依法没收，上缴国库。

原审被告人马某1上诉提出，原判认定部分事实不清，运毒车辆不是自己购买的，对于毒品运往哪里不知情，马某2的犯罪作用和地位远高于自己；案件线索来源不清影响到对自己的量刑。原判量刑过重，请求减轻处罚。其辩护人认为，出资购买运输毒品车辆的人是马某2，原判认定马某1伙同马某2购买运毒车与事实不符；马某1仅实施了接取毒品并将毒品交付给马某2的行为，运输的行为是由马某2独立完成的，原判认定马某1在共同运输毒品犯罪中的作用更为突出是错误的；案件线索来源不清，影响量刑；马某1在二审当庭自愿认罪。建议改判。

原审被告人马某2上诉提出，不知车内的物品是毒品。其辩护人认为，马某2始终处于从属、被动的地位；毒品来源未查清；毒品未流入社会。原判量刑畸重，请求改判。

出庭履行职务的检察人员认为，原判事实清楚，证据确实、充分，定性准确，量刑适当，各上诉人上诉理由不能成立。建议维持原判。

经审理查明，上诉人马某1与上诉人马某2商议从云南昆明往甘肃兰州运输毒品。2015年12月14日，上诉人马某1从他人处取到毒品，藏匿于马某1在昆明的出租房内。同月17日，二上诉人在云南昆明购买了一台白色“北汽幻速S2”型越野汽车（临时牌照为云A1C×××）及手机等物，上诉人马某1将藏匿的毒品携带上车，由上诉人马某2驾驶，行至一荒废的工地，二人将毒品藏匿于车辆后背座椅皮套内。上诉人马某1又让他人购买了针线，指使上诉人马某2将割开的座椅皮套缝合伪装后，由上诉人马某2驾驶该车前往甘肃兰州，上诉人马某1乘飞机返回兰州。同月19日4时许，上诉人马某2驾驶临时牌照云A1C×××越野车，行至甘肃省陇南市武都区三合镇董家坝附近时，被公安人员截获，当场从该车内查获块状毒品可疑物22块；同日21时许，上诉人马某1乘飞机抵达兰州中川国际机场时被公安人员抓获。经称量、鉴定，查获的22块毒品可疑物净重11069.14克，均检出海洛因成分，海洛因含量为65.73克/100克。

认定上述事实的证据有：

1. 案件来源及抓获经过、破案经过证实，2015 年 12 月 15 日，甘肃省兰州市公安局西固分局禁毒大队侦查人员在工作中发现，马某 1、马某 2 二人近期活动于云南昆明、大理等地，有往甘肃兰州运输毒品的嫌疑，遂请求云南警方协助。云南警方跟踪侦查发现，同月 14 日晚 21 时许，马某 1、马某 2、徐某某三人来到云南省昆明市官渡区永平路三元宾馆对面兰州拉面馆吃饭，其间马某 1 接电话走出兰州拉面馆到三元宾馆门口，进入一轿车内，从轿车内拿出一个黑色拉杆箱，又返回兰州拉面馆，十余分钟后，三人走出兰州拉面馆。马某 1 将装有毒品海洛因的拉杆箱藏匿于海伦国际 11 号第 3 栋 3107 室。同月 16 日，马某 1 与马某 2 前往云南省昆明市官渡区世纪金源购物中心车立方购买运毒车辆，同月 17 日，马某 1 和马某 2 开车将藏匿毒品的拉杆箱带至一荒废的建筑工地，拆开汽车座椅靠背皮套，将毒品藏匿于座椅内，之后二人在手机店购买了手机。当日下午马某 2 驾车返回甘肃，于 19 日凌晨 4 时许途经甘肃省陇南市武都区三河镇董家坝地段时被抓获，在马某 2 所驾驶的白色“北汽幻速 S2”型汽车座位后靠背皮套中提取毒品海洛因 22 块。马某 1 于同月 19 日 21 时许从昆明乘坐飞机到达兰州中川机场时被公安人员抓获。

2. 提取笔录、扣押物品清单及照片证实，2015 年 12 月 19 日凌晨 4 时 10 分，公安人员在甘肃省陇南市三河镇董家坝抓获上诉人马某 2，当场查扣马某 2 驾驶的白色“北汽幻速 S2”型临时牌照为云 A1C×××越野车一台，从该车前后排座椅后背皮套内提取外用黑色胶带纸包裹的块状毒品可疑物 22 块，从马某 2 身上提取号码为 180×××的黑色直板手机一部、现金 2800 元、尾号为 6462 的甘肃农村信用社银行卡一张、尾号为 2479、6019 的中国农业银行卡两张、尾号为 7314 中国邮政储蓄银行卡一张、马某 2 的驾驶证一本。

同日 21 时，公安人员在兰州中川机场抓获马某 1，从马某 1 身上提取甘肃农村信用社尾号为 2269 的银行卡一张，号码为 159×××的 NOKIA 手机一部，号码为 131×××的电话卡一张，系有红绳子的钥匙一把，昆明到达兰州的登记牌一张，姓名为马某 1 的驾驶证、身份证各一张，姓名为马某某的身份证一张、现金 2270 元。

3. 辨认笔录及照片证实，经上诉人马某 1 对 10 张不同男性正面免冠照片混杂辨认，马某 1 指出，第二组照片中编号为 8 号的马某 2 就是与自己在云南见过面的人；经上诉人马某 2 混杂辨认，马某 2 指出，第一组照片中编号为 8 号的马某1就是指使其从云南向甘肃运输毒品的人；经证人云南有约商务酒店前台收银员田某混杂辨认，田某指出第一组照片中编号为8号的马某某（马某1）就是2015年12月18日在昆明市官渡区云南有约商务酒店持第二组照片中编号为8号马某2房卡入住908房间的客人及徐某某登记的402房间退房的人；经证人徐某某混杂辨认，马某1就是2015年12月在昆明市官渡区珥季路酒店与其一起居住的“男友”，并辨认出2015年12月19日公安人员在兰州中川机场抓获马某1后，从其身上查获的带有红绳子的一把钥匙就是2015年12月15日在昆明珥季路酒店自己交给马某1的海伦国际11号第3栋3107室那把钥匙，马某2就是登记在珥季路酒店居住的叫“马某华”的人；经证人杨某某辨认，马某2就是在2015年12月16日、17日到云南韩合汽车贸易有限公司购买了白色“北汽幻速S2”汽车的人，马某1就是陪同马某2一起来购车的人；经证人梁某1混杂辨认，马某1就是2015年12月17日在昆明市官渡区佳通通讯经营部付钱购买手机的男子，马某2就是驾驶一辆北汽幻速汽车到佳通通讯经营部看手机的人；经证人梁某2混杂辨认，马某2就是2015年12月17日在昆明市官渡区龙杰通讯经营部购买手机的男子。

4. 汽车购销合同、北汽银期汽车有限公司合格产品登记资料、机动车销售统一发票、暂住证明、华夏银行电话结算系统交易回单证实，2015年12月16日，马某2以68800元的价格签订购车合同，从云南韩合汽车贸易有限公司购得“北汽幻速S2”型汽车一辆，16时36分马某2通过其尾号为2479的银行卡给昆明市官渡区皓然汽车装饰服务部转账67000元，支付了大部分购车价款。

5. 住宿发票证实，2015年12月7日至9日、12月14日至18日，马某2登记入住云南有约商务酒店；12月14日至18日徐某某登记入住云南有约商务酒店；12月18日至19日马某某登记入住云南有约商务酒店。以上住宿登记单据与上诉人马某2供述的其登记入住该酒店住宿的时间相一致；亦与云南有约商务酒店收银员田某证言印证的马某1以马某某身份证登记入住该酒店住宿的时间相一致。

6. 借记卡流水记录证实，2015年7月4日，马某2到中国农业银行股份有限公司东乡县支行申请了尾号为2479的借记卡一张，同年11月14日、15日分别以现金方式存入40000元和36000元，12月16日通过POS机刷卡消费支出67000元。上述支出记录与上诉人马某2供述的，购买“北汽幻速S2”型汽车用自己的卡刷卡支付67000元的情节相一致。

7. 鉴定意见证实，经对从上诉人马某2驾驶的临时牌照为云A1C×××“北汽幻速S2”型汽车内查获的22块毒品可疑物进行称量、鉴定，净重11069.14克，从中均检出海洛因成分，海洛因含量为65.73克/100克。

经对从临时牌照为云A10×××“北汽幻速S2”型汽车内查获的毒品外包装上提取的两枚汗渍指纹进行鉴定，两枚汗渍指纹为上诉人马某1右手拇指和右手环指所留。

经对131×××、150×××话者语音进行鉴定，上述两个号码的话者语音与马某1样本语音是同一人语音；与131×××话者通话的语音是马某2语音。

8. 通话清单及录音笔录证实，从2015年月3日至12月19日，马某150×××、131×××手机与马某213×××、180×××手机、徐某某151×××手机、另一人员187×××手机（临夏移动号码）之间频繁通话，且反映出马某1指使马某2购买用于作案时使用的两部手机、要求徐某某购买针线、指使马某2开车往四川方向行驶、告诉他人马某2已经开车进入甘肃境内等内容。

9. 证人杨某某（北汽幻速云南韩合汽车贸易有限公司销售总监）证言证明，2015年12月16日下午，有两个客户到其公司预定了一辆北汽幻速越野车，要求第二天办好临时牌照提车，其让那两位购车的人付清车款，其中瘦的那位就出去用尾号为2479的银行卡刷了67000元，尚欠1800元，17日下午那两人来提车，车正在装潢，胖的那个客户就走了，瘦的那个客户的登记身份叫马某2，装潢结束后，给了7000元尾款，便将车开走了。胖的那位叫什么名字不清楚，预留电话为135×××，他又预留了他的朋友手机号150×××。

10. 证人梁某1（昆明市官渡区永中路佳通通讯公司负责人）证言证明，2015年12月17日下午，一个瘦些的男子开着一辆白色北汽幻速汽车到手机店门口，提出要买一部电信手机，梁某1给他看了一部，他嫌贵，梁某1就让人发了一部TCL318手机照片让他看了，他同意要，由于调货时间较长，那个男子接了个电话，说手机来了给他打电话，并留了135×××的手机号码就开车走了。过了一会手机送过来。梁某1给客户打电话时，瘦些的男子与一个胖男子一起来到店里，胖男子支付了手机款后就出门了，瘦些的男子拿上手机就走了。手机卡是他们自带的，男子将手机拿上后将自带的手机卡插进卡槽后试拨了一下，梁某1发现卡号是180开头的甘肃号码。

11. 证人梁某2（昆明市官渡区永中路583龙杰通讯经营部老板）证言证

明，2015 年 12 月 17 日下午，一个二十几岁的男子开着一辆白色北汽幻速汽车到手机店门口，以 130 元的价格购买了一部诺基亚 1616 手机后离开了。

12. 证人徐某某（马某 1 的女友）证言证明，十几天前，马某 1 打电话让徐某某到昆明来玩，徐某某就坐车到昆明市官渡区海伦国际 11 号第 3 栋 307 室租住的房内，马某 1 打电话让徐某某到其住的珥季路酒店见面，当时住在该酒店的还有一个叫“马某华”的马某 1 的朋友。过了几天，马某 1 带上徐某某、马某华及另外一个朋友到石林、大理下关玩了几天，后回到昆明，在火车站附近找了一家饭馆准备吃饭，马某 1 和“马某华”先出去了，过了一会儿回到饭馆，并拿来一个拉杆箱，吃完饭他们三人回到珥季路酒店，“马某华”将拉杆箱放到徐某某与马某 1 住的房间，马某 1 从徐某某身上要走海伦国际 11 号第 3 栋 307 室的房间钥匙，并说过几天他从瑞丽回来要住。12 月 17 日中午，马某 1 给徐某某打电话让买个针和黑色的线，马某 1 回来后，徐某某将针和线交给他，他吸食毒品后就拿着针和线出去了一会儿。其间，马某 1 使用的手机号码有两个，一个是 150×××，另一个是 170×××。

13. 证人田某（昆明市官渡区云南有约商务酒店收银员）证言证明，2015 年 12 月 7 日至 9 日，12 月 14 日至 18 日入住昆明市官渡区云南有约商务酒店 908 和 402 房间的是以一个叫徐某某的女士身份证登记的，登记入住的一个叫马某某，另一个叫马某 2。

14. 证人马英成的证言及辨认笔录证明，其哥哥马某某是残疾人，1974 年 5 月 1 日出生，住址甘肃省东乡族自治县汪集乡岔巴村下岔巴社×号，与侦查机关从上诉人马某 1 身上查获姓名为马某某的身份证上的信息完全一致，经辨认，公安机关出示的带有马某 1 照片的身份证与其哥哥马某某不是同一人。

15. 刑事判决书及释放证明证实，马某 1 因犯销售赃物罪，于 2004 年 8 月 30 日被兰州市中级人民法院判处有期徒刑一年八个月，并处罚金 5000 元，2006 年 4 月 30 日刑满释放。

16. 上诉人的供述

（1）上诉人马某 1 供述：2015 年 12 月 19 日马某 1 被公安机关抓获，在此之前其去云南昆明、大理、思茅，想了解一下茶叶等生意，到昆明后就带上姓徐的女朋友住了几天。马某 1 在云南见过马某 2，他说找马某 1 商量开牛肉面馆的事。马某 1 与女朋友、马某 2 一起在云南大理和下关住过酒店。马某 2 和马某 1 都支付过酒店的住宿费，从马某 1 身上查获的姓名为“马某某”的身份证是马某1假冒其表弟名义办理的，并在云南住宿过程中使用马某某的身份证登记。马某1与马某2一起到4S店看过新车，但购车的钱是马某2出的。一审中马某1否认其参与运输毒品的行为，二审中当庭承认从他人处接取过毒品，但称是马某2让自己接取的，接到后放到马某2开的车上。

（2）上诉人马某2供述：2015年11月的一天，马某1约马某2去吃饭时，马某2说过几天想到云南省昆明市找个铺面开牛肉面馆，马某1说他也去昆明，并留了他的手机号码，让马某2到昆明后给他打电话。马某2到昆明后打电话给马某1，问他在不在昆明，他说在昆明金源大道海龙国际城附近的酒店。马某2找到他，马某1就给马某2登记了一间房，马某1与一个女人住一间房。过了几天他们又搬到附近的哈喽酒店，后马某1又带马某2到下关和思茅转了几天，马某2说准备回东乡，马某1说他准备买个车让马某2开车带点“东西”送到兰州，并说“东西”送到兰州后不会亏待马某2，开面馆就要开个大的，马某1可以给马某2投点钱帮他在昆明找个大点的地方。马某2就答应了，但没问马某1带什么东西。2015年12月16日上午，马某2与马某1到昆明市珥季路金源大道附近汽车市场，马某1看上了一辆白色的北汽幻速越野车，说他的钱还没有到账，让马某2先把钱垫上，马某1的钱一到账就还给马某2，马某2就用他的农行卡刷了67000元支付车款，车款是68800元，尚欠1800元，购车手续是用马某2的身份证办理的，马某1让马某2把车开回来。第二天连同保险等一起还清。第二天提车时马某1给了马某210000元，说是前一天所欠1800元车款及交保险的4800元，剩下的3400元让马某2先拿着。马某2把车开回来后，马某1说要去“拉东西”，具体是什么不清楚，他们到金源大道小区门口后，马某1问马某2有没有多余的手机卡，马某2说有，马某1让马某2到附近的手机店购买两部手机。因手机店没有要买的手机，他们要从别处调货，马某2就拿了部手机去小区门口接马某1，他出来时手中提了一个褐色的密码箱，马某2将手机给马某1，马某1让马某2将车开到离小区不远处正在盖楼的没有人的场地，然后马某1将前排两个座位后背的皮割开，将他所提密码箱内黑色塑料胶带纸包裹的块状物取出，一个一个塞进座位里面，塞满后，又将后排座位割开，他们又将剩余的块状物塞进后排座位里面。他们开车回到前面买手机的地方拿上另外一部手机，然后他给酒店住着的那个女人打电话让她准备好针线，回酒店之后马某1让马某2将旧手机交给他，让马某2用新手机及原来没有使用的卡，并交给马某2针线，让马某2到停车场将前面割开的座套缝起来。晚上七八点，马某1给了马某25000元加油费、过路费，让马某2带着东西开车路经成都、武都回兰州。当车行驶到甘肃文县，在武都的公路上，马某2被公安人员抓获，当场从马某2驾驶的汽车座位后查获用黑色塑料胶带纸包裹的毒品22块，马某2到昆明时身上有两张电话卡，一张卡号是135×××，另一张卡号忘了。

庭审中马某2否认其在侦查机关的供述，称其不知道车上装的东西是毒品。

上述证据均在一、二审公开开庭审理时当庭举证、质证和辩论。

二审期间，检察人员补充提交了鉴定人员的资质材料；并提交了一份鉴定意见书，以证明作案时使用150×××、131×××号码的人为上诉人马某1。控辩双方对补充提交的证据均无异议。

以上证据，经审查，证据来源合法，内容客观、真实。本院予以确认。

针对原审被告人马某1上诉所提，运毒车辆不是自己出资购买的，毒品运往哪里不知情，马某2的犯罪作用和地位远高于自己；案件线索来源不清等影响量刑的上诉理由，经查，现有证据虽不能明确运输毒品的交通运输工具是由何人提议购买的，但二上诉人共同考察、购买运输毒品的车辆，录音记录也反映二上诉人知悉毒品将运往甘肃兰州，上诉人马某1负责接取毒品，与上诉人马某2共同将毒品藏匿于运输毒品车辆之内，马某1又指使他人购买针线，指挥马某2缝合割开的车辆座椅皮套进行伪装，在马某2运输途中，上诉人马某1指挥运输路线，其地位和作用明显高于马某2。因此，其上诉理由不能成立。其辩护人所提原判认定马某1伙同马某2购买运毒车辆与事实不符的辩护意见以及认为原判认定马某1在共同运输毒品犯罪中作用更为突出错误的辩护意见亦不能成立。

关于原审被告人马某2上诉提出，不知车内的物品是毒品的上诉理由，经查，上诉人马某2在侦查阶段供述知道所运输的物品是毒品，客观上，二上诉人将毒品藏于座椅靠背皮套之内，马某2又用针线缝合伪装，这种高度隐蔽的方式且单人驾车长途运输，亦属应当明确知道是毒品而运输的行为，其上诉理由不成立。毒品未流入社会是由于侦查机关及时侦破案件的阻却结果，并非上诉人马某2的个人意志所致，故对其辩护人所提毒品未流入社会，请求从轻处罚的辩护意见不予支持。

毒品具体来源不明并不影响对本案的处理，因此，二上诉人的辩护人所提线索来源和毒品来源不明影响量刑的辩护意见不能成立。

原判对上诉人马某2的具体地位和犯罪作用在量刑时已经充分考虑，且对二上诉人的量刑并无不当。故其所提量刑过重的上诉理由和辩护意见均不能成立。

本院认为，上诉人马某1、马某2违反国家对毒品的管理法规，共同非法运输，其行为已构成运输毒品罪。上诉人马某1积极联系上家并接取、藏匿毒品，指使马某2购买用于运输毒品使用的手机，又指使他人购买针线，指挥马某2用针线缝合割开的车辆座椅皮套对毒品伪装藏匿，在马某2运输途中，上诉人马某1指挥运输路线，在共同犯罪中起主要作用；上诉人马某2明知是毒品，仍刷卡支付购买运毒车，按照上诉人马某1的安排对藏匿毒品部位进行缝合伪装，又单独驾车具体实施运输毒品的行为，亦起主要作用，但其作用相对小于上诉人马某1。经本院审判委员会讨论决定，依照《中华人民共和国刑事诉讼法》第二百三十六条第一款第（一）项、第二百四十四条之规定，裁定如下：驳回上诉，维持原判。

本裁定为终审裁定。

根据《中华人民共和国刑事诉讼法》第二百四十八条之规定，本裁定即为核准以运输毒品罪判处被告人马某2死刑，缓期二年执行，剥夺政治权利终身，并处没收个人全部财产的刑事裁定。

根据《中华人民共和国刑事诉讼法》第二百四十六条之规定对上诉人马某1的死刑裁定，依法报请最高人民法院核准。

审判长　张某某
审判员　郑某某
审判员　秦　某
2019年1月7日
书记员　漆某某

马某1运输毒品案死刑复核阶段
辩护词

尊敬的合议庭法官、审委会委员：

云南天外天（临沧）律师事务所律师汤光仁、云南山海律师事务所律师唐伟，接受原审上诉人马某1本人的委托担任马某1运输毒品案死刑复核阶段的辩护人，现就本案定罪与量刑中的事实认定与法律适用综合提出如下辩护意见，望贵院在案件复核时予以采纳。

一审、二审法院判决马某1构成运输毒品罪并且最终判处其死刑立即执行，明显事实不清、证据不足、法律适用错误，恳请贵院依法对本案不予核准死刑，查清案件事实后依法作出改判或者将本案发回重审。具体理由如下：

一、虽然本案中马某1在一审、二审及复核阶段均自愿认罪，但是因为本案核心证据存在重大缺陷甚至明显造假，是否最终判决构成犯罪，恳请最高人民法院依法审查

（一）本案核心证据存在严重缺陷，依法不应采信作为定案根据

毒品犯罪最为核心的证据系物证"毒品"，一审、二审人民法院采信公安机关收集、制作，公诉机关提交的证据，认为本案中涉案毒品可疑物为"海洛因"、数量为"11069.14克"、含量为"65.73克/100克"。但是通过在卷材料可见前述证据因存在明显重大缺陷而不可采信为定案依据，而且存在明显的造假嫌疑，恳请贵院予以充分重视并审查。

作为运输毒品犯罪中核心证据的毒品，其用于定案的基本前提与逻辑在于：从涉案嫌疑人处查获毒品可疑物→对查获的毒品可疑物依法进行称量，确定净重→对称重后毒品可疑物依法取样送检→经依法检验确定送检的毒品可疑物检材的性质→对送检毒品可疑物含量进行鉴定，确定送检的毒品可疑物的具体纯度。

只有严格依照前述逻辑与过程才能够依法确定涉案的毒品可疑物是否果真是毒品，是何种毒品，有多少数量的毒品，是何种纯度的毒品，并在最终定罪与量刑中予以评价。

但是在本案中，在案证据除了能够证实从马某2驾驶的越野车座椅内查获了22块用黑色胶带包裹的物品（或称毒品可疑物）以外，再无任何客观、合法、可信的证据证实前述物品的具体形态、性质、重量、纯度。

本案中两位当事人马某1、马某2都拒绝对毒品鉴定意见签字；查获的22块黑色胶带包裹的物品，没有马某2指认的照片或者录像。

本案中无毒品开包检查的笔录或者照片、录像，无法确定22块黑色胶带内包裹的物品究竟是何物及其具体形态，如是粉末、颗粒、晶体，还是膏状？

本案中无毒品称量笔录或者照片、录像，无法确定涉案毒品的净重究竟从

何而来，无法确定净重究竟是多少。

本案中无毒品取样笔录或者照片、录像，无法确定22块黑色胶带包裹的物品究竟是什么物品、什么性质。

本案中无毒品取样笔录或者照片、录像，无法确定22块黑色胶带包裹的物品究竟是什么纯度。

综上，本案中现有证据除了能够证明从马某2驾驶的白色越野车座椅内查获了22块黑色胶带包裹的物品以外，没有任何证明意义；也无法查证从马某2驾驶的车辆查获的22块物品与本案指控的22块物品的关联性。

本案证据既不能证明前述物品究竟是不是海洛因可疑物，因为没有任何拆开包装的证据和过程；也不能证明前述物品系海洛因，因为没有任何证据证明鉴定时使用的检材是从前述22块查获的物品中取样；更不能证明前述物品是含量65.73克/100克的海洛因，因为没有任何证据证明进行毒品可疑物含量鉴定时的检材是从涉案的22块物品中取样的。

最后，也不能证明前述物品的净重究竟是多少，因为前述物品系黑色胶带包裹，必须先称取毛重，然后拆开包装称包装的重量，再用毛重减去包装重量，计算出净重。本案中不仅没有这样的过程或者其他科学的称量过程，甚至没有任何称量过程，连一张称量照片都没有，也不知道所谓的称量是使用了何种器具。

从证据属性的角度而言，两审人民法院认定的本案物证是海洛因，而海洛因的固有形态与特征是白色粉末，从始至终本案中连一张白色粉末的照片都找不到，物证从何谈起？因此本案证据甚至连查获了疑似海洛因可疑物的事实都无法证实，更不用说证实查获了真正的海洛因。

（二）本案核心证据明显违反法律的明确规定，不能采信作为定案根据

且不论本案中从始至终均未看到黑色胶带里面包裹的究竟是什么形态的物品，即或涉案毒品可疑物是白色粉末，这些粉末究竟是面粉还是海洛因，毕竟不是靠尝味道、闻气味来确定的，最终必然要依据客观科学的鉴定过程及鉴定意见来确认。而鉴定意见本身的客观公正及与案件的关联性，不论是依据常情、常理还是明确的法律规范，均要以检材来源客观可靠为前提。

《最高人民法院关于适用〈中华人民共和国刑事诉讼法〉的解释》第六十九条规定，对物证、书证应当着重审查以下内容：

1. 物证、书证是否为原物、原件，是否经过辨认、鉴定；物证的照片、录

像、复制品或者书证的副本、复制件是否与原物、原件相符，是否由二人以上制作，有无制作人关于制作过程以及原物、原件存放于何处的文字说明和签名。

2. 物证、书证的收集程序、方式是否符合法律、有关规定；经勘验、检查、搜查提取、扣押的物证、书证，是否附有相关笔录、清单，笔录、清单是否经侦查人员、物品持有人、见证人签名，没有物品持有人签名的，是否注明原因；物品的名称、特征、数量、质量等是否注明清楚。

3. 物证、书证在收集、保管、鉴定过程中是否受损或者改变。

4. 物证、书证与案件事实有无关联；对现场遗留与犯罪有关的具备鉴定条件的血迹、体液、毛发、指纹等生物样本、痕迹、物品，是否已作DNA鉴定、指纹鉴定等，并与被告人或者被害人的相应生物检材、生物特征、物品等比对。

5. 与案件事实有关联的物证、书证是否全面收集。

第七十条规定，据以定案的物证应当是原物。原物不便搬运，不易保存，依法应当由有关部门保管、处理，或者依法应当返还的，可以拍摄、制作足以反映原物外形和特征的照片、录像、复制品。物证的照片、录像、复制品，不能反映原物的外形和特征的，不得作为定案的根据。物证的照片、录像、复制品，经与原物核对无误、经鉴定为真实或者以其他方式确认为真实的，可以作为定案的根据。

第八十四条规定，对鉴定意见应当着重审查以下内容：(1) 鉴定机构和鉴定人是否具有法定资质；(2) 鉴定人是否存在应当回避的情形；(3) 检材的来源、取得、保管、送检是否符合法律、有关规定，与相关提取笔录、扣押物品清单等记载的内容是否相符，检材是否充足、可靠；(4) 鉴定意见的形式要件是否完备，是否注明提起鉴定的事由、鉴定委托人、鉴定机构、鉴定要求、鉴定过程、鉴定方法、鉴定日期等相关内容，是否由鉴定机构加盖司法鉴定专用章并由鉴定人签名、盖章；(5) 鉴定程序是否符合法律、有关规定；(6) 鉴定的过程和方法是否符合相关专业的规范要求；(7) 鉴定意见是否明确；(8) 鉴定意见与案件待证事实有无关联；(9) 鉴定意见与勘验、检查笔录及相关照片等其他证据是否矛盾；(10) 鉴定意见是否依法及时告知相关人员，当事人对鉴定意见有无异议。

第八十五条规定，鉴定意见具有下列情形之一的，不得作为定案的根据：(1) 鉴定机构不具备法定资质，或者鉴定事项超出该鉴定机构业务范围、技术条件的；(2) 鉴定人不具备法定资质，不具有相关专业技术或者职称，或者违反回避规定的；（3）送检材料、样本来源不明，或者因污染不具备鉴定条件的；（4）鉴定对象与送检材料、样本不一致的；（5）鉴定程序违反规定的；（6）鉴定过程和方法不符合相关专业的规范要求的；（7）鉴定文书缺少签名、盖章的；（8）鉴定意见与案件待证事实没有关联的；（9）违反有关规定的其他情形。

同时本案的毒品提取、扣押、称量、取样、送检等具体侦查行为，还明显违反《最高人民法院、最高人民检察院、公安部关于办理毒品案件毒品提取、扣押、称量、取样和送检程序若干问题的规定》《公安机关禁毒民警执勤行为规范》《公安机关缴获毒品管理规定》《物证的封装要求》《物证通用标签》等规定与规范的要求，既不能保证所取得证据的合法性，也无法保障所取得证据的真实性、可靠性，更不能保证所取得证据与案件待证事实的关联性，依法不能作为定案的根据。

综上，本案查获的物证“毒品”未经被告人指认、辨认，更没有当面称量、提取、封存。因此，本案中没有任何合法可信的证据材料足以证实本案中查获了海洛因可疑物，更没有合法有效的证据证实本案中查获了真正的毒品海洛因。

（三）本案具有明显的证据造假的嫌疑，恳请贵院明察

为拼凑定案证据，卷宗里先后出现了如下材料：现场查获的22块黑色胶带包裹的块状物品照片；提取22块块状物品的提取笔录（证据卷第一卷P64）；兰州市公安局西固分局随案移交物品、文件清单；兰州市公安局西固分局扣押物品、文件清单（证据卷第一卷P70、P72）；兰州市公安局司法鉴定中心理化检验鉴定意见（兰）公（司）鉴（毒品）字（2016）16号（见诉讼卷第二卷P13）；甘肃省公安厅检验鉴定意见书（甘）公（刑）鉴（理化）字（2016）66号（见诉讼卷第二卷P30—31）。

综合前述证据材料可以明显看出本案存在证据造假的严重嫌疑。

1. 通过查获现场照片可见，被查获的物品为22块黑色胶带包裹的长方形块状物品，包裹严实，黑色胶带不透光，不能够反映黑色胶带包裹物内的具体情况；而且没有马某2对涉案物品指认的照片或者录像；全卷中没有任何证据（包括笔录、照片、录像等）能够证实包装被拆开过。但是在抓获马某2当日即2015年12月19日的“提取笔录”中却记载“在陇南市武都区公安局院子里从该车驾驶座、副驾驶座、后排座后背套中提取外用黑色胶带包裹的块状毒品海

洛因22块”；2015年12月19日，兰州市公安局西固分局扣押物品、文件清单，编号：1；名称：毒品海洛因；数量：22块；特征：外用黑色胶带包裹的块状毒品海洛因；备注：空。

在抓获当天涉案物品还是用黑色胶带包裹，并且在没有任何证据证实有打开过包装的前提下，包装内物品的状态不可能看到，公安机关如何判断涉案物品包装内究竟是什么东西？当时也没有取样鉴定，公安机关是如何能够判断涉案物品是毒品海洛因的？

2. 兰州市公安局司法鉴定中心理化检验鉴定意见记载：……3. 受理日期为2015年12月30日……5. 检材和样本：22包由外至内均为透明胶带、黑色胶带、白色塑料包装的白色块状物，净重依次为504.39克、503.23克……（详见该鉴定意见）。2016年3月3日，兰州市公安局西固分局随案移交物品、文件清单，移交单位为西固分局禁毒大队，接收单位为兰州市公安局西固分局涉案财物管理中心。记载如下，编号：1；名称：毒品海洛因；数量：22块；特征：车辆驾驶座、副驾驶座、后排座后背皮套中提取的外用黑色胶带包裹的块状物；备注：净重共计11069.14克。

前述证据直接反映以下问题，恳请贵院重视：（1）按照鉴定意见书记载的内容，鉴定时所提及的物品其包装与查获的物品包装明显不一致，查获的物品包装外层为黑色胶带，而鉴定时的物品外层为透明胶带。（2）如果鉴定机构记载属实则涉案物品是2015年12月30日在鉴定中心由鉴定人员拆开包装的，那么在此之前尤其是2015年12月19日提取扣押物品时，外包装是没有拆开过的，如何能够判定包装内是白色粉末？进而判断是海洛因？（3）要称量净重不论是根据行业规范还是基本常识，都要先称量带包装的毛重，然后拆开包装将包装内的物品转移到物证袋内（一般可使用透明的塑料自封袋），称量包装的重量，两者相减得出净重。整个过程应当在嫌疑人在场并且有见证人的情况下进行，详细记录并且拍照或者录像固定。随后对拆开包装的毒品可疑物取样（根据明确法律规定及行业操作要求，取样应当足量，具体为：总量超过1克的从至少三个不同部位取样1克，总量不足1克的全部取样），取样完毕后对毒品可疑物加贴封条由在场人员签字封存。22块毒品可疑物需如此重复22次。外包装单独封装保存。

由此可知在进行鉴定取样前必须先称量，如此则在案毒品通常不可能是22块的外形特征（海洛因呈现块状通常有两种原因：含量低的初级产品，其通常颜色并不是白色；含量高的白色粉末被包装固定为块状，但是解开包装后仍然是粉末)；而且毒品的重量也不可能还有称量时总计的净重 11069.14 克，因为取样至少要取走22 克。

恳请贵院查看前述2016 年3 月3 日兰州市公安局西固分局随案移交物品、文件清单中的记载，2016 年 3 月 3 日交接入库时，物品特征还是：数量：22块；特征：车辆驾驶座、副驾驶座、后排座后背皮套中提取的外用黑色胶带包裹的块状物；备注：净重共计 11069.14 克。

这是明显的作假。前述两个机关至少有一家作假，如果 3 月 3 日移交涉案物品管理中心时确实是外包装为黑色胶带包裹的块状物品，则证明鉴定机构并未称量也没有取样，那么检验鉴定又从何谈起？如果检验鉴定机构确实称量、取样了，则移送给涉案物品管理中心的就绝对不可能是22 块黑色胶带包裹的物品，也绝对不可能净重 11069.14 克。根据《公安机关禁毒民警执勤行为规范》《物证的封装要求》《物证通用标签》《公安机关缴获毒品管理规定》《最高人民法院、最高人民检察院、公安部关于办理毒品案件毒品提取、扣押、称量、取样和送检程序若干问题的规定》等明确的法律与规范要求，物品移交时均必须据实记载而且要复检、复称。

3. 甘肃省公安厅检验鉴定意见书（甘）公（刑）鉴（理化）字［2016］66 号记载，受理时间：2016 年 6 月 2 日；检材：白色块状物 22 包，共计净重11069.14 克，从各包内按比例取样约 10 克，检材编号 E0066，备检。

该次检验鉴定为定量鉴定，并最终得出65.73 克/100 克的鉴定意见。试问，检材是从哪里提取的？是谁提供的检材？在此前的物品是由谁保管的？又是如何交接的？尤其恳请贵院重视的是，海洛因拆开包装并称量后通常是粉末状态，何来白色块状物22 包？如果进行定性检测时取过样，则净重必然减少 22 克左右，何来净重 11069.14 克？根据基本常识，怎么可能把所谓的 11 公斤有余的毒品两次送到实验室去取样，谁能做这样的决定，谁能承担这样的风险？

答案不言自明：本案中所谓的涉案毒品根本就没有真正取样、鉴定、称量。甚至可能根本就不存在真正的毒品，本案所谓毒品不过是公安机关特情引诱侦查时使用的一个道具而已

二、本案明显系严重的特情引诱犯罪，结合案件情况及相关法律与规范，是否作为犯罪处理及如何适用刑罚，恳请贵院明察

结合公安机关技术侦查及在卷相关情况说明，本案属于控制下交付的案件

系不争的事实，但是是否属于严重的特情引诱犯罪，并且最终如何影响定罪量刑是不容忽视的案件焦点，这也是辩护人在上诉人明确自愿认罪的前提下仍然恳请贵院对是否构成犯罪予以审查的原因所在。

结合关于审理毒品犯罪的《南宁会议纪要》《大连会议纪要》及《刑事诉讼法》关于技术侦查章节的专项规定可知，严重的特情引诱犯罪，从实体上可以结合案件具体情况根据会议纪要的精神与规定免予刑事处罚，根据《刑事诉讼法》第一百五十一条的明确禁止性规定，诱惑侦查不仅被明确禁止而且其取得的证据也缺乏基本的合法性要件，缺乏采信的前提。

（一）公安机关的立案程序，印证本案不能排除特情引诱的合理怀疑

在案的技术侦查决定书、受理案件登记表、立案决定书显示，公安机关于2015年12月15日获得线索，并且于当日决定立案；同时技术侦查措施决定书显示于2015年12月14日批准实施技术侦查。但是根据《刑事诉讼法》的明确规定，技术侦查必须在正式立案后才能批准，由此可知前述两项文件中至少有一项是虚假的，甚至两项都是虚假的。用简单的话概括：如果立案材料是真实的，则批准采用技术侦查的决定显然是虚假的，因为不可能在没有正式立案前批准技术侦查措施的适用；如果技术侦查措施的批准文件是真实的，则立案的文书明显是虚假的，故意出具时间延后的立案文书目的在于掩盖案件特情引诱的真相，使案件看起来更像查缉破获的案件，而回避对在此之前侦查与取证的调查和说明。

（二）公安机关的侦查过程与破案过程，印证本案不能排除特情引诱的合理怀疑

首先，根据立案材料及技术侦查决定等文书可见，在马某1几年都没有使用自己真实名字，即或乘飞机都一直使用马某某的名字及对应的身份证的前提下，公安机关立案时却准确使用了“马某1”的真名，而且在没有抓获人员的前提下，也已经确定了具体的罪名“马某1、马某2运输毒品”，因此，毫无疑问，公安机关对前述二人的行为在立案之前已经了如指掌，而如果真是2015年12月14日才按照批准使用技术侦查手段，监听前述二人的电话，根本就不可能完成和达到前述结果。因为在接取毒品之前马某1与马某2已经在一起，涉及案件的交流均是当面完成，电话里不可能再谈及与案情有关的事宜。故，公安机关之所以事先全面准确地掌握案件所有细节只有另外一种可能，就是特情人员的介入，关于技术侦查措施的批准文件无非是为了应付诉讼过程中的证据

审查和逻辑疑问而已，完全不是案件的真实情况。

其次，如上所述公安机关事先已经掌握嫌疑人的行为细节，同样毫无疑问必然已经事先掌握毒品的来源及取送毒品的细节，即马某1、马某2在昆明火车站三元宾馆附近接取毒品的案件事实公安机关必然事先知道，但是为何公安机关对于送毒品来的人员及车辆，没有任何抓捕侦查行为？送毒品来的人员直接联系着本案毒品的来源，不论是从侦查犯罪、完善证据的角度，还是从打击犯罪的角度，这都是不可能被忽视的内容。但是不仅当时公安机关对送毒品的人员没有任何抓捕或者侦查，其事后作出的“情况说明”也让人匪夷所思。公安机关作出的情况说明称已经调取到当时的监控视频，但是因为拍摄原因看不清车牌，所以无法核查。辩护人来自云南昆明，办公与居住地点就在火车站附近，可以负责任地说昆明火车站附近的监控是无死角全覆盖，而且追踪嫌疑车辆拍照又不是监控探头拍不到就无法追查，这是基本常识。故此公安机关情况说明所称嫌疑车辆无法查找，明显是搪塞之言，这再次侧面印证本案存在特情引诱的重大嫌疑，甚至直接印证毒品的开源可能系特情人员提供。

最后，本案的抓捕过程再次明显印证了特情引诱的重大嫌疑。单纯的技术侦查对应的结果是控制下交付，其目的在于进一步打击犯罪，即监控毒品的流动以期望能够进一步查证或者抓获毒品犯罪的下线。本案毒品的交接地在云南昆明，而且云南巍山的警方直接参与了案件的侦查，巍山警方在监控时，两名嫌疑人同时在场，不仅一起在车内隐藏毒品，而且隐藏后还一起驾车运输，要对“马某1、马某2运输毒品罪”一案打击犯罪，毫无疑问当时是最佳的抓捕时机，不仅可以人赃俱获，而且将最大限度地减少案件风险。但是，事实却相反，当时并没有抓捕涉案人员，而是等两天之后，两名嫌疑人分开，并且毒品运离昆明近千公里，已经进入甘肃境内之后才抓捕嫌疑人。

如果前述抓捕的策略是为了等待下家的出现可以理解，但全案从来都没有关于毒品下家的任何调查核实，更没有抓捕任何毒品下家该如何理解？运用所谓的技术侦查，反而让毒品增加失去控制的风险，让案件证据增加诉讼的风险，耗费更多的警力，还有什么其他合理解释呢？尤其在昆明协同办案，为何要寻求几百公里以外的大理巍山警方的协助呢？昆明警方是不能胜任还是不可信任？合理的解释只有一个，就是本案系大理警方与兰州警方合作的一起特情引诱案件，根据缉毒战果共享的政策，将云南的案件通过引诱策划转移到兰州办理，如此既增加兰州警方的战果又保护巍山警方的特情人员。

根据马某1的供述及马某2准备购买汽车的钱款存取账户的记录可以清晰地看出本案在2015年12月14日之前有过长期的准备策划，马某2购买车辆的钱款是2015年10月22日就以转账10万元的方式存入其弟弟名下的账户，而且交易的对方账户为2734115×××。2015年11月14日、15日该卡分两次分别取现4万元、3.6万元；11月15日前述两笔现金又以现金存款的方式存入马某2购买汽车时付款的银行卡。

根据马某1的供述及通话清单等证据，一个叫“胖子”的人多次邀约马某1去云南运输毒品，马某1又与马某2商量，马某2为获得更多的运费，决定自己买车完成运输毒品的主要行为，最终出现本案中马某2付款买车并亲自驾车运输毒品的结果。

在运输毒品的过程中“胖子”作为运输毒品的最终收货人，一直与马某1电话联系指挥掌控运输毒品的进度，在两审人民法院查实采信的证据中也明确记载马某1向他人报告马某2运输毒品的进程和位置，在马某2被抓获前马某1还向该人报告马某2进入了甘肃境内的内容，但是公安机关对此并无任何核查行为。有合理的理由怀疑“胖子”就是兰州公安的特情人员，其引诱马某1实施犯罪，并全程掌握控制马某1的行为，与巍山警方的特情人员形成上下双套。

此外，通过在案证据可见，马某1与马某2接取毒品前未谈论过任何毒品买卖的内容，也未支付过任何毒资，那么这两个甘肃人是如何毫无成本地取到11公斤多的毒品的？没有背后人员的操作控制如何能够完成？

（三）本案证据中存在的重大缺陷及明显虚假，印证本案不能排除特情引诱的合理怀疑

关于本案证据尤其是物证“毒品”的意见在前文已经陈述，在此仅对其与特情引诱合理怀疑之间的关联印证简要陈述。特情引诱的毒品犯罪案件，通常使用道具毒品，因为全程监控可以通过监听电话及现场监控、监视等方式获得指控犯罪的证据，因此公安机关对于定案核心证据“毒品”的采集通常显得草率。也因此才会出现为什么公安机关抓获马某2时，不拆开包装就提前知道了包装里是毒品海洛因的疑问。

本案中马某1与马某2接取并运输所谓的毒品，但是二人没有验过货，没有拆开过毒品包装，甚至在全案证据中从来就没有一张关于毒品实物的照片，这明显违背常理、常识。

公安机关缴获22块11公斤多的毒品，既不封装，也不拍照录像，而是送到鉴定中心去称量、取样，既不担心毒品丢失也不担心毒品被污染或者调包，鉴定中心先后两次取样鉴定后，毒品数量不变，形态不变，几乎原封不动，对此同样只有一种合理解释，即本案的毒品仅仅是反复运用的毒品道具。

（四）使用道具毒品制造特情引诱案件在甘肃早有发生，恳请重视

辩护人深知在最高人民法院的法官面前陈述案例是非常冒昧和唐突的行为，但是因为本案例确实特殊，恳请尊敬的法官谅解，于此向你们真诚致歉。

1. 时至今日在公开报道的毒品特情引诱案件中，只有甘肃“马某孝”一案①，也因为该案推动了贵院出台文件要求对于可能判处死刑的案件应当进行含量鉴定。

4月1日至2日，曾一手制造三起特大贩毒假案的“幕后人物”马某孝在兰州市中级人民法院受审。有着“线人”“毒案导演”等多重身份的被告人马某孝，与其四位搭档——被告人马某宝、马某祥、马某正和马某四，以贩卖毒品罪和运输毒品罪同堂受审。

2001年以来，与甘肃省的临洮、临夏和西固等地公安机关个别人员联手，先后制造了“荆某国贩毒假案”“杨某喜贩毒假案”以及“坐台女彭某贩毒案”的甘肃东乡农民马某孝，一时间成为人们关注的焦点。

2. 几乎在相同时间出现剧情高度一致的另一起案件，甚至连证据的组成及当事人的辩解都基本一致。犹如马某孝案件，本案明显存在人为导演的痕迹。甘肃省兰州市中级人民法院（2018）甘01刑初26号刑事判决书显示，几乎同一时间兰州警方破获了另一起与本案几乎一模一样的运输毒品案件。2015年11月上旬，被告人马某、马某龙分别乘飞机由甘肃市前往云南省昆明市。同年12月11日，二人在云南省大理市下关镇购买“川汽野马”牌F12型轿车一台（临时牌照为云LEU×××）后，将毒品藏匿于车内，并于次日驾车返回甘肃，12月13日18时许，被告人马某、马某龙驾车行至甘肃省岷县梅川镇木寨岭收费站时，被公安人员抓获，并当场从该车内查获毒品可疑物22块。经鉴定：上诉毒品可疑物中检出海洛因成分，净重共计11104.97克；海洛因含量为63.94/100克。

① 《兰州“贩毒导演”马某孝受审》，载中国法院网，https：//www.chinacourt.org/article/detail/2004/04/id/110897.shtml。

三、本案一审、二审裁判时所适用的刑罚明显不当，恳请贵院予以纠正

本案中，核心证据“毒品”存在重大缺陷，明显事实不清、证据不足，不符合适用死刑的证据标准，恳请贵院依法不予核准本案的死刑。

从案件背景而言，本案明显不能排除特情引诱的合理怀疑，而且极有可能是严重的上下双套引诱，依法不应当适用死刑。关于特情引诱，因为相关证据及过程属于保密的范畴，辩护人及被告人均只可能提出合理怀疑，而不可能最终证实，即或公安机关出具的情况说明及保密材料仍然难以确保客观真实，根据《南宁会议纪要》《大连会议纪要》《刑事诉讼法》的规定及精神可知特情引诱本身就是特情工作人员违反规定的不当行为，因此希望公安机关对自己的违法行为作出客观真实的说明或者陈述，让嫌疑人“自证其罪”违背常识与规律，如同前文所说的“马某孝案件”那样直观地暴露特情引诱及作假的案例，比亡者归来、真凶再现的概率还要小。故此对于公安机关出具的相关情况说明，恳请贵院予以充分审查。

1. 本案存在人为改变管辖及明显的刑罚适用不统一，恳请贵院审查。本案主要犯罪地在云南昆明，就运输毒品罪而言涉案人员接取毒品及隐藏毒品时是最好的抓捕时机，之所以当时不抓捕而是等到毒品运输到甘肃境内后才抓捕，目的是人为改变管辖地域，最终判处被告人死刑，这样的做法明显有违法律公正。

2. 对性质、情节、手段等几乎完全一样的案件，甘肃省高院作出明显不同的裁判，也体现本案量刑明显过重。前述甘肃省兰州市中级人民法院（2018）甘01刑初26号刑事判决书显示，几乎与本案同时发生的一模一样的一起案件，最终裁决结果为死刑缓期两年执行一人、无期徒刑一人。本案相较而言，判处马某1死刑明显量刑过重。

综上，辩护人恳请尊敬的最高人民法院法官充分考虑本案证据、程序、背景等因素，对本案依法不予核准死刑，践行少杀慎杀政策，真正坚守法律的公平正义。

此呈

中华人民共和国最高人民法院

辩护人：汤光仁，云南天外天（临沧）律师事务所

唐伟，云南山海律师事务所

2019年5月15日

中华人民共和国最高人民法院
刑事裁定书

（2019）最高法刑核13141439号

被告人：马某1，……（略）

甘肃省兰州市中级人民法院审理兰州市人民检察院指控被告人马某1犯运输毒品罪一案，于2017年12月22日以（2017）甘01刑初9号刑事判决，认定被告人马某1犯运输毒品罪，判处死刑，剥夺政治权利终身，并处没收个人全部财产。宣判后，马某1提出上诉。甘肃省高级人民法院经依法开庭审理，于2019年1月7日作出（2018）甘刑终72号刑事裁定，驳回上诉，维持原判，并依法报请本院核准。本院依法组成合议庭，对本案进行了复核，依法讯问了被告人，听取了辩护律师意见，审查了最高人民检察院意见。现已复核终结。

兰州市中级人民法院和甘肃省高级人民法院认定：被告人马某1与马某2（同案被告人，已判刑）商议从云南省昆明市往甘肃省兰州市运输毒品。2015年12月14日，马某1从他人处接取到毒品，藏匿于其在昆明市的出租房内。同月17日，马某1、马某2在昆明市购买了一辆白色“北汽幻速S2”型越野汽车（临时牌照号为云A1C×××），并将毒品藏匿于车辆座椅后背皮套内。而后，马某2驾驶该车欲返回兰州市，于同月19日4时许在甘肃省陇南市武都区三河镇董家坝附近被公安人员抓获，当场查获海洛因11069.14克。同日21时许，马某1乘飞机抵达兰州中川机场时被抓获。

兰州市中级人民法院和甘肃省高级人民法院认定上述事实的证据，有从同案被告人马某2所驾车辆上提取的海洛因等物证，手机通话清单、银行卡交易明细、汽车购销合同、住宿登记等书证，证人徐某某、杨某某、梁某1、梁某2、田某等的证言，毒品鉴定意见、手印鉴定意见，同案被告人马某2的供述和被告人马某1的供述等。

本院认为，第一审判决、第二审裁定认定被告人马某1运输毒品的部分事实不清，证据不足。依照《中华人民共和国刑事诉讼法》第二百四十六条、第二百五十条和《最高人民法院关于适用〈中华人民共和国刑事诉讼法〉的解释》第三百五十条第（三）项、第三百五十三条第一款的规定，裁定如下：

一、不核准甘肃省高级人民法院（2018）甘刑终72号维持第一审以运输毒品罪判处被告人马某1死刑，剥夺政治权利终身，并处没收个人全部财产的刑事裁定。

二、撤销甘肃省高级人民法院（2018）甘刑终72号维持第一审以运输毒品罪判处被告人马某1死刑，剥夺政治权利终身，并处没收个人全部财产的刑事裁定。

三、发回甘肃省高级人民法院重新审判。

本裁定自宣告之日起发生法律效力。

审判长　何某某
审判员　李某某
审判员　杨　某
2020年8月17日
书记员　胡某某

顾某某伪造公司印章案

案件简评

该案以让人心碎的方式诠释着刑事辩护的艰难。从侦查阶段辩护人就不断以各种方式陈述辩护意见，包括申请调取证据、申请变更强制措施、出具侦查阶段法律意见、申请羁押必要性审查、申请审查起诉阶段调取收集证据等。尤其为了确保后续追责，在审查起诉阶段提交申请调取、收集证据的申请及法律意见时，除了当面提交文书还特别通过公证邮寄的方式提交（同时将公证受理文书复印件一并寄送）。在法院审判阶段除了辩护以外，还申请通知证人出庭作证、申请调取、收集证据等。

但是，一审仍然判处当事人有罪。当事人上诉被驳回，维持原判；当事人向作出生效裁判的二审人民法院申诉，仍被驳回；当事人向省高级人民法院及省检察院申诉，重庆市高级人民法院决定再审；再审后撤销原一审、二审判决，将案件发回一审人民法院重审。一审人民法院重审后宣告当事人无罪；重审时公诉机关提出抗诉，重庆市人民检察院第三分院支持抗诉；重庆市第三中级人民法院驳回抗诉、维持原判。

就法定刑而言，本案不是重大犯罪，但是先后经历的程序基本已经穷尽本案的法律救济程序。对于几乎完全相同的案件事实、辩护意见，一审、二审司法机关作出了完全相反的罪与非罪的裁判。

这值得所有人思考，而作为辩护人最深切的感慨就是：只要是正确的意见，不论如何都不能妥协，不论当时是否被采信或是否可能被采信。

文书摘录

起诉书

重庆市涪陵区人民检察院
起诉书

渝涪检公诉刑诉（2015）531号

被告人：顾某某，案发前系重庆某鹏实业（集团）有限公司云南分公司总经理。因涉嫌伪造公司印章罪，于2015年4月9日被重庆市涪陵区公安局刑事拘留，同年5月9日变更强制措施为取保候审，于2015年6月30日经本院批准逮捕，同日由重庆市涪陵区公安局执行逮捕。

本案由重庆市涪陵区公安局侦查终结，以被告人顾某某涉嫌伪造公司印章罪，于2015年8月10日向本院移送审查起诉。本院受理后，于2015年8月10日告知被告人有权委托辩护人，于2015年8月10日告知被害单位有权委托诉讼代理人，依法讯问了被告人，听取了辩护人、被害单位的意见，审查了全部案件材料。

经依法审查查明：2011年3月，被告人顾某某被重庆某鹏实业（集团）有限公司任命为云南分公司总经理，其间，被告人顾某某未经集团公司同意私刻重庆某鹏实业（集团）有限公司行政印章和法人代表夏某某私章，然后将伪造的集团公司行政印章和法人私章先后交给集团公司派驻云南分公司的工作人员王某1、瞿某、王某2管理。

2013年1月，被告人顾某某使用其伪造的重庆某鹏实业（集团）有限公司行政印章和法人代表夏某某的私章，以重庆某鹏实业（集团）有限公司名义私下委托朱某德承接云南省大理市尚水鸿城国际花园项目，造成云南省大理市尚水鸿城国际花园项目经济损失高达人民币1021余万元，致使重庆某鹏实业（集团）有限公司信誉受到严重损害。

2015年4月24日，经重庆市涪陵区公安局物证中心鉴定，被告人顾某某以重庆某鹏实业（集团）有限公司承接的云南省大理市尚水鸿城工程项目施工协议和施工合同上加盖的“重庆某鹏实业（集团）有限公司”行政印章和法人“夏某某”私章与重庆某鹏实业（集团）有限公司真实的行政印章和法人夏某某的真实私章不相符。

2015年4月8日，重庆市涪陵区公安局民警在云南省昆明市将被告人顾某某抓获。认定上述事实的证据如下：1. 立案决定书、抓获经过、户籍资料等书证；2. 证人夏某某、伍某平、王某1等人的证言；3. 被告人顾某某的供述和辩解；4. 鉴定意见；5. 辨认笔录、指认笔录。

本院认为，被告人顾某某伪造公司印章，其行为已触犯《中华人民共和国刑法》第二百八十条第二款之规定，犯罪事实清楚，证据确实、充分，应当以伪造公司印章罪追究其刑事责任。根据《中华人民共和国刑事诉讼法》第一百七十二条之规定，提起公诉，请依法判处。

此致

重庆市涪陵区人民法院

副检察长　徐其某

代理检查员　史其某

2015年8月12日

一审辩护词

顾某某涉嫌伪造公司印章一案一审辩护词

尊敬的法庭：

云南天外天律师事务所接受顾某某的委托，指派汤光仁、吴诚志律师担任顾某某涉嫌伪造公司印章一案中顾某某的辩护人。在会见、了解案件情况并参加今天的庭审后，现就本案定罪与量刑中的事实认定与法律适用发表如下辩护意见，望法庭在合议时采纳。

辩护人认为公诉机关指控顾某某构成伪造公司印章罪事实不清、证据不足，其起诉指控依法不能成立，请求人民法院依法宣告顾某某无罪，以真正彰显法律的公正与威严。具体理由如下：

伪造公司印章罪是典型的故意犯罪，其核心内容是不具备刻制公司印章权限的人非法刻制公司印章的行为。因此，其客观方面强调刻制被害单位的印章，如果仅仅有想法但是并没有刻制则不构成该罪；其主观方面为故意，即既无法定权力刻制也未获得刻制的授权，就是明知自己无权刻制但仍然刻制。本案之所以不构成公诉机关指控的犯罪，其核心原因在于：公诉机关的指控所依据的证据无法证实被告人刻制了总公司的印章；同时本案还存在诸多影响定罪的合理怀疑不能排除。具体理由如下：

一、现有证据无法证实顾某某刻制了总公司的印章，指控顾某某伪造公司印章事实不清、证据不足，依法不能成立

（一）公诉机关所出示的用以证实顾某某刻制总公司印章的证据，除了顾某某自相矛盾的供述以外，没有其他证据足以印证并认定顾某某刻制了总公司的印章

顾某某在卷的十份供述中，共有七次供述明确说自己没有刻制总公司的印章，总公司的印章是由总公司先后派驻到分公司的三位派驻人员保管并使用，对印章来历不清楚。仅在居中的三次供述中提到自己是得到总公司副总伍某平的许可后刻制总公司的印章，而且只是为了开设分公司提供相关资料方便，大概十余天后总公司派驻到分公司的第一任派驻人员王某 1 到昆明后就将刻制的印章交给王某 1 保管。

首先，关于前述三次（居中的）刻制总公司印章的供述与其他七次（前、中、后都有的）没有刻制印章的供述明显自相矛盾，无法确定其真实性。

其次，关于刻制印章的供述明显与其他证据相互矛盾，进一步呈现了所谓刻制印章供述的虚假。顾某某关于三次刻制印章的供述所涉及的印章用途，均供述是为了办理分公司的登记时在相关资料上盖章。但是经过公安机关侦查核实最终确定，申请设立云南分公司的登记资料中并未加盖尾数为“5”的所谓“假印章”，总公司也出具了书面说明证实设立分公司时所使用的登记资料上的总公司印章都是真实的，可见顾某某所谓刻制印章的三次供述其本身是与其他客观证据相互矛盾的，明显不真实，依法不能作为认定案件事实的依据采信。

再次，公诉机关庭审中以顾某某带领公安机关在昆明刻章集中地的指认笔录印证顾某某供述的真实性明显不能成立。一方面，顾某某即或到了昆明刻章集中地也没有具体指认出刻章地点；另一方面，这个所谓的地点本身就是昆明人几乎人尽皆知的刻章集中地，指认与刻章有无关联性亦无证明意义。

最后，顾某某对于自己为何作出不一致的供述作出了合理的解释并且有相

关证据予以印证。顾某某解释为何自己作出刻制印章的供述，以及为何作出前后不一的供述的原因是：朱某德挂靠在总公司名下所承建的“大理尚水鸿城”项目在施工过程中出现了经济纠纷，汪某雄以总公司为被告向大理州人民法院提出了民事诉讼，为了帮助总公司逃避在民事诉讼中的责任，争取胜诉，经总公司安排，借鉴总公司在处理新疆分公司引发的民事诉讼的经验，以伪造公司印章的刑事案件申请对民事案件中止审理，并以此证明总公司不应该承担民事责任，所以才作出了在总公司同意后刻制总公司印章的供述。对于该辩解，通过总公司在民事诉讼一审及二审的行为可以得到明确的印证：

1. 总公司对于所谓的伪造印章近四年没有任何异议，反而多次帮助支付投标保证金、履约保证金、接收并拨付工程款、收取提成，但是在大理民事案件诉讼后却提出刑事控告；

2. 在民事案件一审中，总公司向人民法院提交顾某某伪造公司印章罪的案件受理通知书作为证据，以此要求大理市中级人民法院中止民事案件的审理；

3. 在民事案件二审中，总公司向云南省高级人民法院提交顾某某伪造公司印章案件的逮捕证作为证据，以此要求云南省高级人民法院对民事案件中止审理。

故此，顾某某关于刻制总公司印章的三次供述明显缺乏真实性，依法不能作为定案的依据采信。全案中没有其他有效证据足以证实顾某某刻制了总公司印章，指控顾某某伪造公司印章事实不清、证据不足。

（二）关于刻制印章的供述明显与生活常识不符，再次印证所谓刻制过印章的供述虚假

在三次供述刻制过印章的讯问笔录中，顾某某称得到总公司副总伍某平的同意后刻制了总公司的印章，并且有意将印章编码的尾数多加了一个“5”，这是明显违背基本生活常识的，如果真要伪造公司印章，首先要考虑的就是“以假乱真”，那么当然要与真章一模一样了，而且当时顾某某正在办理分公司登记的事宜，其手中有大量的总公司印章样本，他怎么可能去刻一个与真章编码明显不一样的假章呢？如果有意伪造印章还故意伪造一个与真印章具有明显区别的印章，完全是画蛇添足。就如同伪造人民币一样，难道要故意伪造明显不同之处便于被别人发现吗？事后公安机关的立案过程也清晰印证了这一点，公安机关是在还没有对印章真伪进行司法鉴定、得出鉴定结论之前就立案了，其原因就是所谓的假章与所谓的真章一眼就能辨别，那么还有必要去伪造这样的假

章吗？

（三）关于所谓的伪造的印章的保管与处理，印证了顾某某关于刻制总公司印章的供述是虚假的，不能作为定案的依据

顾某某在刻制总公司印章的讯问笔录中，对于所谓“假印章”的处理的供述为：在总公司派驻到分公司的第一任派驻员王某 1 到分公司后就将所谓的“假印章”交给了王某1，后来一直由派驻人员交接并保管使用，在伍某平到分公司提取所谓的“假印章”时，该印章还在第三位派驻人员王某 2 手中保管，王某 2 对此也予以了证实。那么我们不得不问，如果顾某某真的伪造了总公司的印章，他怎么可能将伪造的印章交给总公司的派驻人员保管呢？

事实上通过三位派驻人员的笔录可见：王某 1 是 2008 年就到总公司工作，而且一直担任外派经理的职务，在到云南分公司担任外派经理之前一直在贵州的分公司担任外派经理，是一位经验丰富的外派经理；第二位外派经理瞿某证实担任外派经理之前总公司按照惯例是要安排专门培训的；第三位外派经理王某 2 证实，自己在前往云南分公司担任外派经理之前是经过了总公司专门培训的。

由此可见外派经理的职责与管理以及这一职位的设置，都是为了保护总公司的利益，尤其是避免分公司的行为损害总公司的利益。三位外派经理都明确表示，他们在分公司的主要职责是保管印章及合同资料，对于分公司中有总公司的印章并且有人在使用总公司的印章，自己从来没有向总公司汇报，也不知道章是怎么来的。

作为总公司的派驻人员，职责就是保管公司印章，对于来源不清楚的总公司印章他们敢保管吗？敢使用吗？故此，公诉机关指控前述三位派驻人员一直保管并且多次使用的印章是顾某某伪造的，其谬误已经不言自明。因此，三位派驻人员的职责与工作充分印证了本案所谓的假章不可能是顾某某伪造的。

二、不论本案所谓的“假印章”是如何产生的，顾某某均不构成伪造公司印章罪

简单地说，即或所谓的“假印章”真的是顾某某刻制的，顾某某也不构成伪造公司印章罪。因为总公司的行为一再追认所谓“假公章”的法律效力。

1. 云南分公司成立至今的项目履行情况及方式证实顾某某的行为不属于伪造公司印章。

顾某某是报案人重庆某鹏实业（集团）有限公司云南分公司的负责人，已

有相关的客观资料证实，故不赘述。云南分公司在成立之后挂靠总公司开展了大量的业务，其开展业务的具体方式为：业务洽谈一致后，由挂靠方与总公司签订挂靠协议；由总公司提供招投标所需要的资料文件并以总公司名义参与招投标；投标前都是总公司以自己的名义从自己的账户向招标方支付投标保证金；中标后又以总公司的名义与发包方签订承包合同，并且交付履约保证金等相关费用；工程建设过程中发包方支付工程款时，将工程款支付至总公司账户，由总公司扣留相关费用后再拨付给实际施工人。

从云南分公司成立至总公司控告顾某某伪造印章近四年时间，承接并且已经履行完毕的项目达数十个之多，正在履行的项目也有数个，在所有云南项目中都是使用所谓的“假公章”办理业务，都是在三位总公司派驻人员的监管之下进行，这样的“假公章”假在哪里？总公司无数次的协助支持又该作何解释？如果还坚持认为签订并且履行如此多合同的印章是假公章，那难道总公司一直在对发包方实施诈骗行为吗？

2. 与临沧市临翔区城市建设开发投资有限公司签订及履行的“第三标段桩基础工程《建设工程施工合同》（GF—1999—0201）”证实顾某某不构成伪造公司印章罪。

2011 年 8 月 30 日，总公司与临沧市临翔区城市建设开发投资有限公司签订合同编号为 LXCT（2011）第 0012 号的第三标段桩基础工程《建设工程施工合同》（GF—1999—0201），该合同签订是由总公司法定代表人亲自经办，既盖有本案所谓的“假公章”，同时还有总公司法定代表人“夏某某”的亲笔签名。并且该合同中总公司一方相关的公司信息都是由总公司法定代表人“夏某某”亲自填写，法定代表人处的签字也是由总公司法定代表人夏某某当场亲自签署（庭审中已经查明夏某某的签名系其本人亲自签署）。根据顾某某陈述总共六份合同不仅有夏某某先签字后盖章的还有先盖章后签字的，对此辩护人在侦查、审查起诉阶段都明确申请依法收集原件并进行司法鉴定，刚才也在一审庭审中再次申请依法收集并鉴定。

此外，总公司针对该合同还以开设在涪陵四环路支行的对公账户向临沧市临翔区城市建设开发投资有限公司支付了 771331.74 元履约保证金，以前述总公司对公账户向“临沧市建设工程交易中心”支付了 30 万元投标保证金；同时还以该工程的工程款向临沧税务部门缴纳了九次以上税款。这样的行为又该如何解释呢？

夏某某辩解自己签字的时候没有盖章，而且是因为其他事情顺便到临沧签了一个字。那么夏某某当时到临沧的正经事又是什么呢？为何要不远千里从涪陵到重庆，再从重庆乘飞机到昆明，又从昆明乘飞机到临沧去呢？

夏某某同时辩解按照总公司的规定合同都应该加盖合同专用章，并且必须拿回总公司审核后由总公司再加盖印章，既然如此，法定代表人在合同拿回总公司审核之前怎么会签字呢？对方又如何完成现场签字呢？既然合同要拿回总公司审核又何须跑到临沧去签字呢？等合同拿回总公司审核时再签字不是既合理又合法吗？既然所有涉及标的的合同都要拿回总公司审核并且加盖椭圆形的合同专用章，那么为何该合同加盖的却不是椭圆形的合同专用章而是圆形的所谓“假公章”呢？

该合同于2011年签订，按照总公司的要求，年底派驻人员都必须将分公司的合同资料带回总公司统一归档和保管，事实也证明公诉机关挑选出用于鉴定的一份合同原件也在总公司保管，该合同是法定代表人亲自签字的，总不会忘得一干二净，又未加盖合同专用章而是加盖所谓的“假公章”，所谓的假公章是一枚圆形的行政章，与椭圆形的合同专用章有天壤之别，一眼就能分别；而且总公司提供的所有证人众口一词地坚持，总公司对印章与合同的管理特别强调程序严谨，那么在2011年年底就应当第一时间发现所谓“假公章”的问题了。

那么，为何从2011年到2015年报案时近4年的时间总公司对这一份法定代表人亲自签字的加盖“假公章”（明显不是合同专用章）的合同不仅没有提出任何异议，反而还将其履行完毕呢？

该证据是可能直接证明被告人无罪的关键证据，按照《刑事诉讼法》的明确规定，刑事侦查不仅要收集证明被告人有罪的证据还要收集证明被告人无罪与罪轻的证据。对于现场签订合同的具体情况及对合同的收集与鉴定，辩护人在侦查和审查起诉阶段都明确申请司法机关依法调取证据和鉴定，并向合同相对方法定代表人王某荣等相关在场人员调查核实，但是至今没有结果，其中缘由令人费解。

3. 昭通市国土资源局发包的昭通市彝良县龙街乡建设项目2标段、4标段《建设工程施工合同》的签订与履行证实顾某某不构成伪造公司印章罪。

2014年3月总公司与昭通市国土资源局针对昭通市彝良县龙街乡建设项目2标段、4标段签订的《建设工程施工合同》同样使用的是本案所谓的“假公章”，但是前述项目两个标段的履约保证金各20万元，共计40万元都是通过总公司开设在涪陵四环路支行的对公账户支付到彝良县国土资源局地震灾后重建资金专户中；前述总公司开设在涪陵的对公账户接收了彝良县国土资源局先后14次针对前述两个标段共计4953676.14元工程进度款；总公司因收取前述工程款先后28次向昭通税务机关缴纳税款。

对签订的合同不认可，但是对因为合同收取近500万元工程款没有任何异议，还积极交税，其中缘由令人费解。

4. 当事人及辩护人当庭申请人民法院调取的两起项目投标文件，再次印证顾某某不构成伪造印章罪（详见调取证据申请书）。

三、本案存在诸多重大的合理怀疑不能排除，请求人民法院在定罪时充分考虑

办理刑事案件应当坚持事实清楚、证据确实充分的原则，被告人的供述虽然是证据的一种形式，但是仅有被告人的供述以及供述明显虚假或无法印证的，仍然不属于事实清楚、证据确实充分。在认定案件事实时，对于相关的案件证据需要进行关联统一的分析，而且应该充分注意被告人对自己无罪的辩解。

1. 总公司前后派驻到云南分公司的专门人员共计三位：王某1；瞿某；王某2。总公司派驻人员的主要职责是保管印章及将分公司洽谈后拟签订的合同发回总公司审查，并负责对总公司审查的合同签章。因此分公司经营过程中需要使用总公司印章的时候，具有畅通的渠道获得总公司的印章，顾某某没有任何必要刻制总公司印章，刻制总公司印章无任何犯罪利益。

2. 派驻人员的工作就是到分公司保管印章。正常情况下总公司的印章应该留在总公司使用，既然总公司向分公司派驻专门的人员保管印章，自然应该提供总公司的印章给派驻人员，否则派驻人员哪来的公章可以保管呢？

3. 所谓伪造的印章，最迟在2011年10月17日与临沧市临翔区城市建设开发投资有限公司签订第三标段桩基础工程《建设工程施工合同》（GF—1999—0201）时就已经使用，而且是法定代表人亲自使用。总公司派驻专门人员在分公司管理印章，如果这印章真是伪造的，那么总公司最迟在2011年10月左右就应当知道，为什么在这近4年的时间里总公司都没有任何异议，也没有提出任何控告呢？

4. 为什么总公司都没有报案，直到2015年有权利人以总公司为被告诉讼至大理州中级人民法院，要求总公司依法承担责任时，总公司才如梦初醒地要控告所谓顾某某伪造印章的行为呢?

5. 所谓伪造的印章，在分公司帮助总公司拉来的第一笔挂靠业务的办理中就已经使用，并且总公司必然知道。如果这印章真是伪造的，就算总公司宽宏大量认为不用报案，为何不收回呢?

6. 分公司为总公司拉来的所有业务，使用的印章都是本案所谓的伪造的印章，但是为什么总公司对于分公司的前述经营行为还要全力配合：使用总公司对公账户帮助第三方支付投标保证金、履约保证金；提供资质参与投标及签订合同；视察、检查工程进度与质量；使用对公账户帮助第三方收取工程款；向分公司派驻外派经理，并且依照合作约定分享100多万元的挂靠费。

7. 总公司所提供的证人证言明显与基本事实不符，而且具有明显的利害关系，尤其是朱某德。朱某德刻制了六枚总公司项目专用章，人赃俱获，并且供认不讳；同时朱某德还是大理项目的直接责任人，是所谓总公司损失的直接责任人，但是为何反而没有真正追究其法律责任?

四、针对“大理尚水鸿城国际花园”项目的合同签订，是总公司与分公司联合经营下正常的民事行为。总公司控告顾某某伪造公司印章是想通过刑事诉讼推卸自己的民事责任，恳请贵院明察

2013年5月左右，第三方朱某德与顾某某洽谈称自己联系大理鸿元房地产开发有限公司开发的大理尚水鸿城国际花园项目，需要使用总公司的资质签订并履行合同。双方谈好的条件是施工方（实际履行人为朱某德，名义履行人为总公司）垫资修建项目中约定的房屋，待房屋出售后支付施工方垫资及工程款。在谈好合作内容后与往常一样，将朱某德拟好的合同样本交给总公司第二任派驻人员瞿某，由瞿某发送给总公司审查后签章盖印，签订了前述合同。

在合同履行中总公司由夏某伦带队一行多人到大理尚水鸿城国际花园的项目施工地检查了工程质量与进度（夏某伦的辩解连基本常识都不顾，此处不赘述），全程有朱某德陪同（朱某德因利害关系未能如实陈述），返回昆明市由分公司负责人顾某某接待并入住世博花园酒店，还视察了分公司联系以总公司名义建设的海源中路的市政工程工地。

后来在合同履行的过程中因为招标方大理鸿元房地产开发有限公司破产无法支付施工方垫资款及工程款，导致施工方（实际履行人为朱某德，名义履行人为总公司）无法支付机械设备的租赁款及建筑材料款。相关权利人以合同违约的诉求将总公司（名义上的施工方）诉至云南省大理州中级人民法院，要求判决总公司依法支付相应款项并查封总公司相关账户。

总公司以建筑施工的资质为优势，向其他实际施工主体提供挂靠服务，并收取挂靠和使用资质的管理费，按照法律规定也需要承担对外的法律风险。在之前的挂靠过程中因为并未出现招标方资金断链及破产的情况，轻轻松松获得了管理费，针对大理项目因为招标方出现了资金断链并最终破产的情况，不仅收不到挂靠费还要对外承担法律责任。这本来是市场经营的正常盈亏，任何一个市场主体都应该有勇气面对与承担。

但是总公司为了推卸自己的责任，断然背弃之前的行为与意思表示，控告顾某某伪造印章，其真实意图是利用刑事诉讼优先的原则，申请对民事诉讼中止审理，将本应自己承担的责任转嫁到顾某某身上。这种背弃诚信与道义，为了转嫁责任而不惜虚构事实损害他人的行为，即或在民事诉讼中也不应得到支持，更何况是在证据与法律要求更为严格的刑事诉讼之中。

涪陵区公安局以顾某某涉嫌伪造公司印章罪于 2015 年 4 月 9 日对其作出刑事拘留，5 月 9 日因证据不足对顾某某采取取保候审，汪某雄与总公司的民事诉讼二审开庭时间定为 7 月 1 日；6 月 30 日涪陵区检察院决定附条件逮捕顾某某，7 月 1 日总公司如获至宝地将顾某某的逮捕证提交云南省高级人民法院，并且以此作为请求中止民事案件审理的理由。可幸的是云南省高级人民法院并未上当，民事案件如期审理并最终维持原判。2015 年 7 月 22 日，云南省高级人民法院作出维持原判的二审判决，8 月 10 日，公安机关宣布侦查终结并将案件移送涪陵区检察院审查起诉，8 月 12 日，涪陵区检察院向贵院提起公诉。

如此高效紧凑，最大的动力不过是总公司希望将顾某某有罪的判决作为申请再审的新证据及理由而已，因此就算现在不对临沧的六份合同依法调取并申请司法鉴定，再审过程中汪某雄也必然向云南省高级人民法院申请对六份合同进行调取和鉴定，并提交本案顾某某提交的相关证据，真相终要水落石出。

总公司对于大理尚水鸿城国际花园的合同签订，从 2013 年签订时就知道，近两年来也没有任何异议。但是当合同履行不顺利，自己开始面临承担法律责任时，就如梦初醒地要控告顾某某伪造印章，其中缘由不言自明。

综上，本案指控犯罪明显事实不清、证据不足，而且明显不能排除总公司为了推脱民事责任而故意隐瞒真相陷害顾某某的合理怀疑。冤案从来都不是一眼就能看出冤情，通常都是在我们放弃无罪推定理念及疑罪从无原则时生根发芽并茁壮成长，最后造成所有人都难以弥补的损害。

刑事案件以证据为基础，坚持主客观相统一的原则，对案件和证据进行整体综合的评价，既不能断章取义也不能简单地把线索当证据，把嫌疑当事实。综上请求贵院践行《中华人民共和国刑法》《中华人民共和国刑事诉讼法》《中央政法委关于切实防止冤假错案的规定》《最高人民法院关于建立健全防范刑事冤假错案工作机制的意见》《最高人民检察院关于切实履行检察职能防止和纠正冤假错案的若干意见》的规定与精神，坚持以证据为基础，以法律为依据，根据无罪推定、疑罪从无的原则，依法宣告顾某某无罪，以真正彰显法律的公正与威严，避免冤案错案给当事人及司法公正造成不可挽回的损害。

此呈

重庆市涪陵区人民法院

辩护人：汤光仁、吴诚志

云南天外天律师事务所

2015年8月31日

一审刑事判决书

重庆市涪陵区人民法院

刑事判决书

（2015）涪法刑初字第00510号

公诉机关：重庆市涪陵区人民检察院

被告人：顾某某，……（略）

辩护人：汤光仁、吴诚志，云南天外天律师事务所律师

重庆市涪陵区人民检察院以渝涪检公诉刑诉（2015）531号起诉书指控被告人顾某某犯伪造公司印章罪，于2015年8月17日向本院提起公诉。本院受理后，依法适用普通程序，组成合议庭公开开庭审理了本案。重庆市涪陵区人民检察院指派检察员徐某某、代理检察员史某某庭支持公诉，被告人顾某某及其辩护人汤光仁、吴诚志均到庭参加诉讼。本案现已审理终结。

重庆市涪陵区人民检察院指控：2011年3月，被告人顾某某被重庆某鹏实业（集团）有限公司任命为云南分公司总经理，其间，被告人顾某某未经集团公司同意擅自私刻重庆某鹏实业（集团）有限公司行政印章和法人代表夏某某私章，然后将伪造的集团公司行政印章和法人代表私章先后交给集团公司派驻

云南分公司的工作人员王某1、瞿某、王某2管理。

2013年1月，被告人顾某某使用其伪造的重庆某鹏实业（集团）有限公司行政印章和法人夏某某的私章，以重庆某鹏实业（集团）有限公司名义私下委托朱某德承接云南省大理市尚水鸿城国际花园项目，造成云南省大理市尚水鸿城国际花园项目经济损失高达人民币1021余万元，致使重庆某鹏实业（集团）有限公司信誉受到严重损害。

2015年4月24日，经重庆市涪陵区公安局物证中心鉴定，被告人顾某某以重庆某鹏实业（集团）有限公司承接的云南省大理市尚水鸿城工程项目施工协议和施工合同上加盖的重庆某鹏实业（集团）有限公司行政印章和法人代表夏某某私章与重庆某鹏实业（集团）有限公司真实的行政印章和法人代表夏某某的真实私章不相符。

2015年4月8日，重庆市涪陵区公安局民警在云南省昆明市将被告人顾某某抓获。

上述事实，检察机关提供了相应的证据，认为被告人顾某某的行为已构成伪造公司印章罪，建议依照《中华人民共和国刑法》第二百八十条第二款的规定对其作出处罚。

被告人顾某某辩称：公诉机关指控其犯伪造公司印章罪不属实，他并没有私刻印章，本案系总公司指使公司下属对他进行的诬告。云南省大理市尚水鸿城国际花园项目发生纠纷后，为借鉴新疆分公司以刑事立案终止民事诉讼的经验，总公司领导打电话要求让他来顶包，并向他保证总公司会出面疏通关系，请求法院公正判决。

其辩护人提出的辩护意见是：1. 公诉机关所出示的用以证实被告人刻制总公司印章的证据，除了被告人自相矛盾的供述以外，没有其他证据足以印证并认定被告人刻制了总公司的印章。2. 被告人刻制印章的供述以及对所谓的伪造的印章的保管均明显与生活常识不符，印证了被告人关于刻制总公司印章的供述是虚假的，不能作为定案的依据。3. 即或所谓的“假印章”是被告人刻制的，被告人也不构成伪造公司印章罪。因为总公司的行为一再追认所谓“假公章”的法律效力，再次印证被告人不构成伪造印章罪。4. 本案还存在诸多影响定罪的合理怀疑不能排除。综上，公诉机关指控被告人犯伪造公司印章罪事实不清，证据不足，被告人顾某某的行为不构成伪造公司印章罪，请求法院判决其无罪。

经审理查明：

2011年3月，重庆某鹏实业（集团）有限公司云南分公司成立，由被告人梁某某任总经理。其间，被告人未经同意擅自私刻总公司行政印章和法定代表人夏某某私章后再交由总公司派驻人员管理。

2013年1月，被告人顾某某利用其伪造的总公司行政印章和法定代表人私章，以总公司名义委托工程承建商朱某德承接云南省大理市尚水鸿城国际花园项目，以此造成总公司欠下工程款达人民币1021余万元，致使总公司商业信誉遭受极大损害。

案发后，经重庆市涪陵区公安局物证中心鉴定，被告人顾某某委托工程承建商朱某德以总公司名义承接的云南省大理市尚水鸿城国际花园项目施工协议和施工合同上所加盖的总公司行政印章和法定代表人私章与总公司真实的行政印章、法定代表人私章不相符。

被告人顾某某的供述与辩解证实：2011年4月左右，他准备好相关资料到云南省昆明市政务中心办理重庆某鹏实业（集团）有限公司云南分公司的营业执照和工商登记。由于资料不全，有几样资料没有盖总公司的行政章，他就给总公司副总伍某平打了一个电话说公司的资料准备得不全，现需要盖章，时间有点紧，可不可以去刻一个公司的公章和法定代表人的私章。当时伍某平同意了，还说到时公司的派驻人员来了，就把章交给派驻人员。然后他就把营业执照、组织机构代码证和税务登记证三大证件带齐，乘出租车到政务中心附近三四公里远的一个刻章的地方花了100多元把两个章刻了。

本院认为，被告人顾某某伪造公司印章，其行为已构成伪造公司印章罪。重庆市涪陵区人民检察院指控被告人顾某某犯罪的事实和罪名成立。

对被告人顾某某提出他并没有私刻印章，本案系总公司指使公司下属对他进行的诬告的辩解意见以及辩护人提出公诉机关所出示的用以证明被告人刻制总公司印章的证据，除了被告自相矛盾的供述以外，没有其他证据足以印证并认定被告人刻制了总公司的印章的辩护意见，经庭审查明，证明本案被告人私刻印章的事实不仅有其到案后的多次供述，还有其妻陈某丽、工程承建商朱某德、印章管理人员王某1、瞿某、王某2等人的证言以及被告人顾某某使用伪造印章所加盖的授权委托书、工程施工协议等书证相互印证，事实清楚，证据充分，故对被告人及其辩护人的该辩解及辩护意见，本院不予采纳；对辩护人提出被告人刻制印章的供述和分公司对伪造的印章的保管明显与生活常识不符，即或所谓的“假印章”是顾某某刻制的，总公司的行为一再追认所谓“假公章”的法律效力以及本案存在诸多影响定罪的合理怀疑未能排除，应判决其无罪的辩护意见，经庭审查明，虽本案反映出总公司在管理上存在的问题，但被告人顾某某未经同意私刻总公司印章，并以此作为不构成犯罪的意见不能成立。本案被告人主观上明知自己无权制作总公司相关印章，客观上实施了伪造总公司印章的行为，依法构成伪造公司印章罪，故对辩护人的该辩护意见，本院亦不予采纳。依照《中华人民共和国刑法》第二百八十条第二款、第六十四条之规定，判决如下：

一、被告人顾某某犯伪造公司印章罪，判处拘役五个月。(刑期从判决执行之日起计算。判决执行以前先行羁押的羁押一日折抵刑期一日，2015 年 4 月 8 日被抓获至同年 5 月 9 日取保候审被羁押三十二日，应折抵刑期三十二日，即执行刑期自 2015 年 6 月 30 日起至 2015 年 10 月 28 日止)。

二、对扣押的本案被告人顾某某伪造的重庆某鹏实业（集团）有限公司行政印章和法定代表人夏某某私章予以没收并销毁。

如不服本判决，可在接到判决书的第二日起十日内，通过本院或者直接向重庆市第三中级人民法院提出上诉。书面上诉的，应当提交上诉状正本一份，副本一份。

审判长　李某某
人民陪审员　冉某
人民陪审员　张某
2015 年 10 月 16 日
书记员　廖某某

一审判决后，当事人坚持一审中的理由与无罪请求上诉，二审法院维持原判；二审维持原判后，当事人与辩护人坚持一审的请求与理由申诉，二审人民法院驳回申诉；当事人与辩护人坚持一审的理由与请求向重庆市高级人民法院申诉，重庆市高级人民法院裁定再审，经再审后撤销原一审、二审判决，发回重庆市涪陵区人民法院重审。重审过程中涪陵区人民检察院继续使用原渝涪检公诉刑诉（2015）531 号起诉书向涪陵区人民法院提起公诉。

重审中止审理裁定书

重庆市涪陵区人民法院
刑事裁定书

（2018）渝0102刑初242-4号

公诉机关：重庆市涪陵区人民检察院

被告人：顾某某，……（略）

辩护人：刘威，云南天外天律师事务所律师

重庆市涪陵区人民检察院以渝涪检公诉刑诉［2015］1531号起诉书指控被告人顾某某犯伪造公司印章罪一案，本院于2015年10月16日作出（2015）普法刑初字第00510号刑事判决。被告人顾某某不服提起上诉，重庆市第三中级人民法院于2015年11月9日作出（2015）渝三中法刑终字第00226号刑事裁定。该裁判已经发生法律效力。顾某某仍不服，向重庆市第三中级人民法院提起申诉，该院于2016年9月29日作出（2016）渝03刑申15号驳回申诉通知，驳回顾某某申诉。顾某某仍不服，向重庆市高级人民法院提起申诉，重庆市高级人民法院于2017年3月7日作出（2017）渝刑申1号提审决定，重庆市高级人民法院提审后于2018年5月4日作出（2017）渝刑再2号刑事裁定，以原审裁判认定部分事实不清，证据不足为由裁定撤销原裁判，发回本院重新审判。本院于2018年5月21日立案重审。

本院在审理过程中，由于不能抗拒的原因，依照《中华人民共和国刑事诉讼法》第二百零六条第一款第（四）项之规定，裁定如下：

本案中止审理。

审判长　苏　某

审判员　王某某

审判员　钟　某

2019年3月7日

书记员　周某某

重审一审刑事判决书

重庆市涪陵区人民法院
刑事判决书

（2018）渝0102刑初242号

公诉机关：重庆市涪陵区人民检察院

被告人：顾某某，……（略）

辩护人：汤光仁、刘威，云南天外天律师事务所律师

本院于2018年5月21日立案重审后，依法另行组成合议庭，适用普通程序公开开庭审理了本案。重庆市涪陵区人民检察院指派检察官史运伟出庭支持公诉，被告人顾某某及其辩护人汤光仁、刘威到庭参加诉讼。审理中，重庆市涪陵区人民检察院分别于2018年7月6日、2018年8月10日向本院提出延期审理建议，本院决定对本案延期审理；本院于2019年3月7日裁定对本案中止审理，于同年4月23日恢复审理。现已审理终结。

重庆市涪陵区人民检察院指控：与原一审指控内容相同……

被告人顾某某的供述与辩解：

1. 被告人顾某某于2015年4月9日上午在重庆市涪陵区李渡派出所所作的供述：他是总公司云南分公司总经理，2011年四五月任职，负责云南分公司的业务开展工作，总公司在云南分公司有印章，有一枚总公司行政章和法人代表夏某某的私章，还有一枚云南分公司的章，这三枚印章平时是总公司的派驻人员在管理，从2011年四五月分公司成立到2012年八九月是派驻人员王某1在管理，之后是瞿某负责管理，从2014年七八月开始由王某2管理，2014年12月总公司的伍某平把总公司的行政章和法人代表的私章收回。以前存放在云南分公司的总公司行政章后面的编码尾数好像是5，是黄色铜质，盖出来有一小部分不圆，法人代表私章是红色胶章，刻有夏某某名字。两枚章是分公司成立后总公司的派驻人员王某1带来的，王某1才说得清楚两枚章来历。2014年12月伍某平来云南分公司要把章拿走并要和他交接，因他认为章不是他在保管就不同意，最后是由王某2和伍某平交接，是在云南印象办公室，他做见证。2013年1月左右，他经人介绍认识朱某德，朱某德表示想挂靠总公司做尚水鸿城项目，经与朱某德洽谈后他将总公司的相关资质证书和委托书给了朱某德，

后朱某德称项目谈好可以签合同了并先后拿了建设工程施工协议、建设工程施工合同过来签，瞿某均将合同发回总公司审核，经总公司审核后由瞿某在合同上加盖总公司行政章，但由于合同另一方鸿元公司的手续一直未办齐全，总公司一直未成立项目部施工。2014年六七月，因汪某雄找他要钱，他才知道朱某德私自成立项目部并私刻项目部专用章安排人员施工并与人签订合同，朱某德也承认了，为了维护公司利益他就让律师草拟了确认书，经朱某德签字后连同项目部专用章一起交给王某2。朱某德与总公司还有普坪电站、嘉逸湾会所两个项目，都是朱某德把合同拿来由瞿某传回公司审核后盖了章。

2. 被告人顾某某于2015年4月9日下午在重庆市涪陵区李渡派出所所作的供述：2011年三四月，因办理分公司营业执照需要有总公司行政章和法人代表夏某某私章，他电话请示分管领导伍某平刻制总公司行政章和夏某某私章，伍某平同意了。后他妻子陈某丽就与总公司的张某联系，张某就将总公司营业执照、组织机构代码证、税务登记证原件快递寄给顾某某并通过QQ发了总公司行政章和夏某某私章的样章过来，后他到昆明盘龙区金星立交（金石小区）附近一个刻章的地方刻了重庆某鹏实业（集团）有限公司印章和法人代表夏某某私章，章刻好后他保存了一段时间，王某1过来后他就把章交给了王某1，他印象中王某1把刻制的章向总公司备案了，好像有一次回公司开会时还看见王某1在给伍某平留印章的印模。他刻制两枚印章是因为办理分公司营业执照需要总公司行政章和法人私章，还有就是伍某平说要在分公司留印章，派驻人员来了交给派驻人员，伍某平并未说是否能用这两枚章办理签订合同等业务，他只在办理分公司营业执照时使用过这两枚印章，总公司在云南的所有项目都是用的该印章和夏某某私章。

3. 被告人顾某某于2015年4月26日在重庆市涪陵区看守所所作的供述：总公司行政章和法人代表私章是2011年4月左右他在昆明市盘龙区政务中心附近三四公里远的一个刻章的地方去刻的，当时是因为要办理云南分公司的营业执照和工商登记，有几样资料没有盖总公司的行政章，他给总公司的副总伍某平打了个电话说公司资料准备得不齐，现需要盖章，时间有点紧，是不是可以去刻一个公司的公章和法人私章，伍某平同意了并要求将章交给公司派驻人员。实际伍某平没有权力让他去刻章，但因之前夏某某说过有事向伍某平请示，因此他认为向伍某平请示就可以了。公章刻好后开始是由他保管，十来天后派驻人员王某1来了，他就将公章和法人私章交给王某1保管，在此之前，他只在办理分公司需要的资料上使用过这两枚章。尚水鸿城项目的文件都是使用他去刻的章盖的。

4. 被告人顾某某于2015年4月29日在云南省昆明市盘龙公安分局新迎派出所所作的供述：2011年四五月他把总公司寄给他办理云南分公司的资料拿到昆明盘龙区政务中心办理分公司营业执照和组织机构代码证，但工作人员说缺材料，他就电话请示总公司副总伍某平说还有材料需要盖总公司的行政章和夏某某私章，伍某平就让他去刻一个编号尾数带5的公章，尾数5代表云南分公司的代码，到时总公司的派驻人员来了后自行到总公司备案并将章交给派驻人员。后他在政务中心外面乘出租车，十几分钟后到了一个临街、外挂有刻章牌子的店，他将公司寄给他的材料拿给老板，老板根据材料上盖的总公司行政章和法人私章以及他要求的将行政章编号最后一位数改成5，刻了总公司行政章和法人私章。他来云南开分公司是法人夏某某同意的，夏某某说由伍某平分管云南分公司，有事向伍某平汇报。现在找不到他当时刻章的地方了。

5. 被告人顾某某于2015年5月10日在重庆市涪陵区李渡派出所所作的供述：2014年12月，伍某平到云南分公司办公室让把所有合同和总公司公章、法人章拿出来，王某2就把合同和章拿出来交给伍某平，伍某平让顾某某交接签字，由于章不是他保管的，他就不同意签字并为此与伍某平吵起来，最后是以王某2的名义做了交接，他也在上面见证签字，当时他未承认两枚章是他刻制的。云南分公司是以交管理费给总公司的名义合作，总公司实行保底经营，多了按比例分成，分公司占六成，总公司占四成，派驻人员的工资是由顾某某打回总公司再以总公司名义发放。在运行工程时，由顾某某和其他单位谈业务，谈下来后要么自己干，要么由其他公司挂靠总公司实施，签合同时由派驻人员与总公司联系，将合同发给总公司审核，审核通过后再由派驻人员在云南分公司盖总公司行政章和法人代表私章，划款也是由派驻人员完成，分公司的所有合同均由派驻人员管理。他未向总公司汇报过云南分公司有总公司行政章和法人代表私章，他记不起这两枚章是从哪来的。2013年1月，他经人介绍认识朱某德，朱某德表示想挂靠总公司做尚水鸿城项目，经与朱某德洽谈后他将总公司的相关资质证书和委托书给了朱某德，后朱某德称项目谈好可以签合同了并先后拿了建设工程施工协议、建设工程施工合同过来签，瞿某均将合同发回总公司审核，经总公司审核后由瞿某在云南分公司的合同上加盖总公司行政章，但由于合同另一方鸿元公司的手续一直未办齐全，总公司一直未成立项目部施工，2014年六七月，因汪某雄找他要钱，他才知道朱某德私自成立项目部并私刻项目部专用章安排人员施工并与人签订合同。

5. 被告人顾某某于2015年6月2日在重庆市涪陵区李渡派出所所作的供述：他不清楚总公司的行政章、法人代表私章如何管理，他记不清刻制总公司行政章和法人代表私章的事情，之前承认刻章是想把尚水鸿城官司打赢。云南分公司从未持有总公司行政章和法人私章，第一任派驻人员王某1来了后顾某某知道派驻人员手里保管有总公司行政章和法人代表私章，但他不清楚这两枚章是从哪来的，他没有交印章给王某1，派驻人员行使总公司一切权利，监督分公司工作，不受他管理。云南分公司中标后他就向派驻人员汇报，之后的工作均由派驻人员与总公司联系，合同是如何签字盖章的他不清楚，他只看到合同上盖的是总公司的行政章和法人代表私章。朱某德挂靠的是总公司，签合同也是朱某德与瞿某联系，但他向夏某某打电话汇报过该项目，他负责对朱某德承建的项目进行监督，但朱某德非法开工他并不知情。在云南分公司负责期间，他去洽谈，以总公司名义签订的项目有30多个，合同是派驻人员在管理并作为业绩均在总公司存档，云南分公司的合同工程款、质保金都是打进总公司账户。

6. 被告人顾某某于2015年7月1日所作的供述：他未伪造总公司的印章，也不知道云南分公司的总公司行政公章是从哪来的，他第一次看见总公司行政章是在王某1来了之后，他未用章，是派驻人员在管理，他在云南的行为都是公司行为。云南分公司和总公司都未支付过工程款，朱某德或他人是否支付他不清楚。总公司要求他们分公司将云南尚水鸿城这个项目作为优良工程管理，夏某伦等人去考察过这个项目上。

上述证据中，云南分公司签订的部分工程合同、总公司关于对分公司管理的情况说明、总公司关于云南分公司印章的情况说明、总公司关于对陈某平履职情况的说明、人力资源部经理岗位职责、总公司在云南开设的银行账户信息及交易记录、司法会计检验报告、总公司与大理红山水泥有限责任公司和张某星的两件民事诉讼案件材料、贵州分公司签订的工程合同，以及证人瞿某科关于总公司在云南开设银行账户的证言，证人瞿某和王某2关于员工调职移交手续清单的证言，证人陈某平、李某清、朱某海、董某林和杨某婕的证言系公诉机关在重审中提交、举示。

7. 被告人顾某某辩称：行政印章是总公司的人带到云南分公司的，他没有私刻印章，他作为云南分公司负责人只负责开拓市场、考察项目、对项目可行性提出建议，印章是派驻人员在管理、使用。除必须由法人在场签订的合同外，其余合同均是派驻人员签订并于每年年底带回总公司存档，他没有经手工程合同。总公司在云南各银行开设的账户均是派驻人员开设的，保证金、工程款也是派驻人员负责汇入总公司账户。总公司为中止民事诉讼指示公司下属对他进行诬告，他之前供述承认刻章也是因为总公司为了赢得民事诉讼让他承认的，他不构成伪造公司印章罪。

其辩护人的辩护意见：

1. 公诉机关所出示的用以证实被告人刻制总公司印章的证据，除了被告人自相矛盾、与其他证据不能相互印证的供述以外，工程合同、银行账户等其他证据均不足以印证并认定被告人私刻公司印章。2. 被告人刻制与真印章有显著区别的尾数为5的印章以及对所谓的伪造的印章的保管与处理的供述均明显与生活常理不符，印证了被告人关于刻制总公司印章的供述是虚假的，不能作为定案的依据。3. 不论本案所谓的“假印章”是如何产生的，总公司以行为一再追认所谓“假公章”的法律效力，被告人亦不构成伪造公司印章罪。4. 本案存在诸多影响定罪的合理怀疑不能排除。5. 本案系总公司为大理尚水鸿城项目民事诉讼推脱责任而引发。综上，公诉机关指控被告人犯伪造公司印章罪事实不清，证据不足，被告人顾某某的行为不构成伪造公司印章罪，请求法院判决其无罪。

被告人及辩护人当庭举示了下列证据：

1. 员工调职移交手续清单、航空运输电子客票行程单载明：瞿某（交接人）于2014年8月24日将总公司公章、法人代表章、印鉴章、分公司公章等6枚印章以及印章使用登记簿2本、中标项目一览表1本等物品移交给王某2（接交人），该移交手续清单上加盖了移交的6枚印章；瞿某于2014年8月6日9：45从昆明至重庆，王某2于2014年8月25日13：00从重庆至昆明。

2. 总公司印章使用登记簿记录载明：2014年7月至9月，云南分公司在工程项目上使用公章、法人代表章的记录情况，并由印章专管人员瞿某或王某2签字。

3. （2016）最高法民申255号民事裁定书载明：汪某雄诉总公司、朱某德建设工程施工合同纠纷一案，总公司向最高人民法院申请再审。最高人民法院审查后认为，涉案公章在总公司经营活动及诉讼活动中均曾使用过，且总公司未提出异议：（1）总公司使用该编号公章签订普坪电站工程施工合同，对方支付给总公司的工程款均进入总公司云南分公司账户，工程款收据上均盖有该公章，总公司并未提出异议；（2）云南省大理市人民法院受理的（2014）大民二初字第188号案件中，总公司作为被告参加诉讼，其提供的《企业法人营业执照》《组织机构代码证》《授权委托书》复印件上，均盖有该公章，总公司对该公章的使用亦未提出异议；上述证据表明，总公司对该公章的存在、使用是知晓的。最高人民法院于2016年4月21日裁定驳回总公司再审申请。

4. 云南分公司经营管理责任书。

5. 临沧市临翔区2011年保障性住房建设项目（第三标段桩基础工程）建设工程施工合同、龙潭至太平和王家沟至大寨恢复重建建制村公路合同协议书、云县2011年云州新城保障性住房建设项目施工合同、昭通市彝良县龙街乡梭嘎2个村土地整治项目第二标段、第四标段合同载明：上述合同均加盖涉案行政印章。

6. 银行业务凭证载明：昭通市彝良县龙街乡梭嘎等2个村土地整治项目第二标段、第四标段履约保证金、工程款经由总公司在重庆市涪陵区开设的银行账户汇出、汇入的情况。

7. 荣誉证书载明：云南分公司于2011年至2013年被总公司评为先进单位或集体。

8. 证人王某2的证言：他于2015年11月从总公司辞职。2014年8月至2015年6月，他在云南分公司担任外派经理期间主要负责管理各项公章，其中包括涉案尾数为5的公章，该枚公章是他与瞿某于2014年8月24日在总公司总部人力资源部内，在人力资源部部长陈某平的见证下进行的交接，当时共交接6枚公章，均盖在了交接单上，交接完成后原件保留在总公司，他手上留有一份复印件。他的工作主要是负责管理印章，当有合同需要盖章时，他会先将合同发回总公司，总公司审核后会通知他是否盖章，如需盖章则由他盖上公章，盖了章的合同他会及时发回总公司备案，他平时盖的公章就是涉案尾数为5的公章。

9. 被告人顾某某的申诉询问笔录载明：涉案印章在交接单上有记录，交接单原件在总公司。云南分公司对外签订合同均使用的尾数为5的涉案总公司印章，成都分公司印章编号尾数为2、云南分公司印章编号尾数为5，一共有4个分公司，尾数为1、2、3、5，没有4。尾数为5的印章一共用于30多个合同，这些合同均交回总公司，在侦查阶段承认伪造是为民事案件做准备。

本院在审理过程中，针对员工调职移交手续清单、总公司印章使用登记簿向证人瞿某、王某2进行了调查核实。

1. 证人瞿某的证言：她与王某2是在总公司进行的交接，当时交接有印章、印章使用登记簿等，写有交接清单，陈某平作为监交人也在场并知道交接有哪些物品，交接清单也交给陈某平了，她与王某2应该也各有一份，但她的那份记不清放哪里了。（出示员工调职移交手续清单）这个就是当时的交接清单，交接人处的“瞿某”是她签的，包括总公司公章在内的6枚印章她全部交给了王某2。（出示印章使用登记簿）这个是云南分公司使用印章情况的部分登记，印章专管员签字处的“瞿某”是她签的。

2. 证人王某2的证言：2014年8月，他与瞿某在总公司人力资源部内对云南分公司使用的6枚印章及其他资料进行了交接，写有交接清单，当时他手上留有一份复印件。（出示员工调职移交手续清单）这个就是当时的交接清单，接交人处的“王某2”是他签的。（出示印章使用登记簿）这个是云南分公司使用印章的登记情况，印章专管员签字处的“王某2”是他签的。顾某某的律师来问他时他说的是实际操作的工作流程，他之前跟公安机关说的是公司规定的工作流程。

经审理查明：重庆某鹏实业（集团）有限公司系有限责任公司，住所地重庆市涪陵区李渡街道太乙大道36号，法定代表人为夏某某。该总公司于2012年6月29日前保管使用的公章编号为5001021801137，于2012年6月29日至2015年6月1日经许可刻制使用的公章编号为5001023023351，于2015年6月2日起经许可刻制使用的公章编号为5001023046043。总公司于2011年4月20日决定成立云南分公司，并任命被告人顾某某为云南分公司总经理，全面负责云南分公司的开设、办理入滇备案等相关事宜。被告人顾某某于2011年4月25日申请分公司设立登记，申请资料上加盖“重庆某鹏实业（集团）有限公司5001021801137”印章。云南分公司于2011年5月3日正式成立，顾某某系云南分公司负责人。

总公司与云南分公司签订经营管理（目标）责任书，约定云南分公司的经营区域为云南省境内，实行风险经营，云南分公司的经营收入和中标工程项目管理费与总公司按照固定比例分成，总公司实行保本经营，即云南分公司必须保证总公司一定数额的收益；总公司向云南分公司派驻管理人员，行使财务、印章和各种证件证照的管理，监督云南分公司严格按公司的印章管理办法使用各类印章；云南分公司中标的所有工程项目的中标通知书、合同协议书和工程验收报告资料必须报送总公司备案存档；等等。

2011年至2014年，总公司先后派驻管理人员王某1、瞿某、王某2至云南分公司负责管理印章等，其间，以总公司名义在云南省境内签订了包括云南省大理市尚水鸿城国际花园项目在内的20余份项目、工程合同，上述合同均加盖有“重庆某鹏实业（集团）有限公司50010218011375”印章。其中，2011年10月17日，总公司与临沧市临翔区城市建设开发投资有限责任公司签订的临沧市临翔区2011年保障性住房建设项目（第三标段桩基础工程）建设工程施工合同上加盖“重庆某鹏实业（集团）有限公司50010218011375”印章并由夏某某本人签名。2014年8月24日，瞿某、王某2在总公司人力资源部内在人力资源部经理陈某平在场的情况下，对“重庆某鹏实业（集团）有限公司50010218011375”印章等6枚印章、印章使用登记簿等进行交接，并在员工调职移交手续清单上加盖6枚印章印模。

2015年4月24日，经重庆市涪陵区公安局物证中心鉴定，以总公司名义承接的云南省大理市尚水鸿城国际花园项目施工协议和施工合同上所加盖的“重庆某鹏实业（集团）有限公司50010218011375”印章和法定代表人私章与总公司保管使用的行政印章、法定代表人私章不相符。汪某雄就云南省大理市尚水鸿城国际花园项目诉总公司、朱某德建设工程施工合同纠纷一案，云南省大理白族自治州中级人民法院于2015年4月10日作出判决，被告总公司赔偿原告汪某雄工程款1021余万元及资金占用利息。总公司不服提出上诉后，云南省高级人民法院于2015年7月22日判决驳回上诉，维持原判。总公司不服，向最高人民法院申请再审，最高人民法院审查后认为，涉案公章在总公司经营活动及诉讼活动中均曾使用过，且总公司未提出异议，总公司对该公章的存在、使用是知晓的，最高人民法院于2016年4月21日裁定驳回总公司再审申请。上述事实，有经庭审质证、认证的下列证据予以证明：营业执照、法定代表人身份证明、印章管理制度、印章准刻证、印章刻制、查询、缴销证明、总公司关于公章启用说明、内资企业登记基本情况表、分公司设立登记申请书、渝群实集发〔2011〕15号文件、授权委托书、云南分公司经营管理责任书、云南分公司经营管理目标责任书、尚水鸿城国际花园项目建设工程施工协议建设工程施工合同、二期基坑支护施工合同、临沧市临翔区2011年保障性住房建设项目（第三标段桩基础工程）建设工程施工合同等合同、鉴定文书、民事诉讼案件相关材料，（2016）最高法民申255号民事裁定书，证人瞿某、王某2、陈某平的证言等。本院认为，伪造公司印章罪是指伪造公司印章的行为，该罪侵犯的客体是复杂客体，一是公司的正常经营活动和声誉，二是对社会公共秩序的侵犯。其中，伪造印章是指无制作印章权的人冒用名义，非法制作印章的行为，关键在于对私刻的认定。

综合全案证据，公诉机关指控被告人顾某某犯伪造公司印章罪的事实不清、证据不足。理由如下：

1. 被告人顾某某的供述存在疑点。

本案中，被告人顾某某的有罪供述是公诉机关指控被告人顾某某犯伪造公司印章罪的唯一直接证据。从全案证据来看，公诉机关当庭举示了被告人顾某某在侦查阶段的七次供述，分别是 2015 年 4 月 9 日上午、2015 年 4 月 9 日下午、2015 年 4 月 26 日、2015 年 4 月 29 日、2015 年 5 月 10 日、2015 年 6 月 2 日、2015 年 7 月 1 日，其中仅在 2015 年 4 月 9 日下午、2015 年 4 月 26 日、2015 年 4 月 29 日的供述中承认印章系他为办理分公司成立手续经请示总公司副总伍某平同意后刻制，从顾某某的供述内容来看，其供述内容反复、不稳定，且其供述是为了办理分公司成立手续，经请示伍某平同意后刻制行政章，与分公司成立资料上加盖的印章为总公司保管的“重庆某鹏实业（集团）有限公司 5001021801137”印章的事实不符，自 2015 年 5 月起顾某某一直否认刻制印章的行为。此外，顾某某在有罪供述中称其是到昆明市盘龙区金星立交（金石小区）附近一个刻章的地方去刻了“重庆某鹏实业（集团）有限公司”印章和法人代表夏某某私章，但本案没有刻章登记记录或刻章人员的言词证据予以印证，除顾某某不稳定的有罪供述外欠缺印章系顾某某刻制的直接证据。

2. 本案现有证据存在相互矛盾之处。

（1）被告人顾某某关于为了办理分公司成立手续经请示伍某平同意后刻制行政章的有罪供述与分公司成立资料上加盖的印章为总公司保管的“重庆某鹏实业（集团）有限公司 5001021801137”印章的事实，以及证人伍某平所作“顾某某从未向他提过要刻制总公司行政章和法人代表私章，他也未授权或授意顾某某自行刻制上述印章”的证言相互矛盾。（2）证人张某所作“没有给顾某某或陈某丽传送过总公司行政章、法人私章的印模照片”的证言与被告人顾某某关于张某通过 QQ 发送总公司行政章和夏某某私章样章的有罪供述相互矛盾；证人张某所作“王某 1、瞿某、王某 2 没有给她传过合同，也没有向她交合同存档”的证言与证人瞿某所作“她每年都在开年终总结时将当年云南分公司签的合同资料交回总公司行政部”，以及证人王某 2 所作“盖了章的合同他会及时发回总公司备案”的证言相互矛盾。(3)公诉机关于重审中出示的司法会计检验报告关于“2011年月30日至2014年12月30日，总公司与云南分公司之间除两笔借款外仅有投标保证金汇进与汇出的资金往来”的检验结论与银行业务凭证载明“昭通市彝良县龙街乡梭嘎等2个村土地整治项目第二标段、第四标段履约保证金、工程款经由总公司在重庆市涪陵区开设的银行账户汇出、汇入”的内容，以及证人杨某慧所作“总公司收到了彝良县龙街乡梭嘎等2个村土地整治项目的履约保证金和工程款”的证言相互矛盾。

4. 证人瞿某所作“交接清单交给了陈某平”的证言、证人王某2所作“交接清单原件保留在总公司”的证言与证人陈某平所作他没有“接收到交接清单”的证言相互矛盾。

3. 总公司工作人员及陈某丽等人的证言、合同、司法会计检验报告、总公司的情况说明等证据不能证实被告人顾某某有私刻印章的行为。

公诉机关举示的证人夏某某、霍某科、伍某平、张某、杨某慧、王某1、瞿某、王某2、夏某伦、张某1、陈某丽、朱某德、杨某婕的证言以及总公司出具的情况说明、合同、银行账户信息、总公司作为当事人的民事诉讼材料等证据仅能证实“重庆某鹏实业（集团）有限公司50010218011375”印章的存在及使用情况，但不能证实该印章系顾某某私自刻制，或者总公司对该印章的存在和使用是未授权或不知情的；证人朱某海、董某林的证言只能证实云南省昆明市盘龙区金星立交附近刻章业的总体状况，不能证实“重庆某鹏实业（集团）有限公司50010218011375”印章系顾某某私自刻制。

此外，“重庆某鹏实业（集团）有限公司50010218011375”印章的保管方式，以及与总公司保管使用的行政印章的编号差异也存在不符合常理之处。

本案重审中，被告人顾某某及其辩护人提交了（2016）最高法民申255号民事裁定书、员工调职移交手续清单、总公司印章使用登记簿、证人王某2的证言等新证据，本院亦对上述新证据进行了调查核实。上述新证据证实“重庆某鹏实业（集团）有限公司50010218011375”印章自云南分公司成立后一直被用于签订合同，并先后由总公司派驻人员王某1、瞿某、王某2保管，总公司在长达近四年时间内一直未提出异议；2014年8月24日，总公司派驻人员瞿某、王某2在总公司人力资源部经理陈某平在场的情况下，对重庆某鹏实业（集团）有限公司印章的使用登记簿等进行交接，并在员工调职移交手续清单上加盖6枚印章印模。

综上，公诉机关认定被告人顾某某擅自私刻“重庆某鹏实业（集团）有限公司50010218011375”印章并交给派驻人员保管的事实不能排除合理怀疑，不能得出“重庆某鹏实业（集团）有限公司50010218011375”印章系顾某某私自刻制的排他性结论。原判决、裁定生效后，被告人顾某某及其辩护人提供的新证据与公诉机关提供的证据存在相互矛盾之处，故公诉机关指控顾某某犯伪造公司印章罪的事实不清、证据不足，指控的犯罪不能成立。依照《中华人民共和国刑事诉讼法》第二百条第（三）项之规定，并经本院审判委员会讨论决定，判决如下：

被告人顾某某无罪。

如不服本判决，可在接到判决书的次日起十日内，通过本院或者直接向重庆市第三中级人民法院上诉。书面上诉的，应当提交上诉状正本一份，副本二份。

审判长　苏　某

审判员　王某某

审判员　钟某某

2019 年 4 月 23 日

书记员　王某　周某某

重审后抗诉书

重庆市涪陵区人民检察院

刑事抗诉书

渝涪检诉刑抗（2019）91 号

重庆市涪陵区人民法院以（2018）渝 0102 刑初 242 号判决书对被告人顾某某涉嫌伪造公司印章罪一案判决：顾某某无罪。本院依法审查后认为，该判决认定的事实和证据是错误的，理由如下：

该判决书认定公诉机关指控被告人顾某某犯伪造公司印章罪的事实不清、证据不足。被告人顾某某的供述存在疑点，公诉机关举示的证据仅能证实“重庆某鹏实业（集团）有限公司50010218011375”印章的存在及使用情况，但不能证实该印章系顾某某私自刻制，或者总公司对该印章的存在和使用是未授权或不知情的；被告人顾某某及其辩护人提交的新证据与公诉机关提供的证据存在相互矛盾之处。公诉机关认定被告人顾某某私刻“重庆某鹏实业（集团）有限公司50010218011375”印章并交给派驻人员保管的事实不能排除合理怀疑，不能得出“重庆某鹏实业（集团）有限公司50010218011375印章系顾某某私自刻制的排他性结论”。

本院认为：

一、该判决书认定“公诉机关指控被告人顾某某犯伪造印章的事实不清、证据不足”是错误的。

1. 被告人顾某某关于自己伪造印章行为的有罪供述是客观真实的，与其他证据相互印证，应当予以采信。一是顾某某的有罪供述是其自愿供述的，不是非法证据，其有罪供述内容是其真实意思表示。二是被告人顾某某的有罪供述“2011年4月左右，在昆明市盘龙区政务中心附近刻制总公司行政章和夏某某私章”与其他证据相互印证。指认笔录证实顾某某伪造印章的事实；顾某某妻子陈某丽证实在总公司第一任派驻人员王某1来分公司之前看见顾某某使用总公司行政章；王某1证实其到云南分公司后顾某某将总公司行政章等印章交给他保管。刻章从业人员朱某海、董某林证实昆明市盘龙区行政服务中心附近有很多刻章店。顾某某的供述得到其他证据印证应当采信。

2. 被告人顾某某的无罪辩解是孤证，无其他证据印证，不能一采信。顾某某先后多次辩解称“印章系王某1带来的”“记不清楚印章的事情”“不晓得印章从哪里来”等理由，该辩解理由系孤证，没有其他证据印证，且辩解理由之间相互矛盾，无法证实其真实性，不能采信。

根据《最高人民法院关于适用〈中华人民共和国刑事诉讼法〉的解释》第八十三条的规定，审查被告人供述和辩解，应当结合控辩双方提供的所有证据以及被告人的全部供述和辩解进行。被告人在庭审中翻供，但不能合理说明翻供原因或者其辩解与全案证据矛盾，而其庭前供述与其他证据相互印证的，可以采信其庭前供述。根据第一百零四条规定，对证据的真实性，应当综合全案证据进行审查，应当采信被告人顾某某的有罪供述。

3. 本院指控被告人顾某某伪造印章的事实清楚、证据确实充分，与原一审、二审判决一致。顾某某伪造印章的事实不仅有其到案后的多次供述，还有其妻陈某丽、工程承建商朱某德、李某清、印章管理人员王某1、瞿某、王某

2、总公司法人夏某某、副总经理伍某平等人的证言以及顾某某使用伪造印章所加盖的授权委托书、工程施工协议等书证相互印证，事实清楚，证据充分。原一审、二审判决中均明确认定以上证据可作为顾某某构成犯罪的证据。

二、被告人及其辩护人在发回重审期间所提供的新证据不能推翻原判决认定事实。最高人民法院的民事裁定书无法得出顾某某没有伪造印章的事实。职工调职移交手续等新证据只能反映总公司的管理存在漏洞，但是不能否认顾某某伪造印章的事实。

综上所述，为维护司法公正，准确惩治犯罪，依照《中华人民共和国刑事诉讼法》第二百二十八条的规定，特提出抗诉，请依法判处。

此致

重庆市第三中级人民法院

重庆市涪陵区人民检察院

2019 年 4 月 30 日

重审二审裁定书

重庆市第三中级人民法院
刑事裁定书

（2019）渝 03 刑终 88 号

抗诉机关（原公诉机关）：重庆市涪陵区人民检察院

原审被告人：顾某某……（略）

辩护人：汤光仁，云南天外天（临沧）律师事务所律师

原公诉机关重庆市涪陵区人民检察院不服，提起抗诉，重庆市人民检察院第三分院支持抗诉。本院受理后，依法组成合议庭，公开开庭进行了审理。重庆市人民检察院第三分院指派检察官况某、检察官助理谭某某出庭履行职务，原审被告人顾某某和辩护人汤光仁到庭参加诉讼。在二审审理期间，重庆市人民检察院第三分院二次商请本案延期审理，本院决定延期审理二个月。现已审理终结。

重审过程：……（略）

原公诉机关指控：……（略）

综合全案证据，原审法院认为：……（略）

依照《中华人民共和国刑事诉讼法》第二百条第（三）项之规定，原审法院判决被告人顾某某无罪。

重庆市涪陵区人民检察院提出的抗诉理由是：原判认定公诉机关指控顾某某伪造公司印章罪的事实不清、证据不足系认定错误。顾某某伪造公司印章有其本人客观、真实的供述，得到证人总公司夏某某、伍某平，证人陈某，公司印章管理人员王某1，刻章从业人员朱某海、董某林的证言，以及顾某某指认刻章地点笔录的印证。顾某某无罪辩解是孤证，没有其他证据印证。重审期间，顾某某和其辩护人提交的王某2和瞿某的移交登记材料只能反映出总公司管理方面存在漏洞，但最高人民法院民事裁定书无法得出顾某某没有伪造公司印章的事实。上述新证据不能推翻指控的事实。建议对原判改判。

重庆市人民检察院第三分院支持抗诉，提出认定顾某某供述存在疑点，证据存在相互矛盾不当；顾某某为个人私利伪造公司印章，总公司事前没有委托，事后也没有认可顾某某刻制印章的行为，顾某某实施了伪造公司印章的行为，指控顾某某伪造公司印章的事实清楚，证据确实、充分；顾某某伪造公司印章的行为给总公司造成经济损失，妨害了社会管理，具有社会危害性；建议二审纠正原审法院判决。

原审被告人顾某某和其辩护人对宣告顾某某无罪的原审判决服从，提出总公司对顾某某诬告陷害，指控顾某某伪造公司印章的证据虚假，要求驳回抗诉，依照《刑事诉讼法》第二百条第（二）项“依据法律认定被告人无罪的，应当作出无罪判决”的规定，宣告顾某某无罪。在二审审理期间，辩护人出示了证人邹某某证实2011年挂靠总公司与临沧市临翔区城市建设开发投资公司签订发包的第三标段基础工程合同时，夏某某是代表总公司到云南来签订的合同，并亲自加盖尾号为375的总公司印章，他支付了夏某某2万元及往返的机票费用的证言。

二审审理查明的事实和原审法院重审认定的事实一致，二审予以确认。二审采信的证据与原审法院重审采信的证据一致，另有二审期间辩护人提交的证人邹某某的证言。

本院认为，伪造公司印章罪是指伪造公司印章的行为，该罪侵犯的客体是复杂客体，一是公司的正常经营活动和声誉，二是对社会公共秩序的侵犯。其中，伪造是指无制作权的人冒用名义，非法制作印章的行为。依照《中华人民共和国刑事诉讼法》的规定，伪造公司印章罪属于公诉案件，公诉案件中被告人有罪的举证责任由人民检察院承担。在刑事诉讼中，审判人员、检察人员、侦查人员必须依照法定程序，收集能够证实犯罪嫌疑人、被告人有罪或者无罪，犯罪情节轻重的各种证据。人民法院对案件的判处都要重证据、重调查研究，不轻信口供。认定被告人有罪和处以刑罚，应做到证据确实、充分，综合全案证据，对所认定的事实排除合理怀疑的条件和标准。

经对公诉机关在一审、二审、重审期间举示的指控顾某某犯伪造公司印章罪的有罪证据和指控事实，顾某某和其辩护人收集举示的证明顾某某无罪的证据进行全面审查，公诉机关指控顾某某犯伪造公司印章罪一案事实不清、证据不足，指控证据不能达到被告人有罪和处以刑罚，证据应做到确实、充分，综合全案证据，对所认定的事实排除合理怀疑的条件和标准，依法不能认定顾某某有罪。本院认为，原判认定事实正确，以指控事实不清、证据不足，宣告顾某某无罪适用法律正确，二审予以确认。

关于抗诉机关和支持抗诉机关提出的抗诉理由和支持抗诉的意见。本院认为，在一审、二审、发回重审的刑事诉讼期间，公诉机关举示证明顾某某犯伪造公司印章犯罪的证据达不到确实、充分，对所认定的事实排除合理怀疑的条件和标准，且未查清证据之间矛盾的原因、存疑的事实。公诉机关指控事实不清、证据不足，不能认定顾某某有罪，原判认定事实和适用法律正确。故，抗诉理由和支持抗诉意见均不能成立，本院均不予采纳。

综上，原判认定事实清楚和适用法律正确，审判程序合法，应予维持。抗诉不能成立。依照《中华人民共和国刑事诉讼法》第二百三十六条第一款第（一）项、第二百四十四条的规定，裁定如下：

驳回抗诉，维持原判。

本裁定为终审裁定。

审判长　谭　某

审判员　陈某某

审判员　张某某

2019 年 9 月 24 日

书记员　雷某某

·第四章·

涩年散记

蓦然发现我是如此热爱刑事辩护，即或在尚不能温饱的时候，也在用稚嫩的行为努力践行着刑事辩护。虽然今天看来当时的辩护方式还有好多欠缺之处，但是也足以见证我一直以来的努力。

本章收录两篇青涩的散记《法庭上那个稚嫩的战士》《法庭上稚嫩的“说客”》，以此祭奠我逝去的刑辩“童年”。

法庭上那个稚嫩的战士

——记岩某某故意杀人一案法律援助

法之威在于公，公之立立于明，明之现见乎程序之合法规范。

枉追一人之死则其错有二，一者使无辜者受死；二者使其真凶者遥法。是故，依法论死，人命及天，必当慎行，使死者知其故而服其罚，此良法之必须也！若事有不明，理有不通而或程序有违，皆当复查或释之。

简言之：法之明镜必有心证，但断非唯据心证。既以法论罪，必证据确凿，程序规范，否则良法亦为恶也。

岩某某因故意杀人而受控，一审裁判而悬命，二审中检方坚称：事已清、理已明，程序虽缺但无碍一审之公正，岩某某合罪当诛；辩方坚称：程序乃实体之母，若弃程序不顾则若饮鸩止渴，无论哪般清晰的实体皆是空谈。此案事有不明，理有不通，程序违法，依律当复查或释之，方真显法律之公正威严！庭审若战，锋芒相对，判官高坐，二度休庭，生命将何去何从？

案件办理经过

岩某某，男，傣族，文盲，因其情妇被发现死于河中，且经查受害人死前与岩某某有过接触而涉案，被控故意杀人罪。

2010 年 2 月 9 日，西双版纳傣族自治州中级人民法院认定：2009 年 2 月 19 日 21 时许，被告人岩某某与被害人玉某敏在勐海县格朗和乡里龙潭村田坝小河边，因琐事发生争执，被告人岩某某持木棒打击被害人面部，继而掐住被害人脖子致被害人死亡。后被告人岩某某又将被害人拖入附近河水中丢弃，并逃离现场。同月 21 日，勐海县民警布控后将被告人抓获。在罗列相关证据后云南省西双版纳傣族自治州中级人民法院一审以（2009）西刑民初字第 432 号刑事附带民事判决书判决：“被告人岩某某犯故意杀人罪，判处死刑，剥夺政治权利终身。”

一审判决后岩某某不服提起上诉，但其上诉的请求是认为量刑过重。

云南天外天律师事务所接受云南省法律援助工作管理局的指派，指定汤光仁担任岩某某的辩护人，为其提供法律援助。

前述案件从表面上看确实是所谓“被告人供认不讳；公诉机关的指控事实清楚，证据确实充分；一审判决量刑适当，程序合法”。而且一审辩护人也以“案件属于偶发性案件、事出有因，被害人具有一定过错，被告人岩某某具有自首情节；被告人岩某某归案后认罪态度较好，是初犯、偶犯”的理由提出罪轻辩护。

因为法律知识的缺乏，岩某某本人上诉的请求是从轻处罚，用其本人的话即“我有罪，不该打人，但是判我死太重了，请求判我坐牢”。而且案件所谓的人证、物证、口供、鉴定文书、指认照片、笔录等一应俱全，可谓“铁证如山”。

但是经过认真仔细的论证分析，辩护人认为不仅不能判处被告人死刑，甚至给其定罪的前提都不存在！另外，以侦查机关程序违法作无罪辩护，在实践中来说采信极难，而且可能对案件造成颠覆性的影响，甚至使相关工作人员受到责罚。

信仰、责任、职业道德让我坚定地选择用据理力争来真正实现法律的公正与威严，用全力以赴来维护生命的尊严。

2010 年 7 月 11 日下午，该案二审在勐海看守所内准时开庭。合议庭、书记员、公诉人、辩护人、当事人、翻译人员等准时到庭。在法庭依法核实了当事人身份及有关情况，并告知权利义务后，首先由公诉机关发问。基于岩某某自认有罪，仅对量刑有异议，故公诉人只是简单地发问以确认一审裁判所依据事实的合法有效性。随后法庭准许辩护人依法发问，为再次确认案件事实，在翻译人员的配合下，辩护人依法进行了发问，并摘简要问答如下。

问：上诉人岩某某你是否到过本案被害人死亡的现场，是否与受害人发生了打斗，请如实陈述相关情况。

答：我到过现场附近，是受害人叫我去的，她说有事与我讲。我们打过架，因为她叫我给她钱，我没有，双方争吵起来，她用棍子打我，我夺过来也打了她。

问：你是否用手掐过受害人的脖子？

答：没有。

问：你离开打架现场时受害人在干什么，处于什么状态？

答：她弯腰在哭，还骂我。

问：你是否将受害人的尸体拖到小河中？

答：没有，我打过她，用她打我的棍子打了她的肩与头部，但是她没死。

问：你在案发前的几天里是否与受害人发生了性关系？

答：发生了，2 月 17 日、18 日都发生了。

问：你回答公诉人问题时称你与受害人系“姘头”，该事你妻子是否知道？她是什么态度？受害人家人是否知道？是什么态度？

答：我媳妇知道的，她没有什么意见，因为她生病我们不能同房。受害人没有丈夫，儿女成人了，都知道的也不反对，受害人叫我对她好，也对我媳妇好，不要离婚。

问：公安机关关于受害人阴道内提取物 DNA 鉴定结论是否书面告知了你？

答：没有。

问：村民发现受害人尸体的事，你是否知道？你是否逃跑了？

答：我知道的，我从未想逃跑。

问：如果没有翻译，你是否能够听懂我们说话，你是否需要翻译？

答：我听不懂你们说话，我需要翻译的。

问：公安机关在问你话的时候是用汉语还是傣语，是否给你提供翻译？

答：他们用汉语问话，未给我提供翻译。

发问完毕后审判长依据一审判决书核实相关情况后，依法询问公诉人、上诉人对于一审人民法院认定的证据是否有异议，公诉人与上诉人均表示无异议。

但是辩护人径直打破了平静，提出对于以下三项至关重要的证据有异议。

1. 被告人供述

辩护人认为前述主要证据系违法取得，缺乏合法性，且前后矛盾，缺乏真实性，依法不属于有效证据，不应当采信作为定案根据。

具体理由为：首先根据法律明文规定，刑事案件办理中应该使用当事人通用的语言，如果不能使用当事人通用语言的应该依法提供翻译，本案在卷讯问笔录显示侦查机关在讯问时从未提供翻译，而两次庭审均明确显示当事人听不懂汉语，需要翻译，因此公安机关的侦查行为明显违法，其通过违法程序取得的讯问笔录违反证据合法性要件，依法不应当采信；其次当事人在公安机关为未依法提供翻译时的供述与庭审时提供翻译后的供述明显自相矛盾，相互矛盾的供述缺乏证据采信的客观真实性要件；鉴于被告人供述缺乏证据所必需的真实性、合法性要件，因此对关联性要件不作赘述，总的意见为本案被告人的全部供述均缺乏证据要件，证据三性不予认可，请求人民法院依法全部排除。

2. 指认、辩论笔录

缺乏合法性、真实性，也无法评价关联性，三性缺乏。指认、辩论笔录其实质只是被告人供述的另一种表现形式，鉴于前述证据的形成过程与被告人供述具有同样的问题，辩护人坚持同样的质证意见，请求人民法院依法作为非法证据予以排除，余不赘述。

3. DNA 鉴定

通过卷中材料及案件当庭讯问情况可知侦查机关对于前述鉴定结论没有在结论形成后及时书面告知被告人，明显违反《刑事诉讼法》的规定，也属于程序违法的证据，此外，因为当事人根本听不懂汉语也不识汉字，公安机关的其他所谓告知行为均违法且无效，而公诉机关解释前述结论在一审开庭时已经告知被告人，并且被告人没有异议，但这不能改变侦查机关之前的侦查行为违法的事实，故此该鉴定结论违反证据的合法性，属于必须依法排除的非法证据。此外，本案中公诉机关指控当事人犯故意杀人罪而不是强奸罪，而一审法庭已经查明被告人与被害人系“姘头”（情人），因此其发生性关系与本案没有任何关联性；鉴于前述证据明确缺乏证据的有效性，对于证据的真实性辩护人不作赘述，整体意见为，该项证据系明显非法且无关的证据，证据三性均不认可，请求人民法院依法排除。

综合前述异议，辩护人认为本案公诉机关指控岩某某犯故意杀人罪明显证据不足，请求法院宣告岩某某无罪，即辩护人有异议的不是个别证据的本身，而是公诉机关的整个犯罪指控，也是一审人民法院的整个判决的事实认定。

前述质证意见一出，法庭悄然。审判长与公诉人相望良久，公诉人突然道：“汤律师，云南有云南的特殊性，通过今天的庭审可见岩某某能够听懂部分汉语，能够如实表达案件情况，而且云南的案件多数都不在侦查阶段提供翻译，故此本案的情况不影响案件的审理及一审的公正。”辩护人有些激动，主动举手要求发言，在审判长允许后，辩护人说道：“第一，刑事诉讼法不是为个别部门制定的法律，而是针对所有司法机关，所以侦查机关在侦查阶段必须执行，不能因为多数时候都没有执行就可以不执行，其他人没有提出异议是因为我不是他们的律师，我只相信错的就是错的，不会因为犯错误的次数多了，就变成对的，所以因为侦查机关的错误必须排除相关证据。第二，岩某某现在是可以听懂一点汉语，但是我们忽略了，他已经在看守所待了一年半了，一年半他可以被迫学到很多汉语，尤其是日常用语，因为我们的看守所并不为他提供翻译，也不给他单独羁押，所以他现在会说一点汉语绝对不可能等同于他在做讯问笔录时会说汉语；很多中国人也会说 good morning，但是绝对不可能等同于中国人能用英语说案情，因此本案的言词证据必须全部排除”。辩论阶段还未到，但辩护人与公诉人已经针锋相对。法庭在控制双方情绪后也意识到案件的特殊性，为了作出认真负责的审理，二审人民法院在翻译人员的帮助下，向上诉人发问 30 余次，几乎将一审讯问笔录、指认、辨认笔录所涉及的全部问题都重新确认了一遍。也正是这次重新讯问，彻底推翻了一审采信的公安机关未提供翻译时的笔录。因为它们几乎截然不同，而且上诉人对于不同的原因均作出了合理的解释。

随后辩护人再次发问，通过发问向法庭充分阐明上诉人没有任何实施犯罪的动机，而且所谓的“犯罪”对上诉人没有丝毫利益。

公诉人也再次发问，并且依据被告人以前的供述步步相逼，包括在第一次讯问时被告人为什么同意不要翻译？为什么在笔录上签名按手印，确认公安已经宣读，本人确认无误等？意欲确认上诉人完全可以不需要翻译而接受讯问，但最终都无功而返。

将近 4 个小时的法庭调查让岩某某故意杀人案有了崭新的结论，所有对于上诉人的怀疑均得到了合理的解释。

为慎重起见，合议庭宣布休庭。休庭期间，审判员与公诉人就案件的相关问题展开了讨论，并且明确表示“请律师到旁边休息”。

休庭完毕后继续开庭，审判长宣布法庭调查结束，开始进行法庭辩论。

公诉人在第一轮辩护意见中表示：

1. 本案主要的事实清楚，证据充分，定罪准确，量刑适当，建议维持原判。

2. 本案虽然程序上有些瑕疵但是不影响定罪量刑及一审的公正。具体理由为：

（1）上诉人在侦查阶段多次稳定供述，并且其供述与鉴定结论、指认、辨认等证据相互印证，因此其供述真实可信，依法应予以采信。

（2）上诉人在公安机关第一次讯问是否需要翻译时就明确表示自己不需要翻译，是其自己放弃了权利，事后在看守所的多次笔录稳定一致，侦查机关虽然没有提供翻译但是均当面宣读，而且上诉人也签名确认已经宣读且听后确认无误。因此供述等言词证据真实。

（3）上诉人具有一定的汉语听说能力，鉴于当地翻译人员有限，根据上诉人的具体情况，侦查机关虽然没有提供翻译，但是不影响上诉人供述的客观真实性，因此上诉人供述等言词证据应该采信。

（4）鉴定结论、证人证言等证据能印证案件事实形成证据链，证据充分。

辩护人当庭发表如下第一轮辩护意见（附当庭辩护词整理文稿）：

岩某某故意杀人案二审辩护词

尊敬的法庭：

云南天外天律师事务所接受云南省法律援助工作管理局的指派，指定汤光仁、王向丽（未到庭）担任上诉人岩某某的辩护人，在依法参加今天的法庭审理后，就本案定罪与量刑中的事实认定及法律适用发表如下辩护意见，望法庭在合议时采纳。

辩护人认为本案没有确实充分的证据证明岩某某实施了故意杀人行为（掐受害人脖子），也没有确实充分的证据证明岩某某的行为导致了受害人死亡，因此一审的判决既没有事实基础也没有法律依据，其最终的判决错误，请求二审人民法院依法撤销。同时请求二审人民法院根据已经查明的案件事实认定公诉机关指控岩某某犯故意杀人罪不成立，依法宣告岩某某无罪或将本案发回重审。具体理由如下：

一、侦查机关及公诉机关收集与出示的岩某某在侦查阶段、审查起诉阶段的有罪供述不满足证据三性的要求，依法不能作为有效的证据使用，应当排除

1. 侦查机关收集的岩某某的供述违反《刑事诉讼法》及《公安机关办理刑事案件程序规定》，明显程序违法，该证据不具有证据的合法性要件。

岩某某属于傣族居民，其日常的生活与交流中通用的语言与文字是傣文，通过一审及二审的庭审情况可见岩某某即或是在看守所羁押一年多后仍然不能用汉语和其他人进行正常的交流，其在被抓捕初期的汉语听说能力基本为零。

按照法律规定，少数民族的公民享有使用其本民族语言的权利，在刑事侦查及诉讼过程中为了切实保护少数民族居民的合法权益，相关司法机关应当用少数民族通用的语言办案或者为少数民族居民提供翻译。本案中公诉机关提供的被告人供述，公安机关是使用汉语进行的讯问，不是该少数民族的通用语言，也没有为被讯问人提供翻译。这不仅严重违反程序而且直接严重影响当事人的合法权益，是不可忽视也无法补救的错误。因此前述被告人供述因为缺乏证据的合法性依法不能作为有效的证据使用，应该按照《刑事诉讼法》及《最高人民法院、最高人民检察院、公安部、国家安全部、司法部关于办理死刑案件审查判断证据若干问题的规定》依法排除。

2. 岩某某的有罪供述前后矛盾缺乏客观真实性，依法应该予以排除。

被告人的供述既包括被告人向侦查机关及公诉机关所作的供述，也包括被告人在庭审过程中当庭所作的供述。真实的供述应该是前后一致、没有矛盾的，或者虽存在矛盾但是能够作出合理解释的。但是本案中岩某某的供述前后矛盾而且公诉机关无法对此作出合理解释——岩某某在没有任何翻译人员在场的情况下所作的供述基本是复制，是有罪供述；但是在一审及二审中的当庭供述因为有翻译人员的存在，其供述的内容与之前对侦查机关所作的供述截然不同，是无罪供述。而且岩某某对于公诉人员及审判人员对于其当庭供述的相关质疑均能够作出合理的解释。鉴于岩某某供述相互矛盾，而当庭供述的程序更规范（有翻译人员），请求人民法院采信岩某某的当庭无罪的供述，或者对有罪、无罪的供述均不采信。总之断然不能采信岩某某在侦查机关所作的有罪供述。

3. 公诉机关对于前述证据所存在问题的解释不能成立。

第一，公诉机关认为岩某某在二审时可以听懂一些简单的汉语，因此在讯问时可以不提供翻译的解释不能成立。首先，二审是在岩某某的有罪供述形成后一年多才进行的，在这一年多的羁押期间看守所管理时使用的是汉语，岩某某必然在羁押过程中学会一些汉语。即岩某某二审时的汉语能力不能等同于侦查机关讯问时的汉语能力；其次，岩某某在二审时能够听懂简单的汉语，不能据此认定岩某某在讯问时就能够用汉语准确陈述案情。举一个简单的例子：我们都会说简单的英语，但是我们能够准确地向说英语的警察陈述案情吗？显然不能！因为准确陈述案情一方面要能够听得懂讯问人的问题，另一方面要准确运用讯问时的语言回答问题，显然这两项要求岩某某在被讯问时均不满足。因此公诉机关认为在讯问岩某某时可以不提供翻译的主张显然不能成立。

第二，公诉机关认为在公安机关第一次讯问的时候就通过宣读的方式告知了岩某某相关的权利义务，是岩某某自己放弃了要求翻译的权利，而且所有的讯问笔录都像权利义务告知书一样是向岩某某宣读过的，所以公安机关的取证合法，证据有效。但是公诉机关忽略了一个问题：岩某某根本就听不懂汉语，更无法理解长篇的权利义务告知书内容的具体含义，在这种情况下岩某某都无法听懂和理解自己有什么样的权利又何来的放弃呢？因此岩某某在权利义务告知书上签字没有任何意义！此外，公安机关对与岩某某有罪供述的宣读也没有意义，因为岩某某根本听不懂汉语。公诉机关称曾做过多次笔录都一致，所以可信。但是，多次笔录都是用岩某某听不懂的汉语宣读，宣读多次有什么用呢？做多次笔录有什么用呢？难道笔录的真实性是靠次数的多少来决定吗？显然公诉机关的解释不能成立。

二、公诉机关指控岩某某犯故意杀人罪，明显证据不足，请求二审人民法院依法宣告岩某某无罪或将本案发回重审

按照《刑法》及《刑事诉讼法》的规定，在刑事诉讼中公诉机关对其指控被告人的犯罪行为应该承担举证责任。要么出示没有瑕疵的有效的直接证据指证犯罪，要么通过形成证据链并且排除合理怀疑的间接证据证明指控的犯罪事实。如果公诉机关的证据不能确实充分地证明被告人构成所指控的犯罪，人民法院应该依法宣告被告人无罪。

岩某某与被害人系姘居的情人关系，而且时间长久，邻里及亲属均知晓认可，岩某某没有任何杀人动机，也没有任何犯罪利益可图。此为合理怀疑之一。如果真是岩某某杀人，现场就在路边为何没人发现？如果真是岩某某杀人，他为何没有任何逃跑躲避行为？如果真是岩某某杀人，为何在家属劝他有事就跑路时，他还要明确拒绝并径直来到公安机关？此为合理怀疑之二。岩某某曾赠送大量的贵重首饰给受害人，现在这些物品又在何处？是否是他人发现受害人受伤后劫财杀人？此为合理怀疑之三。本案中受害人系被他人扼压颈部至机械性窒息死亡，但是公诉机关没有任何有效的直接证据指证岩某某实施了前述犯罪行为，也没有形成证据链排除合理怀疑的间接证据证明岩某某实施了被指控的犯罪行为，属于典型的证据不足的情形，请求人民法院依法宣告岩某某无罪。

三、其他需要说明的问题

1. 关于受害人体内检测出岩某某精子的问题。首先公安机关在该鉴定结论形成后没有依法告知岩某某，属于明显的程序违法，这份证据应该排除。其次因为岩某某在2009年2月17日、18日均与受害人发生过无保护的性关系，而男性精液在女性体内可以存活的时间为2—3天。[①] 如果没有清洗行为，即或不存活的精子，仍然可以存在于女性体内，在检验时仍然能够检出。故此，事后公安机关从受害人体内检出岩某某的精子属于正常现象，而且这与本案没有直接的关联性。

2. 公诉机关在第二轮辩护过程中建议法庭对岩某某判处死刑缓期两年执行，意欲使案件留有余地。但是辩护人认为对于证据缺乏存有疑点的案件不是非要等到被害人归来或者真凶投案后再宣告无罪。因为枉判一人则无辜受冤而真凶逍遥，此两错也；放纵一人不过是真凶逍遥至少不会牵连无辜，至多一错也。故此，辩护人恳请人民法院切实以事实为基础、以法律为准绳，依法宣告岩某某无罪（该部分为第二轮辩护意见时发表）。

此呈

云南省高级人民法院

辩护人：汤光仁、王向丽

云南天外天律师事务所

2010年7月11日

审判长再次宣布休庭。

同样，辩护人被请到较远的地方休息，以免影响公诉人与审判人员的讨论。

第二轮辩护时公诉人表示：鉴于案件的特殊性，同意将上诉人刑罚改为死刑缓期两年执行，正如上诉人自己要求的不要死，但是愿意坐牢。

而辩护人则认为：当事人要求坐牢不过是法律认识错误，不应影响人民法院的公正审判。本案是明显事实不清、证据不足的情形，请求依法宣告无罪或者发回重审。草率改判死缓既不符合案件事实也不符合法律规定，更严重侵害了上诉人的合法权益！

两轮辩护后审判长宣布案件将报审委会讨论后判决，休庭。

2010年9月30日云南省高级人民法院作出（2010）云高刑终字第566号

---

① 依据来源，见 http：//www.tlbaba120.com/jingzijb/cs/39451120578.html，http：//qdsgnk.cn/jishu/nanzibuyu/20100315715.html（因为法庭要求辩护人对自己的观点提供医学依据，故而在庭审后查实并标注网页）。

刑事裁定书。裁定书采纳辩护人意见，认为原判认定部分事实不清、证据不足，依法裁定撤销原判，发回重审。

感悟

那天开完庭后天下起了小雨。但是当我迎着雨独自走出看守所大门时（开庭地点为看守所内法庭），我耳畔一直回响着岩某某生硬的汉语“判我死太重，判我坐牢，我要坐牢，不要死”。我多想告诉他，如果案件顺利，他就不用坐牢，最坏的结果是发回重审，反正不会死，如果发回重审了我可以免费再给他辩护，只要他申请我提供援助。但是他根本就听不懂我的汉语，也不可能在没有翻译的情况下向我完整讲述案情。我甚至坚信二审会直接宣告无罪。

看守所很偏远，我要坐班车到景洪后才能搭上飞机，正在苦恼怎样才能到达勐海县汽车站的时候，突然听见身后有一辆汽车鸣笛，车停下来后发现驾车的正是法庭上的翻译。他是勐海县法律援助中心的工作人员，热情邀请我上车并送我到车站，一路上他给我说了一审时的情景，在一审中从来没有谁提过证据违法的事情。他称赞我是一个优秀负责的律师，让我感到欣慰。

当事人要求坐牢而律师要求宣告无罪或发回重审，这样的辩护确实有点喜剧。因为律师的辩护词不可能当庭翻译，岩某某也看不懂汉文，也许他永远都不能明白为什么案件会发回重审！该案受援当事人为少数民族居民，是我国法律援助人人平等的典型案件。折射了对于少数民族群体普法及进行法律援助的重大意义与必要性，也对执法人员规范执法提出了公正的要求。同时该案也是两院三部联合出台《关于办理死刑案件审查判断证据若干问题的规定》后，高级人民法院认真贯彻执行的典型案件，但是省高院仅仅以案件部分事实不清、证据不足发回重审，我认为一方面这样的裁定并不客观，因为本案是基本的案件事实不清、证据不足，而不是部分；另一方面既然已经发现了案件的明显证据不足为何不直接宣告无罪呢？生命经不起太多的等待，迟来的正义非正义！

法庭上稚嫩的“说客”

——记何某某故意杀人一案法律援助

“十年”可以磨剑，使之锋芒卓世；“十年”可以树木育人，使其成为栋梁。“十年”也可以将人推向家破人亡，妻离子散，将生命带到边缘。

在文山丘北“一只鸡引发的血案”使得事件双方一家家破人亡，无家可归；另一家妻离子散，有家不敢归。

案件当时的“凶手”何某某正站在法庭的被告人席上。他看起来有些凄凉，因为十年的只身流浪让其变得沧桑木讷；他深感恐惧，因为一审人民法院以故意杀人罪对其判处死刑立即执行，剥夺政治权利终身。

因此，今天的上诉是他求生的最后希望，但是又因为没有钱聘请律师，在辩护人席上只有一位年轻的援助律师……

案件办理经过

1997年6月14日，尹某林家丢失一只公鸡，后在被告人何某恒家楼上发现一只公鸡，并认为是其家丢失的，就叫村干部来解决。

因双方都说鸡是自家的，村干部难以决断。1997年6月20日20时许，村干部何某昌、何某林、何某辉、王某龙又去解决这只鸡的归属问题，他们决定：将鸡放于尹某林与被告人何某恒两家门前的交界处，鸡去到哪家就是哪家的。

这时，被告人何某恒的妻子王某美就拖拽尹某林的母亲周某程（78岁），要周某程与其到山上赌咒。因周某程是老人，王某和等人便来劝说，被告人何某某就拿出一把刀刺伤王某和背部和左手臂，被告人何某恒用一把凿子刺伤王某贤的肩背部和王某标的胸部。

随后，被告人何某某跑回家中拿出火药枪向尹某林开了一枪，致使尹某林腹部中弹当场死亡。

被告人何某某、何某恒作案后潜逃，于2009年5月29日被抓获。经法医鉴定：尹某林系被散弹火器击破肠管、膀胱致失血性休克而死亡，王某和的损伤构成重伤，王某贤的损伤构成轻伤，王某标的损伤构成轻微伤。

一审人民法院于2009年10月22日作出（2009）文中刑初字第95号刑事附带民事判决书，以故意杀人罪判处何某某死刑立即执行，剥夺政治权利终身，与另一被告人连带赔偿附带民事原告人各种经济损失30000元，宣判后何某某不服提起上诉。

云南天外天律师事务所接受云南省法律援助工作管理局的指派，指定汤光仁律师担任何某某的二审辩护人，为其提供法律援助。

接受援助指派后，辩护人没有什么惊天动地的行为，只是一如既往地坚持将援助案件与委托案件一视同仁。

在辩护思路论证的过程中，辩护人注意到以下因素对上诉人不利。

1. 案件中被告人犯罪手段恶劣，后果严重，被告人何某某首先用刀刺伤王某和致其重伤，随后又从家里取出火药枪向尹某林射击致其当场死亡。尹某林下身全部击烂，惨不忍睹。何某某使用两种凶器连续实施加害行为，并且最终致一人重伤一人死亡的结果。在审判与辩护的实践中均属于手段残忍、后果严重的情形，这是对何某某不利的因素之首。

2. 何某某案发后潜逃十二年时间，对受害人也没有进行任何赔偿与补偿，且当时两次伤人，属于主观恶性深且悔罪态度极差的情形，这是对何某某不利的因素之二。

3. 何某某的行为致尹某林死亡，而尹某林是其家庭的经济与生活支柱。在尹某林死后，尹家一家人被迫离散，尹妻再婚，而尹的四个子女无依无靠、无书可读、被迫独立艰难生活，几近流浪。何某某给受害人家庭造成了毁灭性的损害，此为不利因素之三。

4. 上诉人何某某认为自己的行为是被迫而为，而且自己也亡命天涯，苦不堪言，心中多感委屈。对于法律与受害人家属还存在敌对情绪，用其自己的话说，“死就死了，十八年后还是一条好汉”。这严重影响人民法院对其认罪态度的认定，以及受害人家庭对其的谅解，此乃不利因素之四。

因此要为其成功辩护难度颇大，但是律师不能以社会人员的眼光看待自己的当事人，要身临其境地为当事人寻找辩点，此为个人性情之需，也是《律师法》明文所载。

因此在慎重分析当事人的情形后，我为当事人拟定了以政策、情感辩护为主，事实证据辩护为辅的辩护思路。目的是争取达成双方的理解与谅解，最终使当事人获得从轻处罚，改判死刑缓期两年执行。在确定辩护思路后辩护人综合案件情况制定如下可行的具体辩护方法与步骤。

1. 根据《全国法院维护农村稳定刑事审判工作座谈会纪要》（法〔1999〕217 号），本案系明显的农村邻里纠纷引发的故意杀人案件，而且在案件的发生过程中受害人对于矛盾的激发具有明显过错，上诉人实施前述行为系一时情绪失控激愤所致，上诉人主观恶性明显有别于为情为财为仇的蓄意杀人，依法可以在裁判时法外开恩、留有余地。

2. 十二年的时间可能使双方的仇恨刻骨，也可以使双方化干戈为玉帛，在努力构建社会和谐的大背景下，如果上诉人能够积极主动地进行赔偿，弥补受害人家属，并充分认识到自己的错误，向受害人家属诚恳地认错道歉，抚慰受害人家属的情感伤痛，积极认罪悔罪；律师再耐心地劝慰受害人家属，让其接受上诉人的道歉认错，并从心底化解矛盾谅解上诉人，则上诉人也有重获生命的可能。

3. 案件事实方面，关于上诉人使用火药枪致受害人死亡的事实认定，一审未认真查实当时的细节，上诉人开枪的主观心态属于间接故意，主观恶性有待重新认识与评定。

为此辩护人首先充分地听取了上诉人心里的委屈与理由，运用法理、法规、情理进行了推心置腹的分析、解释与疏导，使其认识到自己对于法律及受害人的敌意是错误的，了解了受害人的苦处、难处，进而认识到自己的错误，决心诚恳地面对二审庭审，也愿意请求其家属、朋友代为向受害人家属作出赔偿。

2010 年 2 月 5 日，本案二审在丘北县人民法院公开开庭审理（省高院借用法庭），除诉讼参与人外，众多的旁听人员赶来旁听这一起等待十余年的杀人案件审判。庭审中受害人家属几度落泪，痛斥上诉人的行为给他们家庭带来的巨大伤害，给他们人生带来的毁灭性摧残。上诉人控制不住情绪，也极力地争辩诉说自己的委屈和苦难，甚至被害人家庭与上诉人家属在法庭上争吵起来，法庭的气氛一度紧张。

庭审中公诉人明确表示原判程序合法，量刑适当，建议维持原判。也再次指出受害人的认罪态度不好，没有教育挽救的余地。

辩护人依据酌定情节及案件事实认为一审量刑过重，建议二审法院改判死刑缓期两年执行，但是我深知这样的辩护不会对改判产生任何实质的作用，除非能够让被害人与上诉人达成谅解。而且这是一起法律援助案件，除了在今天的法庭之上，由法官、检察官共同参与劝导的情形下，其他场合基本再无达成谅解的机会和可能。

公诉人在第二轮辩护意见中再次强调本案情节恶劣、后果严重，上诉人潜逃十二年，给当地公安机关及社会造成极坏的影响，要求维持原判，受害人家属也一再要求严惩凶手。

因为受害人家属并未对附带民事诉讼提起上诉，案件审理即将结束。

辩护人主动在第二轮辩护意见中提出鉴于被告人自愿申请人民法院调解民事赔偿事宜，而通过民事赔偿对于受害人损失弥补，对于司法和谐具有重要意义，请求人民法院休庭协调民事赔偿事宜后再继续开庭。人民法院采纳了辩护人的意见，休庭协调民事赔偿。

于是辩护人变成了法庭上的“说客”，穿梭于被害人及其家属、上诉人及其亲属朋友之间极力劝慰。

民事调解经过

民事调解中受害人家属表示：一审人民法院裁判的30000元民事赔偿，上诉人至二审开庭分文未付，而且如果赔偿仅仅是30000元，那么他们宁愿不要任何赔偿，只求判处上诉人极刑。所谓人已远逝，苦难受尽，要钱又有何用？只待上诉人被依法执行刑罚，给死者一个交代。

为此，辩护人在羁押室里向上诉人及其亲属阐明一审法院裁判的30000元是按照案发时即1997年的标准计算，但是按照现在的标准应当远远超过30000元，因此本着理解的态度确实需要被告人在能力的范围内提高赔偿数额。

此外，现在无论给受害人家属多少钱均无法弥补他们人生所受到的苦难与伤痛，而且若按辈分而论死者实为上诉人远房舅辈，因此被告人应该诚恳地向他们认错悔过，在心理上慰藉生者，向死者哀悼，并作出合理的赔偿以示诚意……

同时也对受害人家属通过法理、情理进行了推心置腹的开导与劝慰……

终于被告人同意增加赔偿并认罪悔过，但是又表示自己并无支付的能力，实在是心有余而力不足。而受害人家属也提出他们的担心：就算何某某免于死刑，他承诺的赔偿也根本无法兑现，而且他们对于上诉人增加后的赔偿仍然不能接受。于是在平息受害人家属的激动情绪并说服被告人认罪悔罪及积极赔偿后，辩护人再次陷入艰难。

为了促使双方达成协议，辩护人说服上诉人及其家属用自家的老宅、田地补偿受害人家属，但是受害人及其家属拒不同意，因此协议仍然不能达成。于是辩护人找到上诉人在西双版纳打工的老板陈某，对其劝解良久。终于，陈某同意在合理的范围内为上诉人代赔及担保。

但是即或陈某愿意代赔，也不可能一次性全额支付，只能分期支付，所以受害人家属还是认为这样的赔偿只是纸上谈兵，仍然不能接受。

于是辩护人又请求二审出庭的检察官韩本福、案件主审法官何丽萍等极力劝说被害人及上诉人，希望他们能够了结仇怨，达成谅解，并且对于对方多一些理解少一些怀疑。

法庭也向上诉人及陈某一再明确，只要今天在法庭上确认了数额及分期支付的时间，任何一项均不得违误，而受害人家属也需要对上诉人的实际情况多加考虑和理解，让他本人及其老板一次性拿出那么多的现款确实不现实。

来来回回、劝东慰西、说理谈法……辩护人及二审检察员、审判人员对双方的民事调解将近两个小时。最终在法官、检察官、律师的面前，上诉人及陈某与受害人家属达成民事赔偿协议，并附入法院卷宗，上诉人及其亲属朋友当场将凑来的15000元交给受害人家属。

审判长宣布继续开庭。

继续开庭时，只听咣当一声，戴着手铐和脚链的上诉人何某某当庭跪在地上，声泪俱下地说道："舅妈、表姐、表哥，我对不起你们，我错了。我的年轻气盛害了舅舅也害了你们一辈子，对不起，我错了。我今天说的句句真心，就算我被枪毙了，我也认这些话……"

庭上的受害人家属难忍悲痛，放声大哭："尹某林呀，你外甥给你认错了，你瞑目了吧！要他的命也换不得你活呀！"满脸泪痕的吴某香扶起何某某，又痛声对何某某说道："你也好好改造，早日出来，今后做事别再那样莽撞，害人害己呀！"

辩护人在未发表完的第二轮辩护意见中补充到，被害人家属已经与上诉人及其家属达成赔偿协议且谅解了上诉人，建议法庭改判上诉人死缓刑，给其一个改过自新的机会。

公诉人当庭表示：鉴于上诉人认罪态度好，且双方达成谅解，建议法庭改判其死缓刑。

在被告人最后陈述中，上诉人再次诚恳地表达了自己认罪悔罪的决心与态度。随后法院宣布案件待报审委会讨论后依法判决，现在休庭。

2010 年 3 月 11 日，云南省高级人民法院作出（2009）云高刑终字第 1794 号刑事判决书，依法改判上诉人何某某死刑缓期两年执行。

并当庭发表如下辩护意见：

何某某故意杀人一案 二审辩护词

文州检公诉刑诉（2016）99 号

尊敬的法庭：

云南天外天律师事务所接受贵院法律援助指派，指定汤光仁担任何某某故意杀人一案二审中上诉人何某某的辩护人，在依法会见、阅卷并且参加今天的法庭审理后，辩护人就本案定罪与量刑中的事实认定与法律适用发表如下辩护意见，望法庭在合议时采纳。

辩护人对一审人民法院认定何某某犯故意杀人罪没有异议，但是认为一审人民法院判处何某某死刑立即执行，量刑过重，建议二审人民法院结合本案的具体情况尤其是二审庭审的情况及国家政策对上诉人何某某从轻处罚，改判为死刑缓期两年执行以下的刑罚。具体理由如下。

一、辩护人对一审认定何某某构成故意杀人罪没有异议，但是认为前述故意杀人罪是间接故意，行为人的主观恶性较直接故意要小

通过庭审查明的证据得知，本案是因为受害人与上诉人对于细小的亲属间矛盾处理不当而引发，发案及危害的范围小，原因特殊，不同于其他社会类犯罪。在案证据证实在案发时被害人与上诉人及双方亲属均处于互殴之中，当时场面混乱，本案上诉人拿出枪到现场，其主要目的不是伤害受害人而是希望鸣枪制止事态，但是对于危害结果没有积极的防范控制，所以构成间接的故意杀人。

二、在量刑方面请求人民法院综合考虑以下四个情节，对上诉人从轻处罚，改判为死刑缓期两年执行以下刑罚

1. 在二审中上诉人及其家属积极赔偿了受害人家属，并且取得了受害人家属的谅解与同情。弥补了受害人家属的损失，安抚了受害人家属的情绪，最大限度地减小了案件的社会危害性，依法可以对上诉人从轻、减轻处罚（第二轮辩护后补充发表）。

2. 案件的发生受害人一方具有明显过错，依法可以减轻上诉人的刑事责任。通过与案件没有利害关系的村委会的干部在一审后补充的证言可见，在案件的发生过程中，受害人一方首先对上诉人及其亲属进行殴打引发矛盾，随后又扩大打击面，加大打击程度，激发矛盾，并最终导致本案的发生，因此被害人对本案矛盾的引起及矛盾的激发均具有不可推卸的责任，存在受害人过错，依据《全国法院维护农村稳定刑事审判工作座谈会纪要》（法〔1999〕217号）依法可以从轻处罚。

3. 案件客观方面，上诉人的行为与其他故意杀人行为具有明显不同，该行为的发生具有特定背景与原因。上诉人之所以将火药枪拿到现场，不是想要杀死谁，而是希望制止双方亲属互殴，避免出现严重的后果，上诉人当时拿出火药枪（该火药枪已经约十年没有使用）没有瞄准任何人，其本意是想通过对天鸣枪来控制事态，但是因为该火药枪的底火在枪管的背上，上仰无法鸣枪，故选择斜下方对地鸣枪，又因为在打斗的现场受害人与上诉人之间的距离太近（3—5米）所以误杀了受害人。整个犯罪行为的手段与过程都不是上诉人的策划或者安排，这与其他故意杀人罪截然不同，恳请二审人民法院明鉴。

4. 上诉人一贯表现良好，没有任何违法犯罪的不良记录，这次犯罪既是初犯也是偶犯，并且在归案后一直如实、稳定、全面地供述犯罪事实，认罪悔罪态度诚恳，具有教育改造的可能。

本案可以说是一只鸡引发的血案，又是在亲属之间发生的，并且最终导致一方妻离子散，有家不敢归；另一方家破人亡，无家可归。可以肯定地说这样的悲剧哪一方都不愿意发生，都不愿意看到。幸运的是，在庭审中经过多方的努力，受害人的亲属与上诉人化解了恩怨，达成了谅解，因此恳请二审人民法院改判上诉人死刑缓期两年执行以下刑罚，以体现司法和谐，成全受害人家属的一片宽容之心。

此呈

云南省高级人民法院

辩护人：汤光仁

云南天外天律师事务所

2010年2月5日

感悟

我在判决结束后近 6 个月才收到判决书，看见二审判决书，我耳畔又响起庭审后出庭检察官韩本福对我说的："汤律师你还是整得成的嘛!" 主审法官何丽萍老师说的："汤律师，你办援助案件很负责任的嘛!"

确实，死刑法律援助是被告人生命最后的希望，通过该案我深深地感到应用法律解决农村案件时，要充分发挥执法、司法的艺术性，要充分分析个案的特殊性，律师不仅仅是记录法条的工具，不仅要在法庭上慷慨陈词，还要用心才能得认可。而且结合现实的情况，在现阶段对广大农村普法刻不容缓，对于广大农村积极普法可以有效地避免因为邻里纠纷而发生严重的恶性案件，也能够促使广大农民对于法律、法治的信仰与尊重，能够切实地促进社会和谐。而法律援助及律师在农村刑事案件审理及构建和谐农村中，应该是不可或缺的重要力量；广大执业律师应该充分利用自己的职业特点，在案件中、案件外常去农村看看，常去农村普法，也许我们的一些工作就换回了他人一生的幸福，也许我们的一堂法治课就避免了一件严重的恶性案件，也许我们的一次用心付出就挽回了一条有罪的生命。普法任重道远，而律师应当仁不让!

无足者奔跑的故事

刑辩律师都有故事，而有一个关于他人的故事一直让我记忆深刻：有一名判决已经生效但是需要等待同案犯死刑复核的在押人员，他曾经是一位中学老师，他经常帮助同监室的人员分析法律问题及案件，甚至在看守所内办模拟法庭。他还向我请教法律问题，后来他直接给我写信请教法律问题并表示他想学习法律，在服刑结束后从事法律工作。我一直鼓励和支持他学习法律，并将一整套备考资料送进看守所给他，在他下队服刑后帮助他购买法律自考书籍。

最后他真的在服刑结束后依托自己掌握的法律知识为需要法律帮助的人员提供服务，并以此谋生。坦率地讲他现在具有的法律水平不一定比执业律师低，只是他无法光鲜地走上法庭而已。该故事体现了对刑罚社会矫正功能的思考。这也是题目为何用了“无足者”一词的原因。

无足者，失足也；失足者，无心而过也。一个被法律裁判和惩处的人，重新站在了法律的一边；虽然他可以系统地学习法律知识，但是却不能从事法律职业，像极了没有腿却要努力奔跑的汉子。

尊敬的汤老师：

您好！

我叫[illegible]，重庆市人，因"涉[illegible]黑社会性质组织罪"一案，被市中院判处有期徒刑七年。现已过刑期二年半，正在等"最高人民法院死刑复核程序"的终结才能下队服刑，可能还会在此呆相当长一段时间。

我是您的当事人[illegible]的同监室友。通过他们的案件，了解到您的人格魅力和专业水平，万分敬仰。

我现年44岁，曾当过八年中学教师，后停薪留职下海经商，1997年辞职从商至事发的2008年9月15日。过去因商业上的需要，平时也常翻看相关法律，不幸被牵连进来后，由于自己案情的关系和身边太多人渴望的眼神，自己开始进一步学习（主要是《刑法》），可能是"久病成医"吧，也常斗胆给人写点"材料"，并给一些第三人的建议，比如，建议并督促他们请您作为辩护人参与进来。通过您的法律援助，都得到了令大家都满意的结果，从中我也获得了快乐。于是，更加坚定了自己现在和未来继续学习、成人之己的决心。并力争释放后（大约二年半左右）走上法这条"光明之路"。我现在可以肯定，这是我"不幸中才可能收获的万幸"。因为我明白了人生中的目标和方向。

然而，这里的相关资料、书籍非常稀少，且多过期；外面[illegible]

图4－1

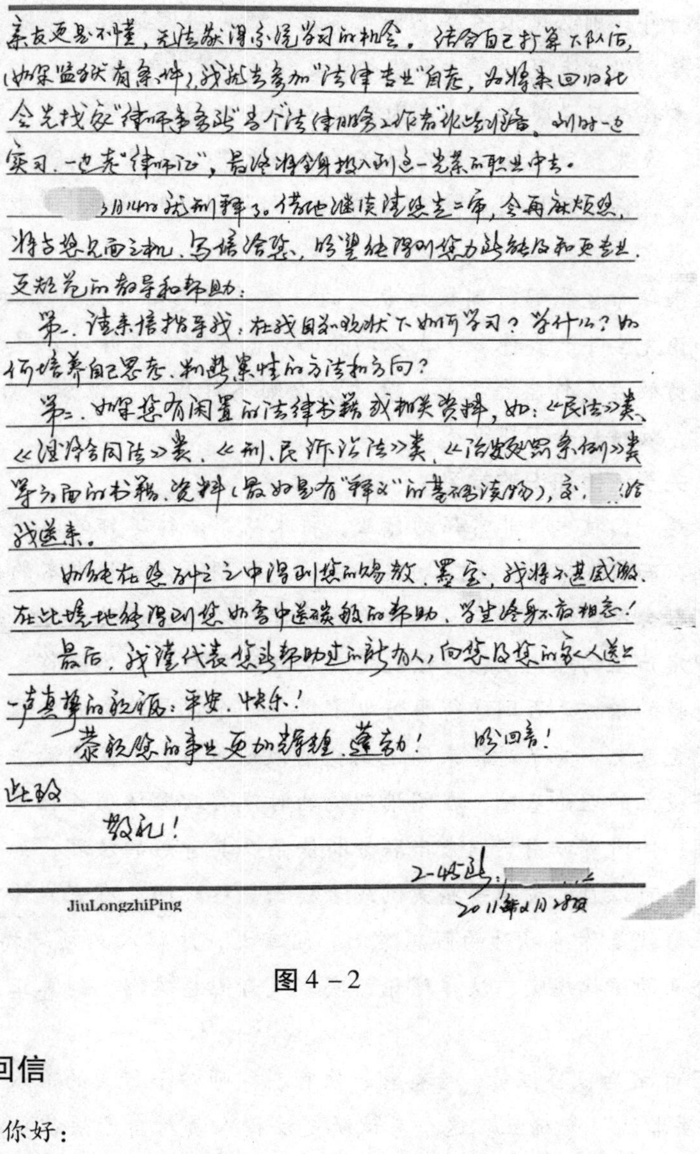

亲友更是不懂，无法获得系统学习的机会。请容自己打算入队后，
（如果监狱有条件）我就去参加“法律专业”自考，为将来回归社
会先找家“律师事务所”当个法律服务工作者作准备。一边
实习，一边考“律师证”，为后将全身投入到这一光荣的职业中去。
3月14日我就刑释了。借此继续读法律专业二年，今再麻烦您，
将与您见面之机，写信给您，盼望能得到您力所能及和更专业、
更规范的指导和帮助：
第一，请来信指导我：在我目前的状况下如何学习？学什么？如
何培养自己思考、判断案情的方法和方向？
第二，如果您有闲置的法律书籍或相关资料，如：《民法》类、
《经济合同法》类、《刑、民诉讼法》类、《治安处罚条例》类
等方面的书籍、资料（最好是有“释义”的基础读物），交 给
我送来。
如能在您百忙之中得到您的赐教、署名，我将不甚感激。
在此堪比能得到您如雪中送碳般的帮助，学生终身不会相忘！
最后，我谨代表您为帮助过的所有人，向您及您的家人送上
一声真挚的祝福：平安、快乐！
恭祝您的事业更加辉煌、蓬勃！　盼回音！
此致
敬礼！
2-45队：
2011年2月28日
JiuLongzhiPing

图 4－2

当时的回信

某某先生你好：

时值浓春，和风送暖，万物争欣，在回信之前先真诚祝愿先生身体健康，家人平安，祝愿先生的每一天都充实、愉快。

作为一名律师能够得到先生的认可与好评，我深感欣慰。先生至真至诚的来信使我怎能不竭全力以相助，故此但凡先生有求学法律之需求尽可随时来信。

的确人生如沧海行舟，航越远而茫越广，未知之途远矣，是故求学无止。

人生即若行舟，则必风浪不息、暗礁累累，难免碰擦搁浅，谁能一帆风顺？但是风帆既起，纵然未见彼岸，固然也离之愈近，诚为可喜。

先生本在三尺荣誉之台，今因交友不慎而致囹圄之苦，诚为可叹。但自古福祸相依，今先生立志从法实乃因祸得福。所谓“从同一扇窗户外望，俯瞰则见满地泥泞，仰望则见明月繁星”，事物的好坏很多时候并非其取决于其本身而是视角观点之异。

先生来信希望能够得到较为专业的法律学习书籍及具有实际效用的建议。以年龄而论先生年长我许多，我以幼稚而谏长者实属冒昧。但是感先生真诚之意，姑且仿效古人作忘年之交。既为朋友则不作虚伪之谦恭，自当推心置腹，坦然相对，故特作如下建议：

一、关于法律知识的学习

法律是一门技术性非常强的行业，将来从事法律工作的时候书本的知识都可能用上，而且还不够。为了切实解决法律问题还必须将书本的知识与案件的实际情况融会结合。是故，一个合格的法律人必须首先熟悉专业领域内的法律规定、规定产生的理论依据、该规定在实际运用时的具体操作、该规定设计的缺陷与补救的措施。否则学得再好也不过是一个记录法条的工具，对于解决实际问题毫无意义。为了对将来的运用提前做好准备，你在阅读法条时要提炼并归纳法条设立的理论基础；在阅读理论的时候要回顾该理论在具体立法时如何得到体现；同时可以用案例来串联分析法条及其背后的法理，如果一时没有合适的案例，可以自己设想一些案例或者提出一些疑问，有可能你将来面临的真实案例正好就是你练习时的假想案例。简言之，法律人必须“博积后发”，首先掌握全面的法律规定、法律理论、实践或者假想案例，到真正用时才能应付自如。

2002 年之后，公证员、检察官、法官、律师四个行业的准入资格统一通过“国家司法考试”来确立。这个考试既是法律人员对自己法律功底的一次公平检测，也是入门的资格要件。司法考试正不断接近实践，实践中具有无限量的案例供你分析学习，也将法律人执业所需要的分析、判断、推理、表达、记忆等要求融会其中，将法律知识中的法律规定与法律理论像血与肉一样地结合。因此对于一个想从事法律行业的人员来说，不论你是否正式参加考试，均可以以准备考试的心态与方式来构建自己的法律知识体系。故此，我准备了一全套国家司法考试用书托范某转交给你，共计五本，希望对你有所帮助。

二、法律人职业性格的培养

就像战士都要训练并且最终具备军人的性格一样，法律人也必须在知识学习的过程中建立属于自己的职业性格、个性。

法律人不仅仅是外表光鲜、在法庭上慷慨陈词，而是一个极高的综合素质的载体。不仅要有扎实的理论功底，还要有将理论或者知识运用起来解决实际问题的能力，不仅要苦思冥想地分析案件，还要艰辛地寻找、收集证据，最后，还要用正义、刚毅的心态去面对针锋相对的庭审。以简洁、严密的语言配合完美的证据链条，说清案件的真相，阐明自己的观点，以优质的服务、高尚的人格赢得世人的信任与尊敬。

工欲善其事，必先利其器。

良好的心志，与高明成熟的运用法律的技巧是法律人“器”之“锋”。而我认为法律人应当有以下四气：净、竞、静、敬。

净：洁身自好、无欲则刚。法律人应该奉行虽爱万物，而取之有道的原则。信法谨心，抛弃邪念，不能用法律赋予的机会与权利来坑害他人，谋取一己之私。

竞：当仁不让、不阿权势。法律人要“藏器待时”，在平时潜心积淀历练，在需要为当事人争取权利时不畏艰难，不畏权势，敢言敢当，言必信，行必果。对于法律问题通常都需要不断怀疑和不断论证，最后才会有新的或者科学合理的结果，才可能找到法律的真实，因此在案件的准备中必须严格要求自己专心细致地查阅分析案卷，对于所谓既成的通常的事实敢于怀疑，敢于提出新的构想，并且通过自己的努力发现、寻找新的证据、新的思路来论证自己的怀疑与假设。而法庭审理通常是针锋相对、瞬息万变，如果没有扎实的基础，没有经过细致认真的准备，没有过人的勇气，没有满腔的正义感，也许在说话之前就已经败北，根本无法真正地维护当事人的利益，无法维护法律的公正与威严。

静：处变不惊，不骄不躁。只有冷静成熟地思考与准备，才可能使案件办理得完美漂亮，才能够有条不紊地对付法庭上瞬息万变的较量。在办案的过程中，不可避免地会出现未曾设想或者防备的情况，任何人都难免因为自己知识与经验的不足而遇到挫折打击；也可能因为努力的付出而获得理想的结果。但是，不论面对哪一种情况都要具有静气。对失败与挫折，不慌不乱，勤学多问，集思良策；对成功要戒骄戒躁，继往开来，不断提高与完善自我，不能骄傲自满。否则，败则一败涂地，胜也得意忘形，最终都难得善终。

敬：谦虚谨慎，礼贤下士。法律人应该常怀对法律的敬畏，兢兢业业，一丝不苟。对人对事常怀敬意，不可得意忘形，骄傲自满。敬畏知识、敬畏真理。“道之所存，师之所在”，不仅要学习法律的知识，还要学习其他各行各业的知识。尊重世人，以获得他们的信任与支持。只有当我们具备高尚的品格与心志，才能够把法律赋予我们的权利用在正义与阳光之下，才能够使自己的行为散发光芒。

三、困难与出路

根据现行法律的规定，先生暂时还不能参加司法考试，从事律师行业。但是道之所存、师之所在，社会最需要的是人们解决问题的能力，而不是简单的身份或者角色。别人可以用枪顶住我们的脑袋让我们屈服，但是却不能用枪顶住我们的脑袋让我们尊敬他，所以认可、尊重、信任都是一种发自内心的行为，如果你通过系统的法律学习，掌握了运用法律解决问题的能力，你将来仍然可以为公司、企业、个人担当法律顾问，为其提供法律服务，也可以从事法律教学，还可以协助出庭律师完成相关法律事务，仍然具有广泛的社会需求。一个失足的人能够通过自己的真诚悔过与坚实的法律知识为社会提供法律服务，重新定义自己的人生，这将不仅是你个人的光彩，也将是国家与社会的光彩。不得不说你这次失足是人生的一次巨大苦难，但是如果你真的有心成为一名法律人，请你首先用法律人应有的性格来对待它。

时间匆忙就先于此停笔，如果我肤浅的建议能够给你带来哪怕一点点帮助，我便无比欣慰。如果尚有其他学习法律的需求可随时来函。因本人书写豪放，为便于警官检阅信件，故打印成文，请见谅。

此祝

先生身体健康，愉快平安

汤光仁

云南天外天律师事务所

2011 年 3 月 22 日

尊敬的汤律师：　您好！

偶尔听到您的消息，甚喜！[redacted]案一审后，从您接手二审诉讼的刑辩并力挽狂澜，发回重审；到再审中的精彩辩护，虽还没拿到判决书，却已是胜券在握。我等狱友无不欢欣鼓舞、拍手大悦，同时，对您忠人之事和条理不紊的能力，更是仰慕、钦佩有加。

汤律师，在您的帮助下，我在刑辩这一小块上受益无穷。本月廿日左右，宣读完判[redacted]职务侵占罪、[redacted]"盗窃罪"两案，前案"投案自首"情节成立，后案"盗窃罪（未遂）"成立，都超乎当事人的预料，获得满意结果。这些结果无一不来源于您对我的帮助，而我又传递给了他人。在干部惊呼、同监室友心服、当事人感激、自己自豪中，我坚定了今后走法律这条阳光大道的决心和信心。二年后我会来向您报到，我会来追随您！

谢谢您，汤老师！您让我学到了知识、提高了分析解决问题的能力，以及规范了法律人性格"冷、毫、静、敬"的培养。更重要是：您给了我生活的勇气和明晰了人生的目标。您让我通过"道"去解决"术"的难题。这一年来，我明显感到自己的规范和自觉、进步和提高，谢谢您的帮助和支持。

由于自己才疏学浅，以往除刑法、刑诉法有一小点了

图 4－3

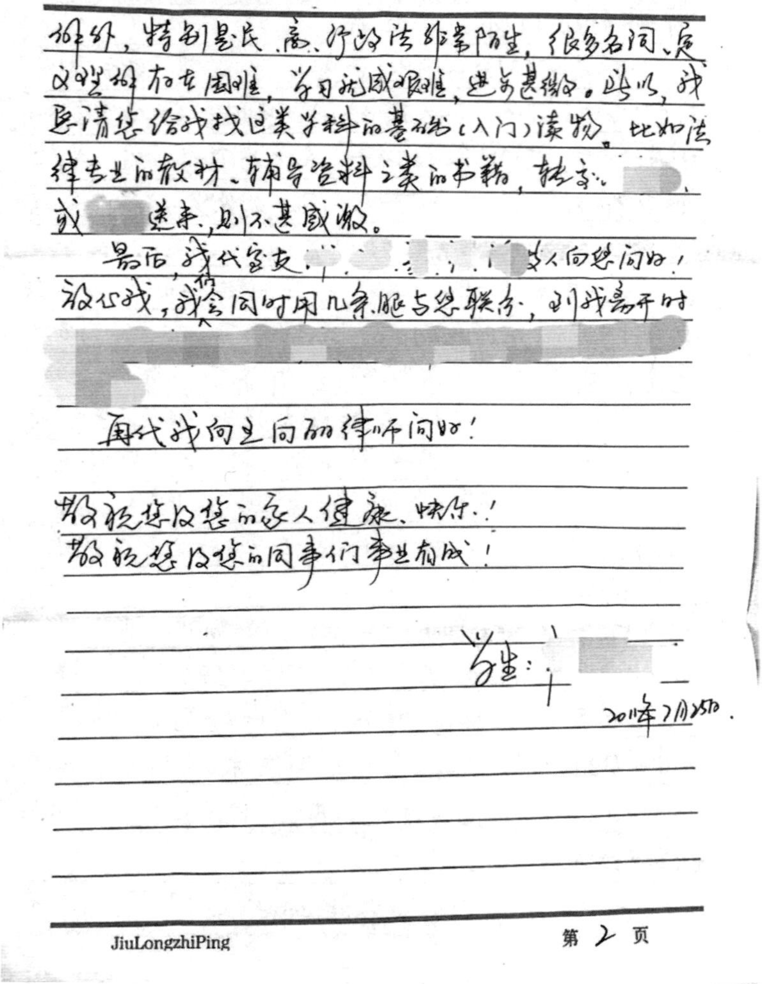

辩护，特别是民、商、行政法等陌生，很多名词、定义理解存在困难，学习起来感觉难，进步甚微。所以，我恳请您给我找点法学学科的基础（入门）读物。比如法律专业的教材、辅导资料之类的书籍，转交[redacted]、或[redacted]送来，则不甚感激。

最后，我代室友[redacted]等人向您问好！

放心我，我会同时用几条腿与您联系，到我离开时[redacted]

再代我向王向[illegible]律师问好！

敬祝您及您的家人健康、快乐！

敬祝您及您的同事们事业有成！

学生：[redacted]

2011年7月25日

JiuLongzhiPing　　第 2 页

图 4－4

后 记

亲爱的读者朋友，感谢您对本书的阅读。

在书中我们可能产生共鸣，也可能产生了碰撞，在这结尾之时笔者想就几个问题作出简要的释明。

1. 本书是集结出版，其中的内容多数是笔者在办理具体案件时，或者交流分享时形成，有些进行了公开刊发。在本书出版时，为了更好地体现笔者当时的思考与背景，未对之前的内容作大幅调整或者润色。本书最后一章引用的是笔者以前办案时的随笔，既是对当时幼稚的办案技能的一种客观展现，也是自己辩护思维不断改变的历程的见证。

2. 对于案例的引用，笔者选择了客观详细地展现案件审判与辩护的过程，而不是进行摘引或者提炼评价。其中裁判文书几乎为全文引用，辩护文书也几乎为全文引用，未作加工。其原因在于对于相同案件，不同的人在不同的时间完全可能有不同的辩护思路与方法，甚至自己如今也有不同的思路与想法，不作修改才能让当时辩护的局限性也得到客观评价。因此案例并非要证明笔者的某种理念或者技巧，而是供大家探索辩护的思维与技巧。

3. 刑事辩护是一项复杂的工作，因人、因事、因案件背景而千差万别，本身就难以给出标准的定义。本书这样得结构只是从笔者个人的角度思考，用什么样的方法在具体的案件中展开辩护，可能不同的人会用不同的方法，也可能取得不同的结果。

4. 本书无意于定义刑事辩护，仅仅是从案例、思维、技巧的角度，来探索刑事辩护可能的理念与技巧。比如其中收录的关于吸毒人员运输毒品过程中被查获的罪名认定一文，以及醉驾型危险驾驶罪自首的认定一文，其意义不是观点本身，而是与大家探讨，对于我们习以为常或者认为理所当然的现象，是否可以提出怀疑或者思考。

对于当然现象的的挑战与怀疑，可能是我们展开刑事辩护的一种前置气场。如果我们习惯了对常态和当然的怀疑，并且严谨地论述与求证，案件的辩护空间可能越来越宽。

如上所言，最大胆和精彩的怀疑，不会仅仅因为我们大胆而成立，最终是否成立需要有理有据的论证。通常必然涉及刑事辩护的技巧。

谈到技巧则更是一个复杂的问题，有借助资源写内参、报提案的，有借助媒体披露引入舆论监督的，有通过激烈庭审对抗据理力争的，有通过专家意见、论证而奇效大增的，等等。这些无疑都是合法有效的技巧，甚至是高端的技巧。但是这些技巧未必是大多数人都能熟练运用的。

就刑辩律师而言，语言无疑是一项不可或缺的基本功。刑辩律师的语言免不了动口、动手，但核心是动脑。如果不是深思熟虑的语言，最标准的发音、最流利的表达、最优美的手势、最长的书面意见也不过是一场作秀。思路清晰、逻辑严密、语言简洁是刑辩律师语言的自然要求。

1. 清晰的思路。直指辩护的最终目的，可以保障不论有多复杂繁多的证据和辩点都能理性取舍和最优排序；也能够守护我们穿过对方复杂的疑阵和干扰，找到有效的辩护思路并始终坚守在自己的观点之上。

2. 严密的逻辑。感情可以让法官落泪，但却很难让法官说服自己，而要作出对当事人有利的裁判时，法官不仅要说服自己，还要说服多数人。严密的逻辑才是法官最拿得出手的东西，也是他最放心的东西。不要简单地相信"法律的生命在于经验，而不在逻辑"。如果真是那样，似乎年轻的法官就天然会让法律损失了生命，大家都知道事实上并非如此。

刑事案件的逻辑之所以严密，一方面它必须建立在证据和法律之上，另一方面要排除合理的意外。对控方而言，任何不严密都会成为辩方的突破口；对辩方而言，只要有一丝可能，就需要深挖与扩展。严密的逻辑递进，既是印证辩护有理有据的承重墙，也是理性取舍避免华而不实的检测线，它同时还保障了语言的详简得当。

3. 简洁的语言。语言的详简不仅因案件的情况有别，也与诉讼的人员和环境息息相关。但简要地说，观点应当是明确的，论证应当是充分的，语言应当是得体的。从准备而言至少有最简、最祥、适中三种方案，可以根据庭审环境的需要从容取舍。不论详简，通常离不开以下要素：明确的观点，证据的印证，法律及法理的支撑，案例、举例、常情、常理的参考或者反证，在具体案件中的关联及体现，等等。为了更详尽地论证观点，通常可以从正反两个方面对比论证，展开对于合理怀疑的论证等，这些都是刑辩语言的不同表现方式。语言的刚柔也是一种表现方式，此不详举。

而说到语言的表现方式，除了前文所述的详简、正反之外还有很多值得关注的，此处确实需要特别说明的一项就是庭审语言。庭审语言除了已经提到的方式外，还有一项不可回避的问题就是：脱稿！

法庭上，究竟是否应该脱稿？于此不作理论的展开和辩论，笔者笃定地认为刑辩律师的庭审语言一定要脱稿，但一定要有腹稿。庭审中照本宣科朗诵式的辩护严重影响辩护的氛围倒是其次，最重要的是，庭审是有节奏和灵魂的，庭审的节奏是按照查明真相的逻辑而步步递进，庭审的灵魂是如何让真相以看得见的方式呈现。

事先准备的详细书稿不仅可能无法契合庭审节奏，而且极易滋生懒惰。书稿不仅可能妨碍你依据庭审而适时地调整辩护思路，而且会怂恿辩护人对控方在庭审中暴露的漏洞视而不见，放弃深究。试想：如果法官对庭审只是按部就班地推进，对新问题视而不见，对争议焦点只揭皮毛，你会有何感受？反之亦然。

不念书稿并非不做准备，而是一定要有腹稿，要有最详尽的腹稿。那是对案件最大限度的准备和思考，之所以不成文是为了给自己留出随时作出最佳调整和重组的空间，更为重要的是克服自己的懒惰与胆怯，使自己全神贯注参与到庭审的思考之中，当庭发表的意见才能够最大限度地紧扣庭审的实际情况，言之有物，言之有据。回想一下关于辩护思维与理念可知，对于刑事案件我们通常要破除既定思维的影响，同理，如果我们事先将辩护禁锢在书稿中，是否我们自己又跳进了既定思维的陷阱？

刚才我们说到了胆怯。刑辩律师不能脱稿的原因有很多，胆怯其实是一个重要原因。甚至有人在脱稿后紧张到语塞，更不要说保持思维清晰。念稿的一个重要原因也是为了给自己的紧张找到台阶，为自己的眼睛找到安放之处。因为脱稿会让人紧张，如果与法官、检察官、当事人目光对视会更紧张。

不管有多难，作为刑辩律师请您一定要克服它。给个大家一个小小的建议：请面对镜子脱稿陈述意见，如果舌头紧张，可以尝试含入适当的物品反复练习，并录下脱稿发表的意见。

反复锻炼不仅可以消除紧张、而且可以调整自己的表情与肢体语言，锻炼思维的节奏和组织语言的能力。

事实上仅仅练习几次，我们就会发现，能写在纸上的意见完全可以刻在脑海里，而且它们在脑里是可以那么自由地游动和组合，更为重要的是，镜子里那个自己或者嘲笑你，或者鼓励你，或者欣赏你，都让你再无紧张的感觉。

你自然而然地脱稿了。

图书在版编目（CIP）数据

仁言刑辩：刑事辩护理念与方法／汤光仁著．—
北京：中国法制出版社，2021.11
ISBN 978-7-5216-1739-9

Ⅰ．①仁…　Ⅱ．①汤…　Ⅲ．①刑事诉讼-辩护-研究
-中国　Ⅳ．①D925.210.4

中国版本图书馆CIP数据核字（2021）第225566号

责任编辑：秦智贤　　　　封面设计：杨泽江

仁言刑辩：刑事辩护理念与方法
RENYAN XINGBIAN：XINGSHI BIANHU LINIAN YU FANGFA

著者/汤光仁
经销/新华书店
印刷/三河市紫恒印装有限公司
开本/710毫米×1000毫米　16开　　　　印张/18.25　字数/240千
版次/2021年11月第1版　　　　2021年11月第1次印刷

中国法制出版社出版
书号ISBN 978-7-5216-1739-9　　　　定价：68.00元

北京市西城区西便门西里甲16号西便门办公区
邮政编码：100053　　　　传真：010-63141852
网址：http：//www.zgfzs.com　　　　**编辑部电话：010-63141798**
市场营销部电话：010-63141612　　　　**印务部电话：010-63141606**

（如有印装质量问题，请与本社印务部联系。）